Elogios para
Cómo Criar Bebés y Preservar el Matrimonio

"*Cómo Criar Bebés y Preservar el M*[...]
novedosa de considerar algunos de l[...]
den presentar en la relación cuando [...]
verlos."

—JOHN GRAY, PhD
Autor de *Los Hombres Son de Marte,*
Las Mujeres Son de Venus

"*Cómo Criar Bebés y Preservar el Matrimonio* ofrece varias sugerencias excelentes para lograr una mayor armonía marital, así como una gran cantidad de consejos por parte de mamás y papás que han tenido la experiencia y han salido adelante. Este libro puede mejorar la comunicación entre las parejas, lo que creará mamás y papás más alegres, que por lo tanto podrán criar niños igualmente alegres."

—BROOKE SHIELDS
Autora de *Down Came the Rain:*
My Journey Through Postpartum Depression

"*Cómo Criar Bebés y Preservar el Matrimonio* es un libro entretenido, revelador, gracioso y a veces increíblemente franco que hará que todos los nuevos padres reconozcan al menos algunas situaciones. Ofrece soluciones prácticas y divertidas a los problemas que abruman a tantos matrimonios después de la llegada de ese nuevo regalo de felicidad. Una lectura divertida y desafiante."

—CHRISTIE MELLOR
Autora de *The Three-Martini Playdate*

"*Cómo Criar Bebés y Preservar el Matrimonio* es entretenido, ingenioso, inteligente y ayuda a eliminar las barreras de comunicación entre los padres cuando un bebé les ha desequilibrado su mundo. Hay que leer este libro para renovar la intimidad y volverse a sentir cerca de su cónyuge."

—*PEPPER SCHWARTZ, PhD*
Profesora del Departamento de
Sociología, Universidad de Washington
Autora de *Finding Your Perfect Match*

© Kirk Tuck

Las Autoras Expertas en Criar Bebés y Preservar el Matrimonio

STACIE COCKRELL, CATHY O'NEILL Y JULIA STONE son esposas, madres y buenas amigas que se abren camino, hombro a hombro, por las primeras etapas de la maternidad.

Stacie Cockrell trabajó como profesional en finanzas y mercadeo en Dell, Inc., y fue cofundadora de una empresa de alta tecnología, antes de convertirse en mamá de tiempo completo. Cathy O'Neill, proveniente de Dublín, Irlanda, es una abogada que trabaja como asesora de gerencia. Julia Stone fue gerente de producto en el campo de servicios educativos, y se convirtió también en una mamá que permanece en el hogar. Entre las tres tienen siete niños, el mayor de los cuales acaba de entrar al jardín de infancia. Todas tuvieron su segundo (o tercer) hijo mientras escribían este libro. No recomiendan combinar estas dos experiencias.

Cómo Criar Bebés y Preservar el Matrimonio

nos

y Comuníquese

Mejor con su Familia

Cómo Criar Bebés y Preservar el Matrimonio

STACIE COCKRELL,
CATHY O'NEILL
Y JULIA STONE

ILUSTRADO POR LARRY MARTIN

TRADUCIDO DEL INGLÉS POR
ROSARIO CAMACHO-KOPPEL

Una rama de HarperCollins*Publishers*

Los libros de HarperCollins pueden ser adquiridos para uso educacional, comercial o promocional. Para recibir más información, diríjase a: Special Markets Department, HarperCollins Publishers, 10 East 53rd Street, New York, NY 10022.

Diseño del libro por Elliott Beard

Ilustrado por Larry Martin

Este libro fue publicado originalmente en inglés en el año 2007 por HarperCollins Publishers.

PRIMERA EDICIÓN RAYO, 2008

Library of Congress ha catalogado la edición en inglés.

ISBN: 978-0-06-118927-2

08 09 10 11 12 DIX/RRD 10 9 8 7 6 5 4 3 2 1

A nuestros esposos: Ross, Mike y Gordon

CONTENIDO

¿Cómo Llegamos *Aquí*?

La Paternidad lo Cambia Todo

"Esperaba que palabras como pañales, chupete y biberón, formaran parte de mi nuevo vocabulario materno—¡nunca pensé que también incluiría palabras como m*! a e h#*d*p tendrían una posición tan prominente!"

—*Lisa, 5 años de matrimonio, 1 niño*

"Lo que obtengo de otras mujeres es justo lo que necesito, y lo que necesito es ayuda. Ni siquiera tengo que pedir ayuda a otras mujeres, simplemente se ofrecen a dármela. ¿Qué obtengo de mi esposo? Un lavaplatos lleno de platos sucios, un montón de ropa sucia en la escalera y un hijo que se pone la camiseta de fútbol para ir a la iglesia el domingo."

—*Katherine, 8 años de matrimonio, 2 niños*

"Mi esposa no entiende lo importante que es el sexo para mí. Adondequiera que voy, el sexo me llama. Hay mujeres atractivas en las vallas publicitarias, y sin darme cuenta, comienzo a imaginarme a Gina, en el departamento de finanzas, vestida con un uniforme de enfermera."

—*Thomas, 11 años de matrimonio, 1 niño*

Somos tres mujeres que queremos a nuestros hijos. Queremos a nuestros esposos y ellos también nos quieren. ¿Por qué estamos tantas veces molestas desde que llegaron los bebés a nuestros hogares? Nuestros matrimonios, antes de que los bebés llegaran, eran realmente buenos, quizás hasta magníficos. Entonces, ¿por qué ya no hablábamos como antes? ¿Por qué discutíamos todo el tiempo por tonterías? ¿Por qué nos enfurecía que nuestros esposos no pudieran encontrar los biberones? ¿Por qué estaban nuestros esposos tan abatidos al ver que nuestro entusiasmo por el sexo estaba al mismo nivel que el entusiasmo por "doblar la ropa limpia"? ¿Éramos normales? O ¿algo andaba realmente muy mal?

El hecho es que éramos, total y absolutamente (hasta podríamos decir que tediosamente) normales.

Llegamos a esta conclusión porque comenzamos a hablar: primero entre nosotras, luego con unas cuantas amigas, y luego, bueno, las cosas se nos salieron de las manos y comenzamos a escribir un libro al respecto. En ese punto, nadie estaba a salvo. Abordábamos a personas totalmente desconocidas en las cajas registradoras de los supermercados y a pasajeros cautivos en los aviones. Hablamos con legiones de mujeres que, al igual que nosotras, sentían terror de la *Palmada en el Hombro a las Diez de la Noche** que recibían de sus esposos. También se preguntaban *Qué Había Ocurrido con el Contrato aquel de 50:50*, y por qué la parte de los asuntos domésticos que les corresponden a los hombres aparentemente quedó en el olvido. Hablamos con un sinnúmero de hombres y nos enteramos de que, al igual que ocurría con nuestros esposos, los desesperaba que sus esposas hubieran aplicado el sistema de '*gato por liebre*' en la alcoba. Se quejaban de que hicieran lo que hicieran por ayudar con los niños, con la casa, con las finanzas, *Nunca Era Suficiente*.†

---

*A todo lo largo de este libro usamos expresiones como esta para reflejar una experiencia específica, un sentimiento, una frustración. Consulte el *Glosario* para ver una lista completa de estos términos.
†Hemos cambiado los nombres de todas las personas que compartieron con nosotras sus historias (por razones obvias), pero no hemos cambiado lo que nos dijeron.

Durante todas estas conversaciones, fue evidente que la mayoría de las parejas, por feliz y sólido que fuera su matrimonio, consideraba un reto los primeros años de la paternidad (cuando las cosas iban bien) o inclusive como algo que amenazaba seriamente su relación (cuando las cosas iban mal).

De hecho, al leer los últimos estudios, podría pensarse que tenemos en nuestras manos una epidemia de padres descontentos. Un estudio bien difundido de Penn State realizado en 1994 indicó que "dos terceras partes de las parejas casadas informan una disminución en sus relaciones conyugales después del nacimiento de sus hijos." [1] Diez años después, las cosas no habían mejorado en absoluto. Un informe de la Universidad de Washington de 2005, reportó lo mismo. [2] Más recientemente, un estudio de diciembre de 2005 en el que se entrevistaron a 13,000 personas, publicado en el *Journal of Health and Social Behavior* indicó que quienes eran padres estaban más descontentos ("tristes, pensativos o deprimidos") que quienes no lo eran. [3]

¿Cómo fue que tantos de nosotros llegamos a esta situación? Y más importante aun, ¿hay algo que podamos hacer para no tener que pasar los próximos cincuenta años de nuestras vidas en este estado? La paternidad cambia nuestras vidas profundamente. Cambia la forma como nos vemos, tanto personalmente como a la pareja; lo que necesitamos de nuestros matrimonios y lo que podemos contribuir a ellos. Este libro trata de llegar a entender estos cambios y la forma como reaccionamos a ellos. En el fondo, es necesario evitar que los matrimonios encallen para siempre después de que empieza el bombardeo de los bebés. Se trata de cosas sencillas que podemos hacer y decir para permanecer unidos como pareja después de tener hijos.

Entonces, ¿Qué Está Pasando?

Durante nuestro osado viaje por el descubrimiento de la paz marital, aprendimos—para nuestro alivio—que muchos de los altibajos que encuentran las parejas a medida que avanzan en su matrimonio, son simplemente inevitables. Las crisis emocionales, psicológicas y los cambios de estilo de vida que acompañan el hecho de convertirse en padres son inevitables. *No son culpa de nadie.* No necesariamente significan que estemos haciendo algo mal.

En el primer lugar de la lista de las cosas que no podemos evitar se encuentra nuestro ADN, o como a todas nosotras, aspirantes a profesionales en biología evolutiva, nos gusta llamarlo: *El Cableado.* Fue necesario que tuviéramos hijos para darnos cuenta de que los hombres y las mujeres son seres totalmente diferentes y que, por lo tanto, respondemos a la paternidad de forma drásticamente distinta. Nuestros instintos, genéticamente programados, constituyen la raíz de muchas de nuestras frustraciones modernas. Afectan nuestra vida sexual después de la llegada de los hijos, afectan la forma como nos comportamos como padres y afectan también nuestras relaciones con nuestras familias, con frecuencia en formas de las que no estamos plenamente conscientes. No nos alcanzan las dieciséis horas que permanecemos despiertos para hacer todo lo que tenemos que hacer, mucho menos para hacer cualquier cosa que *queramos* hacer. Por último, no ayuda para nada que la mayoría de nosotros estemos totalmente *Despistados como Venados Deslumbrados por las Luces de un Auto.* Prácticamente no tenemos la más mínima idea de cómo nos vamos a sentir al ser padres. Hay una cortina de hierro que oculta en secreto esa realidad. Nadie, ni siquiera nuestros propios padres, nos dicen cómo es. (Recuerden esos comentarios codificados que solíamos escuchar antes de tener hijos: "No tengan un hijo hasta que no estén listos a renunciar a sus propias vidas," a lo que solíamos responder "¿Qué?"). Esta *Conspiración Global de Silencio* significa que la mayoría estamos muy mal preparados para enfrentarnos a ese mar de cambios que viene con la llegada de un bebé. Nadie nos prepara para los *Tropezones de la Fiesta de la Paternidad.*

Hasta cierto punto, como nuevos padres, estamos a merced de

millones de años de biología evolutiva, de las 24 horas del día y de la más *absoluta* ignorancia. Estos tres factores forman el escenario donde se desarrollan las diversas desconexiones posbebé que describiremos en este libro. Si agregamos los hechos de que (a) no somos muy agradables cuando estamos casados y (b) pensamos que podemos hacer que nuestras vidas vuelvan a ser como eran antes de los niños, nos veremos enfrentados a grandes luchas maritales. Por buenas que sean nuestras intenciones, la mayoría encontraremos algunos, si no todos, de los siguientes problemas:

Como Venados Deslumbrados por las Luces de un Auto

1. **Cómo Nos Comportamos Como Padres.** Esos instintos que constituyen nuestro cableado y que acabamos de mencionar, los que nunca supimos que teníamos, entran en acción en el momento en que llega un bebé. En la mujer se activa *el chip de la mamá*, haciendo que se torne compulsiva. "¿Este protector solar será lo suficientemente fuerte? ¿Tenemos suficientes ba-

nanas? Mientras tanto, el primer instinto que tiene un hombre tan pronto como mira al bebé en la cuna es el *Pánico del Proveedor:* "Cielos, será mejor que gane más dinero." Ella piensa que él simplemente "no entiende." Él se pregunta por qué se ha convertido en una fanática del control y una fierecilla que lanza biberones.

2. **La Desconexión Sexual Después de la Llegada del Bebé.** Su deseo sexual no cambia. Ella quiere cerrar la fábrica mientras se ocupa del nuevo miembro de su prole. Si hemos de ser francas, nosotras tres nos sentimos aliviadas cuando nos dimos cuenta de que los nuestros no eran los únicos matrimonios con algunos problemas de oferta y demanda. Nos tranquilizó saber que, al igual que nosotras, la lívido de la mayoría de las mujeres también disminuye después de la llegada de los hijos. Sin embargo, los hombres nos dijeron que seguían deseando el sexo tanto como siempre, con o sin bebés. Nos sorprendió el nivel de angustia que experimentaban los hombres al ser repetidamente rechazados por sus esposas. Al escuchar a personas como Thomas decir que "es humillante y doloroso verse rechazado cuando se es más vulnerable, cuando se está desnudo. Cuando eso ocurre tres veces seguidas, es algo que nos destruye el alma," así que fuimos corriendo a preguntarle a nuestros maridos si esa evaluación era correcta. Su respuesta fue: *"Absexolutamente* cierto."

3. **La División del Trabajo.** El trabajo es duro, y hay trabajo a montones. La loza, la ropa sucia, dar de comer al bebé, cambiarlo, recoger los juguetes y lograr que no nos despidan del trabajo—cada día es el fin del mundo. No debe sorprendernos que las parejas terminen discutiendo acerca de quién hace qué, en lugar de quién *no* va a hacer qué. Llevamos el puntaje. Sin embargo, por espectacular que sea el *Puntaje* (y nosotras tres hemos sido considerablemente espectaculares), nunca hay un ganador.

"¿Se supone que debo alabarlo por el excelente trabajo
que hizo al sacar la losa del lavaplatos? ¿Qué quiere a
cambio, una medalla de oro?"
—*Leslie, 8 años de matrimonio, 3 niños*

"¿Que cuál es el puntaje? Ja. Al final del día, cuando
llego a casa, el puntaje es siempre cero."
—*Nick, 7 años de matrimonio, 2 niños*

4. **Las Presiones Familiares.** Antes de tener hijos, nuestras familias políticas, en su mayoría, se mantienen al margen de nuestros matrimonios. Pero apenas tenemos un bebé, todo cambia. Nuestros padres y suegros se muestran ansiosos por participar en alguna parte de la acción relacionada con el bebé. Su deseo es formar parte de otro imperativo evolutivo; cada pareja de abuelos quiere dejar la mejor impresión en el niño para la posteridad. Y muchos de nosotros los animamos a hacerlo. Queremos asegurarnos de que nuestras familias tengan una influencia tan grande, si no mayor, que la de nuestro propio cónyuge.

Por maravillosas y colaboradoras que sean nuestras familias (y para que conste, las nuestras son fabulosas...) equilibrar el tiempo que les dedicamos y la influencia que ejercen es un reto para la mayoría de las parejas. Los parientes políticos que quieren opinar en todo y saberlo todo pueden ocasionar comentarios como "Si tengo que pasar otro fin de semana con ellos, voy a maltratar a alguien gravemente" hasta en los cónyuges más tolerantes, y casi todos desesperamos a nuestra media naranja con nuestra deficiente capacidad de *Cortar el Cordón Umbilical* ("Cuando la mamá de Danny viene a visitarnos, él se convierte en un perezoso absolutamente inútil." "¿Por qué, de un momento a otro, mi esposo insiste en que quiere volver a vivir cerca de su familia?") cuando estamos en el proceso de adoptar el nuevo y desconocido rol de adultos con hijos propios.

5. **¿A Quién le Toca Dormir Hasta Tarde o Salir a Correr el Sábado por la Mañana?** Como es obvio, "mi tiempo" se ve seriamente afectado después de que llegan los niños. Como debe ser, prestamos toda la atención y dedicamos a los niños todo el tiempo que merecen. Pero esto significa que los días quedan copados y se nos agota el combustible. Con frecuencia terminamos discutiendo por esos valiosos retazos de tiempo libre que nos quedan.

> "Realmente resiento que él quiera irse durante cinco
> horas a jugar golf un sábado y luego pretenda que le
> agradezca que cuide a los niños mientras voy a mi
> clase de yoga por una hora. Vaya negocio."
> —*Jane, 9 años de matrimonio, 2 niños*

Cuando no tenemos tiempo para las actividades que nos permiten recargar las baterías, nos volvemos susceptibles y, los hábitos de nuestro cónyuge—que en una época nos parecían "curiosos y divertidos"—nos hacen enfurecer. El más mínimo descuido personal puede realmente representar un grave problema para nuestros matrimonios.

6. **¿Qué Nos Pasó?** Después de tener los niños, debido a que estamos tan ocupados, es fácil descuidar nuestra relación. Ya no hay "momentos profundos y significativos." En cambio, todo se convierte en una rutina. Cuando no pasamos tiempo juntos, nuestro matrimonio puede quedar de pronto en *piloto automático*. Destino: "¿Quién eres tu y qué haces en mi cama?"

> "Las personas que conozco cuyos matrimonios están a
> punto de fracasar han ignorado su relación como si
> fuera una mata que no necesita agua."
> —*Mark, 11 años de matrimonio, 2 niños*

En último término, todos deseamos lo mejor para nuestros hijos. Haremos lo que sea para que sean felices. Sin embargo, nos olvidamos que la relación entre esposo y esposa es la *piedra angular de la familia. Cuando flaquea, se desencaja el mundo de los niños.* Sabemos que eso puede parecer contraintuitivo cuando salimos a comer fuera con un bebé que comienza a caminar colgando de una pierna y el otro rogando que le lean un cuento antes de irse a dormir. Sin embargo, es indispensable alimentar nuestra relación marital para que nuestros hijos puedan tener felicidad y seguridad. Ser buen cónyuge y buen padre no son virtudes mutuamente excluyentes.

¿Qué Podemos Hacer al Respecto?

El oscuro y tenebroso abismo que parece separarnos después de tener hijos es un impedimento, aunque no insuperable. *Hemos aprendido que hay muchas cosas que pueden hacerse para mejorar nuestra relación y, sinceramente, la mayoría no son difíciles.* En este libro encontrarán cientos de sugerencias, pero volveremos una y otra vez a dos aspectos esenciales:

Un Poquito de Acción Tiene Efectos Prolongados

Es una buena noticia porque, por lo general, "un poquito" es todo lo que el tiempo y la energía que nos queda nos permiten. Pequeños gestos, aunque estratégicos (debemos pensar en ellos como los primeros pasos de un bebé…) pueden transformar un matrimonio, inclusive uno que esté atrapado en el *Círculo Vicioso* del resentimiento reprimido.

> "Básicamente, mi primer matrimonio fracasó porque mi primera esposa me dijo muy claramente que los hijos eran mi reemplazo. Dijo que los niños necesitaban su amor más de lo que yo la necesitaba a ella."
> —*John, casado por segunda vez desde hace 20 años, 3 niños, 4 nietos*

Algunas de las cosas que aquí sugerimos ya las habrán oído (tener un día a la semana para salir juntos, escaparse), pero nuestro propósito es inspirarlos a que *realmente* las hagan, porque son detalles que pueden cambiar el rumbo de la relación. Otras de estas cosas son nuevas, atractivas e inclusive controversiales: como el *Arreglo de Cinco Minutos* o el *Fin de Semana de Entrenamiento*. Es posible que su reacción inicial a algunas de estas sugerencias pueda ser una ceja arqueada o inclusive un comentario como "¡por nada del mundo haré eso!." Sólo recuerden que no recomendamos nada que no hayamos ensayado y comprobado, y que sabemos produce los mayores beneficios para nuestros matrimonios. Considérennos como sus maniquíes para probar los efectos de un accidente de automóvil.

Una Metáfora de Fútbol para los Hombres

Conscientes de que los hombres y las mujeres no siempre hablan el mismo idioma, plantearemos de nuevo este punto clave en un idioma que sabemos que los hombres sí entienden: el idioma del fútbol. Bien, es algo así como el fútbol...

En un matrimonio ideal, cada uno de los dos debe satisfacer las necesidades del otro hasta llegar al medio campo. Sin embargo, después de que llegan los hijos, esto es algo poco realista debido a la cantidad de tiempo y atención que ellos requieren. Pero si se hace un esfuerzo por llegar lo más cerca posible al medio campo, o casi así de cerca, el matrimonio mejorará en forma dramática. Una advertencia: si no se esfuerza por satisfacer las necesidades de su cónyuge y se queda en el mismo lugar es posible que le metan un gol y pierda el partido. Y a la larga, podría fácilmente quedarse fuera del partido del matrimonio, sentado en los puestos más baratos de la tribuna.

El Partido del Matrimonio

La Actitud Correcta Es Esencial

Nosotras tres debemos admitir que, hasta cierto punto, una buena respuesta a nuestra pregunta "¿Qué pasó con nuestro matrimonio después de que llegaron los hijos?" sería algo similar a una rápida patada en el trasero. *A veces* fuimos las culpables de caer en la autocompasión; o de añorar esos viejos buenos tiempos; o de reaccionar a las solicitudes de nuestros esposos en relación con cualquier cosa con un comentario como "Bien, ¿qué has hecho tu por mí últimamente?" No fuimos muy amables y no estamos orgullosas de haberlo hecho.

Mientras escribíamos este libro nos dimos cuenta de que nuestra felicidad como esposas casadas, con hijos, depende, en gran medida, de la actitud con que enfrentemos nuestra situación y por eso hemos adoptado algunos mantras clave como resultado:

• **Nosotros Forjamos el Modo de Ser de Nuestros Hijos.** El compromiso y la generosidad no es algo fácil para aquellos que fuimos educados en la cultura clásica americana de primero yo, yo puedo tenerlo todo. Cuando tenemos hijos, encontramos reservas de paciencia, amor, humildad, y (en la situación ideal) un humor que nunca nos habíamos dado cuenta que teníamos. Todo esto nos hace ser mejor. Nuestros hijos son y serán, muy literalmente lo que nosotros hagamos de nuestros matrimonios.

- **La Ecuación de Recibir versus Dar.** Qué decidamos hacer el uno por el otro es lo que nos podrá llevar a un matrimonio más feliz. Parafraseando al gran orador norteamericano (por no decir el mejor padre de familia) John F. Kennedy: *No preguntes lo que tu cónyuge puede hacer por ti, pregunta qué puedes hacer tú por tu cónyuge.* Sabemos que es más fácil decirlo que hacerlo cuando se tienen dos años de resentimiento reprimido bajo el cinturón.

- **Dejen de Buscar Volver a Vivir Como Antes.** Esa época ya pasó. Hay que matar el fantasma de quienes solíamos ser. Hay que rendirse al caos, maravillarse ante la paternidad y abrazarla de todo corazón.

- **Esta Es Sólo una Etapa.** Por difíciles que parezcan ahora las cosas, por escasas que sean nuestras horas de sueño (o de sexo), esta etapa pasará. Muchos veteranos nos han dicho que la transición a la etapa de ser padres es una de las más difíciles—si no la más difícil—de todas las etapas del matrimonio.

- **Basta con que Esté Bien.** Pretender que toda la casa, la cocina, la alcoba, el patio, el closet, etc., esté perfecta, ya no es posible una vez que lleguen los niños (si alguna vez lo fue). Buscar la perfección puede ser algo que nos lleve a un ciclo "de nunca acabar," que simplemente se va robando nuestra felicidad. Anteriormente, si el marido se ocupaba de vestir al niño para enviarlo a la escuela mientras él estaba sólo en pantalones de pijama nos habría producido un síncope apopléjico. Ahora, cuando hemos aliviado un poco la rigidez de las normas, la vida es mucho más fácil.

• **Nuestra Felicidad Depende de los Dos.** Tal vez parezca obvio, pero a veces no actuamos así. Somos la mejor opción que tiene nuestro cónyuge para ser feliz. El que su cónyuge esté o no contento con su vida depende, en gran medida, de usted. En lugar de competir uno con el otro para tenerlo todo, debemos procurar ayudarnos mutuamente a conseguirlo todo.

Lo que Este Libro no Pretende Ser: Sección de Renuncia de Responsabilidad Legal

1. *¡Nos Encantan los Bebés!* Ser padres es un privilegio que ninguno de nosotros debe tomar a la ligera. Criar hijos es muy difícil. Pero que algo quede claro: los niños no son nunca el problema. El problema es cómo respondemos los adultos al reto de ser padres. Si bien ninguna de nosotras tres creció en una familia disfuncional, muchos de quienes conocemos sí lo hicieron. Siempre tenemos en cuenta que los niños son muy sensibles y tienden a pensar que son culpables de los problemas en la relación de sus padres. Eso es algo que nunca debemos dar a entender en nada de lo que digamos.

2. *Trabajar. Quedarse en Casa. Hagan lo que Deseen.* Este libro no se trata del derecho de las mujeres a decidir si trabajan o si se quedan en casa cuidando los niños. Ese no es nuestro objetivo. Nos daría miedo vernos afectadas. Hay algunas diferencias entre los matrimonios de las madres que trabajan y las que se quedan en casa, y les contaremos lo que hemos aprendido, lo que pretendemos hacer es informar, no juzgar. Después de convertirnos en madres, dos de nosotras nos quedamos en casa y una salió a trabajar,

por lo tanto, esperamos poder presentar estos dos
puntos de vista de forma imparcial.

3. *No Somos Especialistas en la Materia.* Este libro
no pretende reemplazar la ayuda profesional, en caso
de que sea necesaria, para uno de ustedes o para la
pareja. Nuestros únicos títulos en este tema provienen
de la escuela de los golpes. Estamos casadas con
personas decentes, emocionalmente estables, y
esperamos que ustedes también. Ninguna de nosotras
pensaba siquiera en la posibilidad de un divorcio, ni
siquiera de buscar asesoría conyugal, cuando
comenzamos a escribir este libro. Simplemente no nos
entusiasmaba mucho la forma que estaban adquiriendo
nuestros matrimonios después de tener hijos y
queríamos mejorarlos. El propósito de este libro es
ayudar a las parejas a hablar de estos temas y a pensar
qué pueden hacer para mejorar sus matrimonios. Si su
relación realmente ha tocado fondo—conviene
consultar a un profesional.

Está Bien, Si No Somos Especialistas, ¿Quiénes Somos?

Somos tres esposas, madres y buenas amigas que nos estamos
abriendo camino con dificultad por los primeros años de ser madres. Nosotras no pudimos encontrar el libro humorístico, el libro
realista, que necesitábamos para encontrarle sentido a lo que estaba ocurriendo en nuestros matrimonios. No lo pudimos encontrar, entonces escribimos el libro que queríamos leer.

Con toda sinceridad, lo último que cualquiera de nosotras esperaba era escribir un libro de autoayuda. Cuando empezamos este

proyecto, no teníamos ninguna sabiduría colectiva. Todo lo que teníamos era interrogantes y la disposición de escuchar. Dedicamos la mayor parte de los últimos dos años a preguntar a distintas personas qué impacto había tenido en sus matrimonios el convertirse en padres y fuimos agregando sus historias y sus conclusiones a las nuestras. Ah, sí, además, en el proceso, cada una de nosotras tuvo un segundo (o un tercer) bebé. Entre las tres tenemos siete niños, el mayor de los cuales acaba de entrar al preescolar. Sobra decir que vivimos este libro a medida que lo escribimos.

Una Perspectiva Equilibrada

Es indispensable para esta empresa una filosofía de que "se necesitan dos para bailar un tango." Somos todas parte del problema y parte de la solución. Por lo tanto presentamos las dos caras de la moneda. Los hombres y las mujeres ven las cosas muy distintas. El hombre dice, "Oigan, ¡mírenme—lo estoy haciendo muy bien, cuidando del bebé los domingos por la mañana para que mi esposa duerma!" Ella dice, "Santo cielo, ¡lo hace tan mal! ¡Está ahí sentado leyendo el periódico mientras nuestro hijo está sentado en un pañal que parece un balón lleno de agua mirando una película del bebé Einstein otra vez!" Es muy útil saber de dónde proviene la otra cara de la moneda.

Aunque es un libro escrito por mujeres, los hombres tienen una representación justa y un buen espacio para expresar sus opiniones. No se trata de una sección de mujeres empeñadas en propinar golpes bajos, no damos ningún golpe. Nos hemos esforzado por entender y presentar bien, en forma imparcial, el lado de la historia desde el punto de vista de los hombres. No siempre nos gustó lo que dijeron, pero podemos garantizar que ya se trate de un hombre o de una mujer, algo de lo que hay aquí los va a hacer reaccionar. Eso es bastante justo. Sólo intenten mantener la mente abierta. Pudimos comprobar que aun los comentarios más candentes nos ayudaban a aprender algo.

Estamos Todos Juntos en Esto

Si alguna vez se han preguntado "¿Somos los únicos que no estamos teniendo relaciones sexuales?" "¿Somos los únicos que discutimos acerca de quién lava la loza o sale a hacer los mandados y quién sale a hacer *jogging* el sábado?" O "¿somos los únicos que aparentemente no logran hacerlo todo?" Este libro les dará la respuesta (que, a propósito, es no).

Hemos hablado con cientos de hombres y mujeres de distintas partes del país, en diferentes etapas de su vida y de su matrimonio. Todos están pasando o han pasado por muchas variaciones de lo mismo. Ustedes no están solos.

En cuanto a nosotras tres, entender esto cambió y mejoró la dinámica de nuestros matrimonios. Eliminó ese resentimiento tan personal en nuestras discusiones. Nuestros maridos se dieron cuenta de que realmente no estábamos locas y de que nuestro comportamiento maternal compulsivo era normal. Nosotras, a la vez, vimos que nuestros maridos no nos estaban pidiendo sexo con una frecuencia ridícula. Comprender que todos estábamos en el mismo bote disminuyó las quejas de "¿Por qué me haces esto?" y dio paso a "¿Qué vamos a hacer ahora?," cambiando así los temas de nuestras discusiones.

Esperamos que estas historias tengan el mismo efecto en ustedes. Es posible que incluso se encuentren diciendo, "Que alivio, no nos va tan mal como a estas otras personas." No se preocupen, ese sentido de superioridad no les durará mucho tiempo. Pasarán la página, leerán otra cita y dirán, "Ay, eso suena familiar."

Esperamos que este libro los haga reír. Esperamos que los haga pensar. Esperamos que les sirva de punto de referencia para una conversación (o probablemente, una prolongada negociación) entre ustedes y el amor de sus vidas, ante todo, esperamos que—al igual que nosotras—encuentren algunas respuestas.

¡La Explosión... del Bebé!

Bienvenidos a la Madriguera del Zorro

Cataplum

Se ha dicho que tener un bebé es como si estallara una granada en un matrimonio. ¿Una granada? ¿Por qué una metáfora tan violenta para algo tan pequeño, tan precioso y tan pacífico? Son tan lindos. ¿Cómo puede alguien difamar algo tan tierno? Pero es cierto. Esos lindos bebés simplemente explotan en nuestros corazones y en nuestras vidas.

¡Bum!

¿Tienen un nuevo bebé? ¡Felicitaciones! ¿Tienen uno o más pequeñitos corriendo desenfrenados por la casa? ¡Qué maravilla! Ahora, ¿su casa se parece más al cráter abierto por una bomba que a un lugar donde habitan seres humanos? ¿Tiene que abrirse camino a través de un montón de escombros—un reguero de caminadores, biberones, ropa sucia, juguetes plásticos que hablan—que atiborran su paisaje doméstico?

Bienvenidos a la madriguera del zorro, amigos. Aquí tienen un casco protector.

Sabemos lo que se siente. Las tres (o mejor dicho, los seis) hemos soportado siete asaltos mayores de bombas de pañales en los últimos años y hemos sobrevivido para contar la experiencia. Ser padres nos ha cambiado, ha cambiado nuestras relaciones en las formas más inesperadas. Esto era lo que querían decir cuando en nuestra boda nos dijeron aquello de *"para bien y para mal."* Ser madres nos llena de admiración, de humildad y de gratitud. Es también una experiencia húmeda, desagradable, que altera la vida, una prueba de fuego. Los bebés son los grandes niveladores. Como sargentos de entrenamiento que hacen trizas a sus nuevos reclutas para poderlos reconstruir en soldados, los bebés nos desbaratan y nos vuelven a armar convirtiéndonos en padres. Arrasan con todo lo que tienen a la vista y nos hacen mejores, más fuertes, y ojalá, más sabios que antes.

El Paso Paradójico al Mundo de los Padres

Tener un bebé es la mayor paradoja. Es a la vez el momento más feliz y más sorprendente de nuestras vidas y el mayor de los caos en el que nos hayamos podido ver involucrados en nuestras vidas (que además somos responsable de limpiar y organizar).

La Mejor de las Épocas

Una vez que recibimos al bebé en nuestros brazos, pasamos al otro lado. Convertirse en padres es, sin paralelo, el momento más precioso de la vida (aun si estamos demasiado ocupadas vomitando, maldiciendo, desmayándonos o sólo disfrutando el efecto de las drogas para darnos cuenta de lo que está ocurriendo en ese momento). Sabemos que nuestras vidas se van a enriquecer debido a esa pequeña personita. Lo podemos sentir en un instante. Y nunca podemos dar marcha atrás.

> "Sorprende la rapidez con la que se esfuma la vida que
> llevábamos antes de que llegara el bebé. A mi me tomó
> unas dos semanas. Después de ese momento me
> resultaba imposible imaginar mi vida sin mi niña."
> —*Amy, 3 años de matrimonio, 1 niña*

La Peor de las Épocas

Es tan maravillosa, pero al mismo tiempo, los nuevos padres pueden sentir miedo, confusión y a veces pueden llegar a sentirse totalmente desgraciados. ¿Cómo es posible estar ahí de pie al lado de la cuna, mirando en silencio cómo se mueve el tórax del bebé mientras respira y sentir emociones tan diametralmente opuestas—la mayor felicidad y el más horrible terror—dentro de nosotros? ¿Cómo es posible compartir momentos de extrema ternura y completa locura casi a un mismo tiempo?

Nos sentimos deslumbrados, confundidos, inclusive dementes. No tenemos la más mínima preparación para lo que enfrentamos, y nuestros recursos son lastimosamente insuficientes. No importa a cuántos cursos hayamos asistido. No importa cuántos libros hayamos leído (de hecho, mirando hacia atrás, la mayoría son una absoluta y total pérdida de tiempo y dinero), no estamos listos. Nunca lo estaremos. Nada nos prepara para el torpedo de un bebé.

Primera Etapa: Un Mundo Nebuloso

Este período es corto pero puede ser aterrador.

El Miedo

Nos sorprendemos cuando de hecho nos permiten salir del hospital con poco más que una silla para bebé recién instalada en el automóvil como prueba de que estamos listos para enfrentar la realidad de ser padres. Sin certificado. Sin licencia. Sin nada. *¿No se dan cuenta de que no tenemos la menor idea de lo que estamos haciendo?* De alguna forma nos las arreglamos para llegar a casa sin mayores contratiempos, pero en el mismo minuto en que salimos del hospital y dejamos atrás toda la flotilla del equipo médico, nos domina *el miedo*. Nos miramos el uno al otro con horror y susurramos, "No creo que vayamos a ser capaces de enfrentarnos a esto."

Comenzamos nuestra larga vigilia "sólo para ver que el bebé esté respirando." Nuestros miedos van desde lo racional hasta lo irracional. Stacie, preocupada porque sus gatos pudieran sofocar al bebé, cubrió toda la cuna con un mosquitero (un mosquitero que Cathy le compró… el miedo es contagioso). Julia catalogó cada uno de los insumos y los productos; como su angustia de que su bebé no estaba comiendo lo suficiente. Por un tiempo, inclusive tuvo miedo de salir de su casa. Cuando los vecinos preguntaban amablemente a su esposo, Gordon, cómo estaba ella, él respondía "No sabría qué decir…" Los hombres, sin embargo, sienten tanto miedo como las mujeres. El marido de Cathy, Mike, admitió que tenía miedo de que alguien pudiera robarse al bebé.

El Desfile

Muchos aterrizan suavemente en su nuevo estado de padres, mientras los amigos y los abuelos hacen fila para participar en la acción. ¿Tienen hambre? Aquí viene un desfile de gente con comidas calientes. ¿Están cansados? Simplemente entréguenle ese dulce bebé a la abuela y duerman una siesta. ¿No saben qué hacer? Hay alguien a poca distancia que puede darles información sobre el problema en cuestión. ¿Qué tal un juego de golf para el orgulloso y flamante papá? Aquí viene el abuelo con su talega de palos de golf. No importa que se vaya, porque ya saben, ahí está la abuela para suplir su parte.

Desafortunadamente, el desfile no dura mucho tiempo. La mayoría quedamos abrumados de miedo cuando los abuelos y otros importantes actores del reparto nos abandonan. Quedamos petrificados ante la perspectiva de tener que cuidar al recién nacido sin ningún respaldo.

> "Mi suegra estuvo con nosotros un par de semanas y, sí, me sentí aliviada. Pero cuando realmente me di cuenta de que se había ido, al ver las huellas que dejó su automóvil, pensé, 'Diablos, nadie en esta casa ha criado un niño jamás.' "
>
> —*Gabriel, 5 años de matrimonio, 2 niños*

Nunca Volverán a Dormir

Oímos rumores, antes de que nazca el bebé, acerca del impacto que tiene la carencia del sueño, *pero nadie puede estar preparado para este tipo de dolor y sufrimiento.* En las palabras de Gordon, "En muchos países, se utiliza la privación del sueño como una forma de tortura." La privación continua del sueño puede hacer que las personas más cuerdas y equilibradas se vuelvan irritables, irracionales o simplemente enloquezcan. Todos nos convertimos en zombies. Es una cruel ironía que se espere que enfrentemos uno de los retos más difíciles de la vida con una sola ala, una oración y una siesta de treinta minutos. ¿No habría podido la madre naturaleza disponer las cosas un poco mejor?

> "Estaba tan cansada que una noche realmente intenté amamantar el brazo de Bob."
> —*Louise, 4 años de matrimonio, 1 niño (Hay que aclarar que Bob es su esposo, no su bebé).*

Sin la Menor Idea de lo que Se Debe Hacer

Nuestro estado general de ignorancia empeora nuestro miedo. En efecto, no sabemos qué estamos haciendo. ¿Cómo podríamos saberlo?

- "Pensé que sería más fácil cuidar a un bebé que a un cachorrito recién nacido. Solía pensar, bueno, al menos a un bebé podemos ponerle un pañal."—*Margaret, 5 años de matrimonio, 1 niño*
- "Pensé que el bebé nacería ya con dientes. De lo contrario, ¿cómo iba a comer?"—*Alex, 5 años de matrimonio, 2 niños*
- "En el hospital le pregunté a la enfermera, '¿Cómo hago para saber cuando el bebé tiene hambre?' "—*Steve, 8 años de matrimonio, 3 niños*
- "Le dije a mi esposo 'Cielos, desde que Nina y Brian tuvieron a la pequeña Natalie, parece que no han dejado de discutir, ni siquiera frente a nosotros. Me alegra pensar que no será así con nosotros, mi amor, porque nos comunicamos tan bien...'"—*Bethany, 6 años de matrimonio, 2 niños*

El Segundo Lugar en la Categoría del Despiste: Gordon, quien durante un período de tres meses sin trabajo, sugirió que él y Julia fueran por algún tiempo de excursión a Asia, llevando morrales a la espalda y a su hijo de catorce meses. "Seríamos muy tontos si no aprovecháramos este tiempo. ¿Por qué no podemos ser más aventureros?"

Y el Premio Gordo de la Inconciencia se lo llevan Cathy y

Mike, a quienes, realmente, se les olvidó, por un tiempo, que tenían una bebé:

"Un viernes por la noche, un par de horas después de que acosté a nuestra hija Kate de dos meses, Mike me preguntó si quería salir a alquilar un video. 'Buena idea,' respondí. Subimos al automóvil y fuimos a un negocio de videos a menos de cinco minutos de distancia. Cuando bajé del automóvil, recordé repentinamente que (a) teníamos una bebé y (b) la habíamos dejado en casa. Entré en pánico y estuve a punto de romper a llorar. ¿Cómo me pude haber olvidado de Kate? Sin embargo, Mike pensó que debíamos de todas formas conseguir el video. 'Después de todo no se puede salir de la cuna y además ya estamos aquí...' Yo simplemente lo dejé allí y me fui a toda prisa para la casa. Como era natural, la bebé estaba dormida y no se había dado cuenta de nuestra suprema negligencia."

El Trabajo Nuevo

Este es el nuevo jefe—un déspota tirano (aunque adorable) cuyas exigencias son incesantes y con frecuencia indescifrables. Cualquier libertad de la que hayamos podido gozar en alguna época, ha desaparecido. Si intentamos prepararnos un sándwich o, Dios no lo quiera, si tratamos de dormir, esa criatura que todo lo ve, ese pequeño autócrata que todo lo sabe, levantará la casa a gritos y, probablemente, nos reventará los tímpanos.

¿Qué decir de nuestro nuevo trabajo como sirvientes personales las veinticuatro horas del día? Todos sabemos, o muy pronto aprendemos, que el trabajo que se requiere para mantener con vida a nuestro bebé de diez libras es abrumador. Los bebés son unas máquinas fenomenales de llorar, comer, procesar y producir. Todo lo que podemos hacer es lanzar pañales de un lado a otro, lavar biberones y tratar de no perder nuestro lugar en la línea de ensamblaje. Sólo pensarlo nos hace desear poder sentarnos y tomarnos un enorme vaso de ginebra con agua tónica.

Las Nuevas y Diferentes Formas de Comunicarnos

Las Grandes Ligas (Tapen los Oídos del Bebé)

A veces, nos sentimos como si estuviéramos sitiados, y la presión puede llegar a tal punto que nos afecta. ¿Recuerdan cuando sólo eran dos y sus más grandes discusiones giraban en torno a quién escogía el restaurante o quién dejaba su ropa interior botada en el baño? Amigos, eso era como jugar en la caja de arena. Cuidar a los recién nacidos nos coloca justo ahí, en las grandes ligas. Es un juego totalmente distinto. En el mejor de los casos los intercambios de palabras son irritantes: "¿Cómo que no compraste más pañales ayer?" Pero con mucha frecuencia los dos miembros de la pareja se vuelven verdaderamente antipáticos. Las puertas se golpean y se utilizan los sofás para dormir.

Nuestro amigo Steve recuerda haberse sentido abrumado por el llanto del bebé y haberle gritado a su esposa: "¡Quita de aquí esta m*#a de pañal!" Más adelante le preguntó cuándo creía que iban a aparecer sus instintos maternales, a lo que ella se apresuró a responder, "¿Cómo m*#a lo voy a saber?" Esto es un ejemplo de los muchos nuevos padres que simplemente no pueden evitar los roces en estos primeros días de locura.

> "Mi esposo tuvo la desafortunada experiencia de decirme que debía aprovechar para dormir una siesta mientras el bebé dormía. Le dije, ca*#ón tú estás en la oficina. Tú duerme la siesta.' "
> —*Helen, 11 años de matrimonio, 3 niños*

Este período intenso de la experiencia de ser padres puede llevar a un severo ataque de *Llevar el Puntaje*. "¿Estás demasiado cansado para cuidarla por un par de horas? Pues ni modo. Hace tres días que no tomo una ducha. ¡Aguanta!" Hablaremos en más detalle de este síndrome de Llevar el Puntaje en el próximo capítulo, y veremos cómo puede preparar el terreno para un conflicto marital constante.

Conversación Fascinante

Aunque no estemos peleando, nuestras conversaciones ya no son como antes. Ahora, el cuidado del recién nacido trae consigo un libreto fascinante. Nuestra conversación gira únicamente en torno... *al bebé y a la forma como lo cuidamos—cuándo alimentar al bebé, cuánta comida debemos darle al bebé, a quién le toca alimentar al bebé, quién se encargará de lavar los biberones, cuándo cambiar al bebé, quién va a cambiar al bebé, cuándo debe dormir el bebé, cuándo debe despertarse el bebé, qué ponerle al bebé, con esto sentirá mucho frío, no, sentirá mucho calor, necesita una manta, no, no la necesita, vomitó hace un momento, su popó tiene un color extraño, hoy no hizo popó, tenemos que llevar la cuenta de cuántas veces hace, por qué ha estado llorando durante tres horas.* Es de nunca acabar.

Juegos y Diversiones

Los padres nuevos recurren a todo tipo de juegos y diversiones para entretenerse durante esta época difícil. A continuación describimos algunos de nuestros favoritos:

El Juego de Medianoche

Conocido también como ¿Quién Abrirá los Ojos Primero? Se desarrolla más o menos así: Son las 3:00 a.m. El bebé está despierto (de nuevo) y llora (de nuevo). Ambos están despiertos. Ambos lo oyen. Pero ninguno se mueve. Las mujeres, sin decir nada, piensan para su interior (¿Sabrá que le toca a él, esta vez?), pero los hombres, los amos del juego, simplemente se hacen los muertos (es posible que finjan roncar). No pueden oír el llanto porque *están profundamente dormidos.* ¿Cuál se dará por vencido primero? Sobra decirlo, suele ser la mamá.

Sin embargo, nuestra amiga Charlotte tiene un juego perverso, se trata de *El Pollo de Medianoche Avanzado:* "Solía darle un codazo a mi esposo cuando el bebé lloraba y le decía, 'Oye, levántate.

Yo me levanté la última vez.' Pero en realidad no se había presentado esa última vez." Ella había dormido sin interrupción, pero él no lo sabía, por lo tanto, no te acomodes tanto en la cama, papito.

El Juego de Medianoche

Trucos para no Enfrentar el Popó

Luego, están los papás que se erizan de pensar en cambiar un pañal sucio y dicen o hacen lo que sea para evitarlo. Sabemos que nosotras tenemos un sentido del olfato más desarrollado, pero vamos—¿ese pañal, convertido en desecho tóxico, pasa realmente su "Prueba de Olfato"? Y qué decir de Kyle que jamás ha cambiado un pañal sucio porque insiste que "lo haría vomitar." Qué inteligente.

La Relación Ilícita

John, realmente, se escapa del trabajo una hora antes, sólo para poder tener un encuentro clandestino con su mejor amigo para tomarse un trago, antes de ir a casa:

"Me siento como si tuviera una relación ilícita con mi
mejor amigo. Procuro reunirme con él una vez a la
semana antes de tomar el tren que me lleva
habitualmente a casa por las tardes. No se lo digas a
mi esposa. Si ella lo sabe insistirá en que vuelva a casa
una hora más temprano y nunca veré a Pete de nuevo.
Es una locura."

El Viaje de Negocios de Mentira

Las cosas pueden llegar a tal punto que algunos padres recurren a
elaborados juegos masculinos para sobrevivir, o más exactamente,
para escapar de la locura inducida por el bebé. Sin duda, el campeón de este juego es el nuevo papá, a quien llamaremos Ron, que
llegó a un cierto grado de desesperación:

"Cuando nació nuestra primera hija, estaba tan
exhausto que no podía concentrarme en mi trabajo.
Pensé que mi jefe vendría y me encontraría
profundamente dormido sobre el teclado de mi
computadora. Las cosas llegaron a tal punto que le dije
a mi esposa que debía ir a Chicago en viaje de
negocios. No tenía nada que hacer en Chicago, pero
me tomé el día libre, viajé a Chicago, alquilé una
habitación en un hotel y dormí toda la noche. Fue
como estar en el cielo. No estoy orgulloso de haberle
mentido a mi esposa, pero era cuestión de vida o
muerte. Ya no resistía más."

A propósito, estamos absoluta y enfáticamente en desacuerdo
con esta "solución," aunque sabemos que todos los esposos del
mundo (los nuestros incluidos) se sienten secretamente admira-
dos del ingenio de Ron.

El Sexo

¿Que qué? Durante este tiempo nadie tiene relaciones sexuales (y en caso de que sí las tengan, no deja de ser algo poco menos que extraño). Las mujeres tienen que sanar, ninguno tiene energía y si hay algún tiempo libre, lo aprovechamos para dormir.

Etapa Dos: La Polvareda se Aplaca...

Las buenas noticias son que todos, con un poco de gracia y buena suerte, sobrevivimos a ese estado de emergencia, nos libramos de nuestros trances de zombies y empezamos a salir de los escombros. Todo comienza a normalizarse. Comenzamos a vernos como una familia. Vamos aprendiendo los secretos de ser padres. El bebé es absolutamente adorable. Ya prácticamente no podemos recordar cómo era nuestra vida sin él. En especial los nuevos padres empiezan a disfrutar realmente de su bebé que ahora los reconoce e interactúa más. No es como lanzar una pelota de fútbol, pero es un comienzo.

La Gran Frontera

Las malas noticias son que aun mientras nos encontramos en el proceso de volver a encontrar nuestro lugar dentro del colectivo, poco a poco nos vamos dando cuenta de que todo ha cambiado, a veces en forma drástica, tanto en nuestros corazones como en nuestras mentes y en nuestras relaciones conyugales. Para algunos, la transición a convertirse en padres es sólo una serie de pequeños sismos de corta duración. Para otros es un verdadero terremoto, una gran reacomodación de placas tectónicas que tropiezan entre sí y producen graves sacudidas. Escapamos de la zona de guerra sólo para encontrarnos habitando un nuevo territorio, un nuevo paisaje aún cambiante y en su mayoría irreconocible. Somos extraños en tierra extraña.

El Nuevo Paisaje

"Después de que nació Jack, me sentí como otra persona. Ahora, debido a mis nuevas responsabilidades, pienso y actúo diferente. Es como tener que reconfigurar totalmente mi propia imagen. Sin lugar a dudas, han cambiado también mis expectativas con respecto a Matthew. Antes de tener el bebé, no me preocupaban sus largas horas de trabajo. Ahora, repentinamente, quiero que llegue a casa *ya*. Y me molesta que no parezca interesarse tanto en Jack como yo."
—Erika, 4 años de matrimonio, 1 niño

"El bebé es una maravilla y todo eso, pero ¿cuándo volverá todo a la normalidad? ¿Cuándo dejará mi esposa esa compulsión por controlarlo todo? ¿Cuándo va a volver a ser amable conmigo y cuándo va a volver a acordarse de que existo? Y, explíquenme esto: ¿Volveré a tener alguna vez los sábados por la mañana para mí, sin que me hagan sentir culpable?"
—Spencer, 6 años de matrimonio, 2 niños

Tanto los hombres como las mujeres luchan por adaptarse a este nuevo capítulo en sus matrimonios. Como ya lo hemos dicho, estos cambios son profundos y acostumbrarse a ellos puede tomar tiempo. En el proceso de cambiar, con frecuencia terminamos descargando nuestros temores, desilusiones y frustraciones en nuestro cónyuge. El hecho de ser padres amplía nuestras vidas, pero también encoge nuestros estilos de vida. Muchos nos casamos ya mayores y pasamos diez o veinte años de vida adulta sin hijos. Nos acostumbramos a hacer lo que queremos pero, cuando las margaritas se enfrentan con los biberones, tenemos que tomar una decisión. Elegimos el biberón, pero, a veces, no podemos dejar de fantasear y pensar en dejarnos caer sobre una silla de extensión en el jardín, con una copa de margarita helada en la mano.

Lo que es más, después de vivir gran parte de nuestras vidas sin hijos como personas relativamente iguales, nos sorprende cuando, después de la llegada del bebé, tanto los hombres como las mujeres empiezan a asumir funciones diferentes, papeles que no siempre se complementan. Nuestros instintos sólidamente arraigados nos impulsan, como mujeres, hacia el papel de aquellas que *dan cariño y cuidado* mientras que los hombres adoptan el papel de *proveedores*. Dado que salimos de las cavernas hace unos 8,000 años, apenas un nanosegundo en términos de psicología evolutiva, no debería sorprendernos de que al convertirnos en padres, nuestros instintos más básicos afloren a la superficie. Pero es sorprendente. De pronto nos damos cuenta de que estamos de nuevo en los suburbios de la prehistoria, cuando las mujeres se preguntaban si el bebé podría ser alérgico al mamut y si habría suficientes bayas silvestres en su dieta, y cuando los hombres lanzaban lanzas a los búfalos y se preguntaban si sus destrezas de cazadores serían lo suficientemente buenas como para poder sostener a la familia durante el invierno.

CÓMO SE SIENTEN LAS MUJERES

"Lo más importante es que mis hijos crezcan y se conviertan en buenas personas, nada más importa. Realmente no importa lo que yo logre en mi carrera ni cuánto dinero gane."
—*Danielle, 6 años de matrimonio, 2 niños*

Nos fascinan y nos aterrorizan nuestros dulces bebés. Nos preguntamos si podremos soportar esta tarea de la maternidad. Nos preguntamos si seremos capaces de mantener nuestra conciencia de seres humanos cuando parece que la maternidad nos absorbe por completo. Nos vemos, tanto a nosotras como a nuestros esposos, desde un ángulo totalmente nuevo.

El Chip de Mamá

Nos guste o no (y pueden creernos que a veces no nos gusta) al tener un bebé se activa un gen de cariño y cuidado, un gen doméstico. Es como si implantaran en nuestros cerebros un *Chip de Mamá*. Y no lo podemos desactivar. Ese microchip nos da un oído supersónico (¿Oí al bebé?), visión de rayos x (esos pantalones *no* están limpios), reflejos superrápidos y nos provee de un incesante diálogo interno (¿Necesito más leche en polvo? ¿Cuándo es la próxima cita con el pediatra? ¿He hecho solicitud en suficientes centros preescolares?). Viene además con un *Programa para el Peor de los Casos*, que se reproduce en nuestros temores de mamá recién acuñados. Y, como si fuera poco, ese chip está conectado a un *Circuito de Culpa* que nos impulsa a pensar que nunca, jamás, estamos haciendo lo que podríamos hacer por nuestros hijos, por nuestro esposo y por nosotras mismas.

Cuando nos convertimos en mamás, ya sea que nos quedemos en casa, que trabajemos tiempo completo o que vivamos cualquier otra situación intermedia, ese chip *jamás* deja de funcionar.

El Chip de Mamá

El *Shock* de la Maternidad

La mayoría de las mujeres con quienes hablamos dijeron que la transición a la maternidad fue algo abrumador que les había cambiado totalmente la vida. Experimentamos un *shock* por la inmensa responsabilidad de la maternidad. Es algo que nos sacude hasta lo más íntimo de nuestro ser.

Los Instintos Entran en Acción

Por lo general, las mujeres nos sentimos abrumadas por nuestra reacción visceral a la maternidad. Experimentamos un amor sobrecogedor y un temor abyecto. Es hormonal. Es biológico. Es algo que raras veces estamos preparadas a experimentar.

Julia lo expresa así: "Siempre me precié de ser racional y de tener control de mí misma, pero después de que tuve el bebé, mis instintos me dominaron. Nunca esperé ser súpermaternal. Me sorprendió ver mi comportamiento. Me sentía a merced de mis sentimientos. Definitivamente ya no tenía el control."

> "Me fascinaba el olor de Alex. Me llevaba al trabajo
> una de sus mantas y simplemente la olía durante todo
> el día."
> —*Meredith, 5 años de matrimonio, 1 niño*

Uno de los pediatras de nuestros hijos dijo que las nuevas mamás "se enamoran" de sus bebés. "La emoción que siente una mujer es tan fuerte, si no más fuerte, que lo que siente cuando se enamora. El bebé la acapara por completo y es lo único en lo que piensa, tal como le ocurría antes, ¡hace mucho tiempo! con su esposo." Esta fase de embelesamiento no es permanente, pero la obsesión puede durar toda la vida.

El temor es absoluto. Las mujeres tienen un miedo profundo de que algo terrible pueda ocurrirle al bebé. Con frecuencia, ese miedo lleva a la sobreprotección. Es lo que las tres llamamos el comportamiento producido por *El Efecto de la Leona*, y de nuevo, Julia experimentó este instinto con gran fuerza:

> "Me sentía como una fiera—como una leona feroz. Protegería el bienestar del bebé aun a costa de mi propia vida. Habría hecho trizas a cualquiera, habría desmembrado al que fuera, si se hubiera atrevido siquiera a estornudar en presencia del bebé. Me decía, '¡Nada le ocurrirá a este bebé mientras sea *yo* quien lo vigile!'*"

Este temor, muy común, aunque casi siempre infundado, de que alguien pueda hacerle daño al bebé, lleva a muchas nuevas mamás a hacer todo ellas mismas—por agotadas que se encuentren.

Lo Que se Espera vs. La Realidad

Entramos en la maternidad con una serie de expectativas que rara vez concuerdan con la realidad.

No Nos Vemos como las Mujeres que Aparecen en las Revistas para Mamás

Durante los nueve meses del embarazo, por no decir durante toda nuestra vida adulta, nos alimentan con imágenes de la maternidad que poco tienen que ver con la realidad. Por ejemplo, no hay pañales sucios en estas imágenes. Cuando al fin llega el nuevo miembro de la familia, nos sorprende la realidad sin sueño y llena de suciedad. Una modelo de revista de la vida real sería una mujer despeinada, con los hombros caídos, con una bata de levantarse toda manchada y una expresión de agotamiento en su rostro. Con suerte, tendría una taza de café en la mano, porque, bueno, eso significaría que había tenido tiempo de prepararlo.

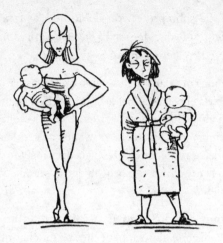

La Mamá de la Revista vs. La Mamá Real

"Me imaginé que sería una mamá fabulosamente
elegante, y a la vez la quintaesencia de las Mamás de la
Tierra. Eso era antes de darme cuenta de que sólo
tendría tiempo de bañarme cada tercer día."
—*Kristin, 6 años de matrimonio, 1 niño*

Es Más Difícil de lo que Imaginábamos

Por lo general, no somos de las mujeres que se quejan por naturaleza. En realidad, somos bastante fuertes. Pero ser mamás por primera vez es algo incesante. Por fuertes que seamos, alimentar al
bebé sin tregua, pasar las noches en vela, es algo agotador. Además, ser madres no es algo que nos venga por naturaleza, es algo
que, con frecuencia, nos frustra. Por ejemplo, se nos dice que "es
mejor la leche materna," pero ¿Quién nos ha advertido que eso
duele? Pocas podemos imaginar lo que es convertirse en una máquina de producir leche. De hecho, es tan difícil, que hay profesionales que nos instruyen y nos enseñan cómo dar el pezón al bebé,
como sostenerlo como "un balón de fútbol americano," y otras
formas innovadoras de sostener al bebé. Es sorprendente toda la

parafernalia que acompaña el proceso de amamantar al bebé: cremas, protectores de pezón, bombas, almohadas y, no olvidemos toda la ropa especial con aberturas estratégicas. (Sin embargo, también tiene ventajas. Además de muchos beneficios médicos y de la increíble experiencia de unión, amamantar al bebé ahuyenta de la habitación a los parientes que vienen de visita más rápido de lo que uno demora en decir, "Voy a dar de comer al bebé").

Las Preguntas

A medida que vamos saliendo de esa existencia en la bruma que abarca los tres primeros meses, experimentamos otro tipo de *Shock de Mamá*. Nos hacemos constantes preguntas: ¿Quién soy yo ahora? ¿Qué debo hacer? ¿Debo volver al trabajo? ¿Debo quedarme en casa? ¿Qué es lo más lógico para mí? ¿Qué es lo más lógico para mi familia? ¿Cómo volver a unir todas las piezas del rompecabezas?

Las que volvemos al trabajo, como lo hizo Cathy, y dejamos en la casa a nuestro bebé que está creciendo y está más lindo cada día, a veces nos enfrentamos a sentimientos encontrados de culpa (¿Debo dejarlo?), y de alivio (gracias a Dios estoy de nuevo entre adultos), y más sentimientos de culpa (¿Debo estarme sintiendo aliviada por volver al trabajo?). Aquellas de nosotras que, como Stacie y Julia, dejamos en suspenso indefinidamente la carrera profesional mientras cuidamos a los niños, a veces experimentamos síntomas de depresión por no volver a ponernos un vestido sastre (o al menos dejar de usar sudadera), por no poder volver a nuestras vidas rigurosamente intelectuales y tener que vivir en una cápsula del tiempo que nos lleva continuamente a los años cincuenta.

"Las Cosas" Ya No Son Como Antes

Millones de mujeres en todas partes se plantean la mismo interrogante: ¿volveré a recuperar mi figura? Es como acostumbrarse a una nueva compañera de cuarto que realmente no nos gusta mucho y tenemos que aceptarla. Sí, el nacimiento es algo milagroso. Sí, es sorprendente lo que puede hacer el cuerpo de la mujer. Bla, bla, bla. (Nota a la Madre Naturaleza: Lo que sería realmente sorprendente sería que la maternidad nos afirmara los senos y nos adelgazara las caderas).

Nuestros Sentimientos Hacia Nuestros Esposos (Ah, Sí, Ellos)

"Es imposible poner al esposo en primer lugar. Los bebés nos necesitan 24 horas al día los 7 días de la semana."

—*Kimberly, 12 años de matrimonio, 2 niños*

Amor y Cariño

"Finalmente supe lo que era el compromiso. Me di cuenta de que nadie jamás podría querer a este niño tanto como mi esposo. Nadie en el mundo podría compartir eso conmigo, jamás."

—*Jody, 4 años de matrimonio, 2 niños*

"Rick resultó ser un gran papá. Al comienzo me preocupé porque es de los que no se pueden estar quietos ni cinco minutos. Pero puede tener en sus brazos a Sofía una hora, cantándole y hablándole sin cesar. Definitivamente, me casé con el hombre correcto."

—*Robin, 3 años de matrimonio, 1 niña*

Cuando cruzamos juntos el umbral y nos convertimos en padres, sentimos el tremendo lazo de unión entre nosotros. Gozamos al máximo poder compartir esta experiencia milagrosa. Cuando les pedimos a las mujeres que recordaran los primeros días después del nacimiento de su primer hijo y cómo esto había cambiado sus matrimonios, muchas de ellas se emocionaron hasta derramar lágrimas. Nos hablaron de cómo habían sentido prácticamente que se desvanecían de felicidad cuando sus esposos tomaron el bebecito en brazos. Allison dijo "Casarme fue una cosa. Haber tenido un bebé con él es lo que realmente importa."

Falta de Amor y Cariño

"Mi esposo era tan inútil como una tetilla de un cerdo salvaje."

—Liz, 9 años de matrimonio, 2 niños (Nota de las Autoras: Liz es de Texas, eso explica esta expresión...)

Esos momentos de "Cielo, mira lo que hicimos," nos sostienen. Pero el consenso femenino colectivo y fue un consenso clamoroso, es que los hombres *simplemente no lo entienden.* Si bien la mayoría de los esposos se emocionan y se fascinan con su paternidad, parecen mantenerse al margen del trabajo y no mostrarse tan interesados en el bebé como nosotras quisiéramos.

Una de nuestras mamás dijo, "No importa cuánto ame una esposa a su esposo, no importa qué tan fantástico crea que es, cuando tengan un hijo, él la decepcionará."

¡Ay!

A primera vista, pensamos que ésta era una apreciación horrible, desagradable e injusta, pero muchas mujeres nos dijeron que *se* decepcionaron mucho de sus esposos después de tener un bebé. Algunos informes indican que hasta el 70 por ciento de las nuevas madres dicen que son menos felices en sus matrimonios durante el primer año de vida del bebé.[1] Pensamos que esta decepción tiene sus raíces en que las mujeres esperan que el esposo comparta muchos de los mismos sentimientos y las mismas preocupaciones en relación con el bebé. Además, esperamos que compartan el trabajo de ser padres. La mayoría de los hombres no hacen ni lo uno ni lo otro. Y eso no nos hace muy felices.

"¡Él Simplemente No Entiende!"

Las mujeres realmente desean que sus esposos comprendan el cambio radical por el que han pasado. En la maternidad, nuestras vidas dan un vuelco total. Damos un giro de 180 grados. Nuestras vidas, nuestros trabajos, nuestros cuerpos, jamás volverán a ser iguales. Por el contrario, como lo expresó Denise, "Siento que mi esposo sólo se tomó un par de días libres y luego las cosas regresaron prácticamente a la normalidad, o al menos él quería que así fuera." Sí, los hombres experimentan un cambio profundo con la paternidad y de eso hablaremos en un momento, pero, en términos generales, las mujeres consideran que las vidas de sus esposos dan sólo un giro de 90 grados.

¿No Ves Todo el Trabajo que Hay que Hacer?

Señores, sabemos que los hombres quizás no pueden compartir la experiencia de la maternidad, pero con frecuencia pensamos que no reconocen, a menos que se lo hagamos notar, que el volumen de trabajo aumenta en forma exponencial. Naturalmente, lo ideal sería que ustedes ayudaran. Lo cierto es que nos disgusta cuando no ven lo que hay que hacer o esperan a que les pidamos (o les digamos) que lo hagan. Cuando eso ocurre, empezamos a llevar el puntaje: "Anoche me levanté tres veces a atender al bebé y tú no te has levantado a hacerlo en dos semanas."

Los Bebés… Usan… Pañales…

La mayoría de las mujeres se sorprenden al ver lo poco que los hombres entienden acerca de lo que se requiere para mantener al bebé alimentado, limpio y contento. Esta falta de ayuda es, en realidad, lo que decepciona a la mayoría.

Por ejemplo: Stacie recuerda cuando su esposo Ross empacó la pañalera para un vuelo de tres horas. "Durante el vuelo, llevé al bebé a la parte de atrás del avión para cambiar el Más Sucio de Todos los Pañales. Pero me encontré con un pequeño problema. Se le había olvidado empacar *pañales* en la *pañalera* (¿Entienden? ¿*Pañalera*?). Qué vuelo el que tuvimos."

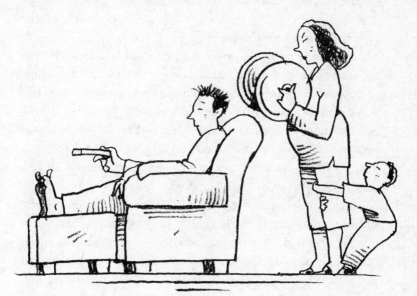

Clang, Clang, CLANG…

La Seguridad/El Debate de la Sobreprotección

Los temores instintivos de la mujer llevan a un sentimiento particular de que "Él simplemente no entiende." Los hombres no necesariamente sienten el mismo grado de impulso sobreprotector. Se sabe de mujeres que han sufrido crisis apopléjicas porque piensan que sus maridos son muy descuidados con respecto a la salud y a la seguridad del niño. Sin duda, "el bebé necesita un suéter, no, no lo necesita" y otros comentarios así suelen resonar de uno y otro lado en todos nuestros hogares. Para Stacie y Ross, se trata de revisar (y volver a revisar una y otra vez) los cierres de la reja de la piscina. Para Julia y Gordon, se trata de rociar a los niños, de pies a cabeza, con loción para repeler mosquitos antes de que salgan a jugar en el bosque infestado de lodo que trasmite garrapatas de venado infectadas, que se encuentra detrás de su casa. Para Cathy y Mike, se trata de saber aplicar correctamente el protector solar.

¿Por Qué *Dices* Esas Cosas?

Nuestros maridos son maravillosos, pero ellos tres, en los primeros años de ser padres, volvían a casa de sus entornos de oficina, de trabajar con gente adulta hasta horas tardías, con comentarios útiles como, "¿Por qué no duermes una siesta mientras el bebé está dormido? O (todavía mejor) "Mi mamá tuvo hijos, tu mamá tuvo hijos, ¿por qué es mucho más difícil para ti?" En el mejor de los casos, estos comentarios hacen que una nueva mamá, en bata de levantarse y sin bañarse, se ponga a llorar. En el peor de los casos, estos comentarios se citarán en un juicio de divorcio en un futuro no muy lejano. Es algo que no se puede entender a menos que se haya vivido. Y, señores, hasta que lo entiendan, será mejor que se abstengan de decir cosas como esas. Tenemos grandes planes para ustedes más adelante en este capítulo, de manera que, simplemente, esperen sentados y cierren la boca.

¿Por Qué No te Entusiasmas Tanto como Yo?

Los hombres no tienen el chip de la mamá. Su cableado no es como el nuestro. No les importa si al bebé le salió un diente. Pero nos incomoda muchísimo cuando no se entusiasman tanto como nosotras. Como nos los indico una terapeuta a la que entrevistamos, la nueva mamá puede percibir una falta de entusiasmo de parte del papá hacia el bebé, como si fuera una falta de entusiasmo hacia *ella*:

> "Funciona más o menos así—creo que, sea como sea, estás rechazando al bebé. Creo que me estás

rechazando a mí. O, más exactamente, creo que nos
estás rechazando a los dos. Hay pocas cosas más
aterradoras para una nueva mamá que el miedo de
quedarse sola criando al bebé."

Pensamos que por eso volvemos locos a nuestros esposos haciéndo-
les notar hasta el más mínimo detalle del bebé. En lo más profundo
de su ser, las mujeres tienen un miedo subyacente de que sus maridos tal vez no estén plenamente instalados en este nido y que simplemente puedan salir volando y construir otro con otra pajarita. A
algunas nos preocupa que tal vez no estén pasando el tiempo suficiente con los niños, nos preocupa que no estén creando lazos de
unión. Queremos que estén tan locos por ellos como nosotras. Para
cuando llega el segundo hijo, nos damos cuenta de que nuestro esposo no va a salir volando, por lo que ya no entramos en pánico
cuando no se da cuenta de que la bebé tiene un sombrero nuevo. Sin
embargo, las madres primerizas pueden enloquecer a sus esposos.

La Presión de Convertirse en una Súpermamá

Nos esforzamos y procuramos vivir de acuerdo con lo que la sociedad espera que sea una madre. La presión que experimentan
tantas mujeres de llegar a ser la mamá ideal es algo a lo que nos
referiremos una y otra vez en este libro. Lo que la sociedad espera
de los papás es relativamente poco. Como lo expresara nuestro
amigo Sean, "No quisiera ser mujer porque ustedes tienen que hacer tantas cosas. Si yo lavo un tenedor me dicen, '¡bien hecho!' "
Por lo tanto, como hombres, nos resulta fácil disipar los miedos de
no ser capaces de hacerlo o de no hacerlo tan bien. Nos dicen que
reaccionamos de forma exagerada. Es cierto que podemos *dejarnos llevar* por las emociones. Pero sería mucho mejor un poquito
más de ayuda y menos consejos.

Cuando pareciera que nuestros esposos no entendieran nada de
estas cosas, consideramos que nuestras quejas son muy justifi-

cadas. Podemos empezar a sonar como uno de nuestros niños cuando hacen ruido con sus juguetes mientras los halan con una cuerda—hablamos y hablamos como matracas. Señores, sólo buscamos un poquito de empatía y ayuda. Pero es algo que no solemos encontrar fácilmente en ustedes. Es difícil convertirse en una máquina de producir leche. Es difícil imaginar cómo podremos volver al trabajo cuando escasamente podemos unir dos ideas. Es difícil imaginar cómo podremos volver a hacer el amor si ahora somos una versión más gorda, marchita y ajada de lo que solíamos ser. Nos preguntamos, ¿*por qué no* entienden esto—al menos desde el punto de vista intelectual?

CÓMO SE SIENTEN LOS HOMBRES

"Una sonrisa borra el cansancio de toda una semana."
—*Dan, 9 años de matrimonio, 2 niños*

"El matrimonio fue un recreo—tener hijos fue, sin duda, el mayor reto que jamás haya enfrentado."
—*Tobías, 5 años de matrimonio, 2 niños*

"Estaba prácticamente agotado cuando el niño era pequeño. Recuerdo cómo estuve a punto de desmoronarme cuando llegaron unos amigos trayendo el desayuno una mañana y me preguntaron cómo estaba. Me sentía como si mi mundo se estuviera deshaciendo."
—*Dean, 8 años de matrimonio, 3 niños*

En muchos aspectos, lo que sienten los hombres al convertirse en padres, no difiere mucho de lo que sienten las mujeres. Ellos también experimentan un enorme amor y un terrible miedo. También se sienten abrumados y extenuados. Pero su forma de reaccionar es diferente. Además, se preguntan todo el tiempo si sus vidas, y sus esposas, volverán alguna vez a la normalidad.

El Pánico del Proveedor

"Me paraba al pie de la cuna y lo primero que pensaba
era: Debo ganar más dinero."
—*Jack, 7 años de matrimonio, 1 niño*

Aunque los hombres no se obsesionan con sus bebés, sí tienen su propio cableado interno al que tienen que enfrentarse. Aun cuando representen el 50 por ciento en un hogar de ingresos dobles, la mayoría considera que su responsabilidad es proveer para el bienestar económico y la estabilidad de su familia. Ahora bien, antes de que alguien le dé por ponerse los pantalones feministas, consideremos más de cerca esa afirmación. Cathy, que siempre ha trabajado, tiene una reacción visceral ante la idea de que proveer para la familia sea la responsabilidad exclusiva de Mike. Como hicimos tantas veces mientras escribíamos este libro, se dirigió a su esposo directamente, "¿Es así como realmente te sientes?" Mike le respondió que aunque ella está dispuesta y es capaz de proveer para la familia, "la carga recae" en él. "Si no tenemos suficiente dinero ahorrado para la universidad de los niños, será mi culpa. Será algo que me afecte personalmente." Los sentimientos de Mike resonaron tan bien en muchos de nuestros amigos. Describieron cómo la paternidad desencadena una especie de *Pánico del Proveedor*. Este fenómeno suele encender una luz tipo láser que ilumina el trabajo. El éxito profesional y financiero adquieren un carácter más importante que nunca. En esos primeros meses, las mujeres se preocupan porque el bebé no come lo suficiente o no come los alimentos debidos; los hombres se preocupan porque no podrán traer comida a la mesa. (En muchos casos, no se trata de un miedo racional, pero tampoco es racional el miedo que sentimos las mamás de que el móvil que cuelga sobre la cuna del bebé pueda caerse durante la noche y matarlo). El principal impulso de los hombres de que deben sustentar a su familia puede comprometer su capacidad de darse cuenta de lo que hay que hacer (y, a veces, hasta de disfrutar lo que está ocurriendo) en el hogar. No se dan cuenta de que hay que lavar los biberones porque su cerebro masculino ya está en alta velocidad, calculando los pagos y las matrículas de la universidad.

Salir a Batear

Hay que reconocer que, definitivamente, hay que anotarles algo a su favor (con frecuencia para su propia y absoluta sorpresa), y esto es que al convertirse en papás, asumen su paternidad de muchas formas maravillosas. Suelen describirla como un sentimiento de "esto es," y el "esto" significa las grandes ligas, la edad adulta, de lo que realmente se trata la vida. Gordon lo describió como, "Por fin sentí que tal vez podría lograrlo, lograr ser adulto. El tipo de hombre que le da un buen nivel de vida a su familia y que a la vez es un buen padre. Realmente me sentí muy bien." El Pánico del Proveedor tiene su lado positivo.

Ellos También Sienten Amor...

Al igual que las mujeres, los hombres también se quedan sin palabras ante la enormidad del amor que sienten por sus nuevos bebés. Algunos sorprenden a sus esposas y se sorprenden a sí mismos con su nueva capacidad de ternura y sacrificio. Se sienten felices con su nuevo papel de padres, sobre todo cuando el bebé los mira (cosa que inevitablemente hace). Muchos nos dijeron que lloraron por primera vez en su vida. Ross recuerda la mañana en la que por primera vez sintió un fuerte lazo de unión con su hija: "Había sido una larga noche sin dormir, y la estaba meciendo para que se durmiera, entonces sucedió. Me sonrió por primera vez. Fue uno de los mejores momentos de mi vida."

El amor que sienten los hombres por sus hijos recién nacidos es el tipo de amor que arde lentamente, no es la llamarada ardiente que envuelve a sus esposas.

Sin duda aman a sus bebés, aunque (nos atrevemos a decirlo) los encuentran algo aburridos. No oímos de ningún hombre que llevara la manta del bebé con él al trabajo, ni que le fuera difícil separarse del bebé por largos períodos de tiempo. Desarrollan lazos de unión, pero de otra forma y según otro cronograma.

> "Estoy tan emocionado como Paula con la pequeña
> Avery. Sólo que por motivos diferentes. Paula se da
> cuenta de los progresos que se van sucediendo día a
> día. A mí me gusta más considerar los logros en el
> panorama más amplio... me entusiasma la idea de
> comprarle una bicicleta, de poder jugar con ella a
> patear un balón. No me identifico con las cosas de
> bebé."
>
> —*Ben, 5 años de matrimonio, 1 niña*

Y Sienten Miedo

Miedos Relacionados con la Supervivencia

Algo que está relacionado con el Pánico del Proveedor en muchos hombres es el pensamiento de "si algo llegara a pasarme." Nuestro amigo Jonathan, que ha vivido en Manhattan toda su vida, nos describió lo que sintió al dejar el hospital después del nacimiento de su hijo, cuando decidió tomar un taxi para ir a casa en lugar de hacerlo en el subterráneo porque ya era tarde en la noche. "Por primera vez en mi vida, me preocupó la idea de tomar el subterráneo. De pronto me pareció muy peligroso. No podía permitir que nada me ocurriera ahora que tenía a mi cargo esa vida pequeñísima que dependía de mí."

Algunos hombres—a veces a propósito, a veces sin proponérselo—abandonan también todos los deportes peligrosos como deslizarse por un cable colgante, hacer saltos *bungee* y practicar esquí, cuando se dan cuenta de la incompatibilidad de la paternidad y una aventura potencialmente fatal.

Temores Ante la Posibilidad de Perder su Libertad

"Ahora que tenemos otro bebé, me siento un poco
atrapado. Si quiero hacer algo solo, siento como si
tuviera que pedir permiso antes. No sé por qué me
tomo la molestia—lo más probable es que ella haya
programado algún tipo de evento de carácter
familiar."
—*Gabe, 6 años de matrimonio, 2 niños*

"Solía jugar al golf una vez por semana. Ahora me siento
afortunado si logro jugar un par de veces al año."
—*Doug, 5 años de matrimonio, 1 niño*

Muchos hombres que se convierten en papás, tienen miedo de que
la vida, tal como la conocen, haya terminado. Ahora se espera que
dediquen cada momento libre al bebé y que participen en actividades únicamente familiares o con amigos. Tienen poco tiempo
para sí mismos. Por más que quieran a sus bebés, algunos se preocupan de que la paternidad es simplemente una existencia llena
de responsabilidades laborales, responsabilidades domésticas y
responsabilidades para con el bebé. Esta sensación se torna más
aguda en los primeros meses cuando pasar el tiempo con un bebé
que no puede todavía relacionarse es tan divertido para ellos como
sentarse a ver crecer la hierba.

Qué Sienten por sus Esposas

"¿Qué pasó con la mujer con la que me casé? Se ha
convertido en una persona totalmente obsesionada
por controlarlo todo."
—*Vic, 9 años de matrimonio, 1 niño*

"Me siento como un perro viejo y como si mi esposa
hubiera acabado de comprar un nuevo cachorrito."
—*Brent, 7 años de matrimonio, 1 niño*

Mi Esposa Está Loca

Queremos que quede muy claro que la mayoría de los hombres piensan que sus mujeres caminan sobre el agua durante esta etapa de su vida. Les sorprende su falta de egoísmo, su paciencia y su total y absoluta dedicación. Sostienen, con plena convicción, que ellos no serían capaces de actuar así, por cariñoso y sensible que pueda ser un hombre. Dicho esto, aparentemente, en uno u otro momento, todos los hombres piensan que sus esposas están casi al borde de la locura, después de haber tenido un bebé. Hay varias versiones de "mi mujer está loca" pero todas, en el fondo, expresan lo siguiente:

Está obsesionada. No puede dejar de pensar en el bebé. Vive preocupada por el bebé. No puede hablar de nada más ni por tres minutos sin volver al tema del bebé.

Es irracional. Por bien que esté cuidando del bebé, siempre duda de su capacidad. Rara vez pide ayuda. Cuando espera que él la ayude (por ejemplo, cuando le pide que se levante a media noche a cambiarle el pañal, aunque de todas formas ella tiene que levantarse a amamantarlo) puede ser absolutamente imposible hacerla razonar.

> "Mi esposa pretendía hacerlo todo sola. Una noche, intentaba amamantar a nuestro hijo y él no se agarraba al pezón. Seguía gritando a todo pulmón. Le sugerí que le diéramos un biberón de leche en polvo. Fue como si le hubiera dicho que le diera arsénico al bebé. El llanto del bebé llegó a tal punto que fui a la cocina y preparé un biberón de leche en polvo y se lo di. De inmediato se durmió. ¿Problema resuelto? No. Fue ella quien entonces comenzó a llorar porque creía que era una madre desnaturalizada, y que el hecho de que yo hubiera podido calmar al bebé empeoraba aun más las cosas."
> —*Chris, 8 años de matrimonio, 2 niños*

> "Es como si a la desgracia le gustara la compañía. Si mi
> esposa se sintiera desgraciada y yo tuviera que
> sentirme igual. Si ella se estaba levantando cada dos
> horas a atender el bebé, yo debía hacer lo mismo. ¿Por
> qué no dejar que uno de los dos durmiera bien una
> noche? ¿Por qué teníamos que quedar ambos
> exhaustos?"
> —*Anton, 9 años de matrimonio, 2 niños*

Ella me ha olvidado. Esto está íntimamente relacionado con quienes piensan que sus esposas están obsesionadas, pero los hombres lo consideran una forma individual de locura.

> "En los momentos más difíciles, me preguntaba si todo
> lo que realmente deseaba mi esposa no sería un
> donante de esperma. Ahora que ya había cumplido
> con ese fin ¿Me estaba despidiendo?"
> —*Joel, 10 años de matrimonio, 4 niños*

Está totalmente concentrada en el bebé. Parece que todo lo que necesita es un mandadero, un despachador de pañales, un lavador de biberones. Cuando él no hace eso bien, ella se encoleriza. "¿Y pensaba que me quería por mis comentarios ingeniosos, por mi alma sensible y por mi encantadora sonrisa?," se preguntan muchos papás que han recibido un grito por su insoportable demora en encontrar un chupo.

Alimentar el bebé con leche materna complica aun más el problema. Pocos estarán dispuestos a admitirlo, pero a ningún hombre le gusta ver que aquello con lo que antes jugaba se convierta en el exclusivo dominio de su hijo. La mayoría de los senos son territorio vedado mientras la mamá está alimentando al bebé. (Para la agenda, tener que alimentar al bebé y dejar que el marido se entretenga también acariciando los senos es, sinceramente, algo que la mayoría de las mujeres no pueden soportar). El sexo no es más que un lejano recuerdo. Para la mayoría de los hombres, la frase "depresión posparto" adquiere un significado totalmente nuevo.

Cuidado con la Guardiana

Muchos hombres consideran que sus esposas actúan como guardianas de la casa y de los niños. Las mamás abren o cierran de un golpe la puerta, a voluntad. Los padres quedan relegados a las líneas laterales. Algunos dijeron que se sintieron irrespetados y muy ajenos a todo el proceso. En el mejor de los casos, se les impone el cargo de Asistentes de Mamá.

> "Durante tres meses, no me permitió llevar a Ashley
> ni siquiera cerca de la tina, luego, en el cuarto mes,
> casi me arranca la cabeza porque no sabía cómo
> bañarla."
> —*Harry, 11 años de matrimonio, 2 niños*

SOLUCIONES PARA AMBOS

> "Recuerdo estar sentada en el piso del cuarto del bebé,
> llorando mientras hablaba por teléfono con una
> amiga. Me prometió que esta etapa pasaría. En ese
> momento no le creí, y no podía imaginarme cómo
> podría ser, pero me aferré a sus palabras con una
> esperanza desesperada durante otras dos semanas en
> las que no pudimos dormir, para después descubrir
> que mi amiga tenía razón."
> —*Leah, 3 años de matrimonio, 1 niño*

El período neonatal es difícil. Es una etapa de supervivencia. Mientras uno la vive, parece que nunca ha de terminar. Pero no dura más que unos pocos meses—menos que un semestre de universidad—y las cosas sí mejoran. No será necesario pasar el resto de la vida durmiendo sólo cuatro horas cada noche. A continuación presentamos algunas cosas que nosotras y otras mujeres hemos descubierto (a la brava) que podría ayudarles a afrontar juntos la tormenta.

Tomar Perspectiva

¡No es el momento oportuno para asesorar una relación! Aunque hay muchas discusiones en los primeros dos meses, la mayoría de ellas puede atribuirse a las hormonas, a la falta de sueño y a los efectos generales del shock del bebé. Hay quienes entran en pánico durante este período. Tenemos una amiga que, cuando su primer hijo tenía cinco semanas, le dijo a su esposo que necesitaban asesoría matrimonial. Lo que necesitaban era una buena noche de sueño. En ese momento los dos no son una pareja. Son dos personas que caminan sobre el agua. Hasta que logren dormir ocho horas seguidas durante dos meses consecutivos, no deben ni siquiera *pensar* en analizar su relación. Ninguno de los dos es capaz de pensar de forma coherente. Hagan lo que quieran, grítense, díganse uno a otro cómo se sienten y/o láncense los biberones mutuamente, pero recuerden que eso que sienten ahora probablemente pasará.

Tómense un tiempo libre. Mirar hacia atrás es algo maravilloso. Una de las tantas ventajas de tener más de un hijo es que podemos evitar algunos de los campos minados por los que nos internamos con el primer hijo. La víspera del nacimiento de su tercer hijo, Stacie y Ross se concedieron una pausa en su relación durante tres meses. Se dijeron el uno al otro, "Muy bien, pongamos las reglas del juego. Pidamos excusas de antemano por todas las locuras que nos vamos a decir. Nos daremos una tregua, sabiendo que volveremos a ser quienes realmente somos en el término de tres meses a partir de ahora."

Humor

Es lo primero que desaparece cuando ya no damos más. Pero *es* muy gracioso—o al menos lo será cuando todo haya pasado. Tenemos dos alternativas cuando el bebé vomita en la última camiseta limpia que nos quedaba—podemos reírnos o llorar. Dada la cantidad de llanto que probablemente habrá en el hogar ¿Por qué no ensayar la risa? Los siguientes son algunos momentos divertidos que las personas compartieron con nosotras:

- "Unas pocas semanas después de la llegada del bebé, me decidí a salir a comprar una pizza. Volví una hora después sin pizza y sin la menor idea de por qué me había ido de la casa en primer lugar."

- "En una oportunidad, me quedé dormida y dejé prendidos los fogones de la estufa mientras esterilizaba los biberones. Nadie sabe cuánto tiempo pasó hasta que al fin me despertó el olor a plástico quemado y una nube de humo que llenaba la casa. Tomé en brazos al bebé y corrí a meterme al automóvil mientras esperábamos que llegaran los bomberos. Lo realmente gracioso fue cuando me ocurrió lo mismo dos semanas después."

- "Una noche soñé que la bebé estaba en la cama con nosotros, pero que se había caído. Me desperté en pánico y empecé a quitarle las sábanas a la cama buscándola hasta que mi esposo, con una infinita expresión de cansancio me mostró que ella estaba profundamente dormida en su cuna en la otra habitación."

¡Busquen Ayuda!

"Tuve que tener mellizos para aprender a pedir ayuda a las amigas."

—*Abby, 5 años de matrimonio, 3 niños*

"Venda el anillo de matrimonio... haga lo que sea para conseguir ayuda."

—*Kimberly, 12 años de matrimonio, 2 niños*

¡Traigan a todos los habitantes de la ciudad! Contratados o como sea, la ayuda es indispensable, claro que los dos pueden hacerlo solos ¿Por qué correr el riesgo de enloquecer o divorciarse si tienen otras opciones? Sabemos que son pocos los hombres que rechazarán la oferta de ayuda, por lo que esta sugerencia va dirigida principalmente a las mujeres. Debemos luchar contra el irresistible impulso y el instinto básico de querer hacerlo todo nosotras mismas. No es fácil. No se trata sólo de que amamos y queremos proteger a nuestros bebés; también queremos demostrarnos (y demostrar a los demás) que lo podemos hacer. ¿Saben qué? *No podemos* hacerlo todo nosotras solas, y *no seremos unas fracasadas si pedimos ayuda.* Además, casi a todas las mujeres les encanta ayudar a una amiga con un nuevo bebé porque el que se lo pidan es un voto de confianza, una señal de que la nueva mamá considera que la ayudante potencial es una verdadera amiga. Pensándolo bien, *no* pedir ayuda priva a nuestras amigas de la oportunidad de demostrarnos cuánto nos aprecian.

Cuiden Su Reino Conyugal

Cuando hayan sobrevivido los difíciles tres primeros meses y poco a poco vayan recuperando lo que les queda de juicio, terminen la tregua que acordaron y hagan algunos esfuerzos sencillos por reconectarse como pareja—como hombre y mujer. Pongan un poco de distancia entre ustedes y el bebé. Nada radical—las tres millas que hay entre el bebé y la pizzería local suelen ser suficientes.

Sin embargo, la primera salida después de que nace el bebé es aterradora para todos los nuevos padres. La niñera recibe un tratado de tres volúmenes sobre cómo cambiar, alimentar y sacarle los gases al bebé, y los números de urgencia están impresos en letras EXTRA GRANDE en la nevera. Se requieren por lo menos tres intentos hasta lograr que la mamá salga por la puerta principal porque siempre recuerda otra información vital: "Realmente a él no le gusta la segunda canción en el CD del Bebé Mozart, esa sáltesela." Por último llegan al restaurante y hacen una breve llamada para asegurarse de que todo esté bien. Con base en nuestra extensa investigación, pudimos determinar que las conversaciones que no giran en torno al bebé durante estas primeras salidas duran aproximadamente dos minutos y treinta segundos. La salida, en sí misma, dura apenas un poquito más, puesto que ambos padres (o, con más frecuencia, sólo la mamá) están aterrados de que el bebé pueda estarlos echando de menos. Vuelven a casa a toda velocidad para encontrar un bebé que, invariablemente, está profundamente dormido, como lo estaba desde cuando se fueron.

Hemos aprendido que es tan importante prestar atención a su relación de adultos en este momento que no importa lo fuerte que sea el lazo paternal que los distrae de esa obligación. Procuren tener tiempo para estar *los dos solos* varias veces al mes, aunque se trate sólo de ir al gimnasio o de salir a caminar. De ser humanamente posible, procuren minimizar las conversaciones relacionadas con el bebé. Si se parecen a nosotros, probablemente tendrán un vago recuerdo de que, antes de que llegara el bebé, tenían muchísimos temas de qué hablar. Dos buenos temas que no se relacionan con bebés incluyen la existencia de Dios y con qué personaje famoso les gustaría pasar la noche. Para una lista completa, consulten el Capítulo 6.

Sean Amables

En las grandes ligas las cosas son difíciles. La paternidad es suficiente para poner a prueba la paciencia de un santo. La última vez que lo comprobamos, ninguna de nosotras estaba casada con uno de esos. ¿Usted si?

Todos tenemos que soportar ciertas características de nuestros cónyuges y debemos entender que eso es difícil, para las dos partes. Si piensa que su cónyuge se ve más "agotado" que usted, procure ayudarle dándole una noche libre. Haga cuanto pueda por animarlo: "Eres una excelente mamá/un excelente papá. Superaremos esto," en lugar de criticarlo: "¿Estás loco? No puedo creer que le hayas puesto de nuevo esa ropa a la niña, la acaba de vomitar." Al menos, evítelo.

Alguien Debería Dormir

No nos referimos sólo al bebé. Con la mejor de las intenciones, muchos padres novatos tratan de compartir el trabajo relacionado con el bebé (en partes iguales). Si sólo se requiere una persona para alimentar al bebé, ¿por qué debe despertarse la otra a las 3:00 a.m. sólo para cambiarle el pañal? Sin duda, uno de los dos bien descansado es mejor que dos zombis coherentes, ¿no es verdad? En este caso, las situaciones difíciles no requieren compañía, el cónyuge que haya descansado puede animar al que está extenuado: puede hacer la comida, puede contar un par de chistes y sacar al bebé durante una o dos horas. Sobra decir que el papá puede "tomar ocasionalmente la batuta" para que todos (es decir la mamá, pueda dormir bien una o dos noches a la semana).

¡Basta del Juego de Medianoche! (Y pongan fin a otras formas de discusiones domésticas también). Es muy sencillo, sólo hay que tener un sistema. Gordon y Julia necesitaron tener un hijo para descubrirlo, pero esto permitió que sus discusiones de medianoche desaparecieran por completo para cuando llegó el segundo. Papá se encarga de dar de comer al niño hasta la medianoche, mamá (se acuesta temprano y) se encarga de todo de la medianoche en adelante. O según el horario de sueño que más les convenga (para los Cockrells y los Kadyan–O'Neills, el papá se encargaba del horario después de medianoche porque la mamá es de las que se duerme tarde). No traten de evadirlo, *Dividir es Triunfar*.

El Yin y El Yang del Debate Sobre Seguridad/Sobreprotección

Cuando la pareja se trenza en un constante debate de si los niños están lo suficientemente seguros, si están bien abrigados o si el bebé es lo suficientemente grande como para montar una patineta, deben considerarse dos cosas. Una, es una tensión natural que en realidad es buena para los niños. El padre, que es Yin, se preocupa por la "seguridad del hijo," mientras que la madre, que es Yang, piensa que "hay que desarrollar las destrezas del hijo para que aprenda a sobrevivir por sí mismo." Otra cosa que hay que decidir es si realmente se justifica la discusión—hay que tolerar, hasta cierto punto, los instintos del otro. Es raro que las mujeres cambien de opinión si piensan que el niño está enfermo o que podría hacerse daño. No hay que irritar a la Mamá Leona, sin embargo, la Leona también debe admitir que es imposible encerrar al niño en una celda acolchonada hasta el momento en que vaya a la universidad y tratar de intentar mantener a raya su instinto sobreprotector.

La Capacitación de Fin de Semana:
La Madre de Todas las Soluciones

Esta solución, cuya patente está en trámite, y que realmente cambia el matrimonio, está garantizada para darles cierta perspectiva y comprensión mutua (y ojalá unas cuantas cosas de qué reírse, además) a medida que se adaptan a su nuevo estado de ser padres. Lo llamamos la *Capacitación de Fin de Semana*.

El Problema: "¡Él Simplemente No Entiende!"

Esto nos lleva de nuevo al coro de mujeres que nos dice que sus esposos "ignoraban por completo" lo que significaba cuidar a un bebé.

> "Cuando llega a casa y me dice que ha tenido un día muy duro, piensa que ya hizo todo lo que tenía que hacer. ¿No sabe que yo también estoy agotada y que tengo tantas ganas como él de poder sentarme en el sofá sin hacer nada?"
> —*Mary, 5 años de matrimonio, 2 niños*

La mayoría de las mamás llevan la carga del cuidado del bebé durante los primeros meses. Algunos papás saben, instintivamente, que deben comenzar a ayudar pero hemos oído muchas historias sobre los que no lo hacen:

- "Ray llegaba a casa y se sentaba con los pies sobre el sofá y me preguntaba qué había de cenar. Ni una sola vez se ofreció a cargar al bebé o a ver si, tal vez, podía preparar la cena, para variar." —*Nicole, 5 años de matrimonio, 1 niño.*
- "Mi esposo realmente me dijo, "¿Cuál es el problema de cuidar un bebé? ¿Qué tan difícil puede ser?"—*Phoebe, 12 años de matrimonio, 3 niños*

¿Qué puede hacer una mujer que está llegando al límite de su resistencia? ¡No se enfurezca y no adopte una actitud defensiva!

La Solución: Déle una Capacitación de Fin de Semana

Váyase durante un fin de semana y deje a su esposo solo con el bebé por cuarenta y ocho horas. Sin niñeras. Sin parientes. Sin ningún tipo de destacamento de caballería. Hay que dejarlo que se las arregle solo. ¡No entiende cómo es porque nunca lo ha hecho!

La Capacitación de Fin de Semana

Las Ventajas

La Capacitación de Fin de Semana tiene muchas y diversas ventajas:

La mamá se toma un descanso. Si mamá no está contenta, nadie estará contento. Entonces, tómese un tiempo para usted. Todos, incluida usted, se beneficiarán de que descanse y recupere fuerzas.

> "No sabía que necesitaba el descanso hasta que lo tuve.
> ¡Cielos, realmente lo necesitaba."
> —*Valery, 7 años de matrimonio, 2 niños.*

Ahora papá entiende. Al encargarse del bebé por sí solo, y de todas las tareas domésticas, durante un fin de semana, el hombre podrá entender mejor los retos y frustraciones a los que se enfrenta su esposa. Tendrá la misma experiencia de nadar o ahogarse. Si desea tomar atajos no dándole una comida completa al bebé o dejando los pañales sucios botados por todas partes; por una vez en la vida, tendrá que afrontar las consecuencias. Aprenderá porque no tiene otra alternativa. Basta con una breve mirada a este "mundo real" para que mejore su nivel de comunicación y su capacidad de trabajar en equipo en el hogar.

> "Tenía una lista de cosas que quería hacer cuando
> tuviera los niños conmigo y tuve la suerte de poder
> hacer la mitad de lo que había anotado. No me duché
> y no me afeité. Escasamente pude mantenerlo todo
> bajo control. Me permitió darme verdadera cuenta de
> lo que tiene que hacer mi esposa. Esto fue hace ocho
> años y lo recuerdo como si hubiera sido ayer."
> —*George, 13 años de matrimonio, 2 niños*

> "No tenía la menor idea de que cuidar a un bebé fuera
> tan difícil ¿Cómo puede hacerlo ella día tras día?
> Cuando regresó, estaba totalmente admirado de
> pensar que lo pudiera hacer."
> —*Brandon, 3 años de matrimonio, 1 niño*

Se establece un vínculo de amor entre el padre y el bebé. Papá, tal vez por primera vez en su vida, se conectará con el bebé en sus términos. Una vez que mamá se haya ido, tiene que arreglárselas solo para saber qué hacer. Puede establecer sus propias reglas. Este conocimiento lo convierte en un padre más competente y seguro de sí mismo.

> "Uno tiene la oportunidad de conocer mejor a sus hijos
> y tiende a quererlos más."
> —*Ian, 7 años de matrimonio, 2 niños*

A Todas las Mujeres que Aún lo Estén Dudando: Suelten las Riendas

Para sorpresa nuestra, cuando sugerimos la Capacitación de Fin de Semana, algunas mujeres nos miraron horrorizadas, como si les hubiéramos pedido que donaran los riñones de sus bebés. Una de ellas llegó a decir "¿Es eso *seguro*?" También dijeron:

- "Mi bebé me necesita; no puede sobrevivir sin mí."
- "Mi esposo no tendría la menor idea de qué hacer. No haría nada bien."
- "Si me fuera, sería una Extravaganza del Bebé Einstein."
- "Tendría que escribir veintidós páginas de notas antes de poder salir por la puerta. No valdría la pena."

¡El bebé sobrevivirá! Suponemos que su marido es un adulto altamente funcional, en pleno dominio de sus facultades. (De no ser así, muy bien, tiene problemas aun mayores y no tiene que hacer la Capacitación de Fin de Semana). Él podrá hacerlo. La ocasional Extravaganza del Bebé Einstein nunca le ha hecho daño a nadie. Y si tiene que escribir veintidós páginas de notas, pues hágalo.

La única objeción legítima que escuchamos fue que era muy difícil organizar una salida con mujeres solamente. La mayoría simplemente no está dispuesta a irse de viaje y dejar a sus familias. A Stacie le tomó *seis meses y más de cien correos electrónicos* organizar a sus amigas de universidad para hacer este viaje de mujeres solamente. Los esfuerzos de otras resultaron inútiles cuando una de ellas propuso llevar con ella a su hijo de un año. Por el contrario, cuando los hombres ven una oportunidad de escaparse, se organizan rápidamente, como una bandada de gansos migratorios en perfecta formación rumbo al aeropuerto.

En Perfecta Formación en V

No permita que el dilema logístico impida la Capacitación de Fin de Semana. Si no hay más alternativa, pase dos días y dos noches sola (realmente suena ideal). Sí, es difícil dejar a los niños. Sí, le harán falta. Pero se sentirá mucho mejor cuando regrese y, mejor aun, tendrá un marido agradecido y cooperador esperándola en la puerta de la casa.

A Todos los Hombres que Aún lo Estén Dudando: ¡Ustedes Pueden Hacerlo!

"No estoy seguro de qué se trata todo este problema.
¡Por todos los cielos, yo soy el padre!"
—*Lee, 9 años de matrimonio, 3 niños*

¿Alguna vez se ha preguntado: "Ay, vamos ¿de qué se queja mi esposa? No puede ser tan difícil." O tal vez siente un poco de miedo ante la perspectiva (prometemos no decírselo a nadie) y ha pensado, "no es natural, por no decir que es peligroso, pedirle al escuadrón JV que se prepare para un partido de desquite ¿cierto?" Bien, es más difícil de lo que cree, pero también es más fácil de lo que piensa. Si puede cambiar un pañal y darle el biberón al bebé mientras mira *SportsCenter*, lo podrá hacer.

Una Historia Real

Ella Cuenta Su Historia
Cuando nuestra hija tenía unos cuatro meses, Ross, quien me había dicho que llegaría a casa a las 7:00 p.m., apareció dos horas más tarde. Estaba bastante disgustada. Había tenido un día horrendo y en tres días no había tenido tiempo de darme una ducha. Cuando me dijo, "¿Por qué te resulta tan difícil? La bebé durmió en dos oportunidades, por lo tanto, tuviste dos ratos libres, ¿no es cierto? ¿Cuál es el problema?" Supe que el único recurso que me quedaba era dejar que él lo experimentara por sí mismo, por lo que organicé un viaje para irme de casa.

Él Cuenta Su Historia
En términos generales, me agradaba pensar que Stacie tuviera unos días libres. Me daba cuenta de que

realmente lo necesitaba y, para ser francos, sí pensé,
"¿Qué tan difícil puede ser?" Creí que ella exageraba la
situación. La verdad fue que no necesité una
Capacitación de Fin de Semana; fue suficiente una
mañana. Estaba a punto de morir. Quería que todo
terminara. Ese domingo, ella debía regresar
supuestamente a las 2:00 p.m. Yo contaba los minutos.
A las 2:05, la llamé al celular. Me dijo que estaba
atrapada en el tráfico y que llegaría una hora tarde.
Comencé a gritarle, "Esto no es justo. ¡Dijiste que
llegarías a casa a las 2:00!"

Ella Cuenta Su Historia
Funcionó. Después de ese fin de semana Ross cambió de
actitud por completo. Ahora siempre me dice la hora
exacta a la que va a llegar. No hace más comentarios
desconsiderados (bueno, casi nunca). Y con frecuencia
lo oigo decir "Eres sorprendente, no sé cómo lo haces"
(que es, en realidad, todo lo que una mamá quiere oír).
Realmente ha mejorado en el aspecto doméstico
también. Llega a casa con una actitud diferente. "¿Qué
puedo hacer?," pregunta al llegar, y no tengo cómo
agradecérselo.

Él Cuenta Su Historia
Sí, sí, ahora lo entiendo. Nunca olvidaré el alivio que
sentí cuando la vi entrar. Estaba exhausto. Ahora ya sé
lo que ella siente cuando me ve. Ahora siento un gran
respeto por el trabajo que hace. Yo no podría hacerlo.

SOLUCIONES PARA LAS MUJERES
Él *Puede* (y *Debe*) Hacerlo

"Cuando nació el bebé, no dejaba que mi esposo hiciera nada. Y cuando hacía algo, lo criticaba. Mi mamá me dijo, 'O lo dejas que lo haga a su manera o nunca te va a ayudar.' "

> —*Eva, 8 años de matrimonio, 2 niños*

"Tal vez no se coman los vegetales mientras no estoy, pero no lo critico. Si lo hago, afectaré su capacidad de relacionarse con los niños."

> —*Allison, 7 años de matrimonio, 2 niños*

La mayoría de los papás pueden ser muy colaboradores cuando se trata de cuidar a los bebés. Sin embargo, ¿con cuánta frecuencia nos quejamos (y las tres lo hemos hecho con frecuencia) de que nuestros esposos no tienen ni idea de lo que deben hacer? ¿Estaremos contribuyendo a este estado de ignorancia? No es que preparemos el ambiente para que fracasen, ni que lo hagamos a propósito. ¿Les damos lo que requieren para hacer las cosas bien? Para la mayoría de nosotras, la maternidad es algo que se aprende cometiendo errores, es un bautismo de fuego. Aprendemos en la práctica. Si vigilamos por encima del hombro todo lo que hace nuestro esposo mientras intenta descubrir cuál es la parte delantera de un pañal o nos aseguramos de que está sosteniendo correctamente al bebé, ¿cómo podrá *aprender en la práctica*?

"No tengo ninguna responsabilidad con el bebé. No recibo instrucciones de lo que debo hacer. No permite que nadie excepto ella, ni siquiera yo, se ocupe de Owen."

> —*Doug, 5 años de matrimonio, 1 niño*

Muchos hombres aprovechan las tendencias controladoras de sus esposas para escapar de sus responsabilidades. No les faciliten esa excusa. Dentro de unos años, cuando el bebé ya camine y tenga una pataleta y su esposo le diga que usted debe hacerse cargo porque "es mucho mejor para manejar estas cosas," ¿qué le responderá? Si nunca les damos la oportunidad de practicar sus destrezas de padres, ¿realmente podemos culparlos?

Recurra a Otras Mujeres

Julia y Gordon se mudaron cuando ella tenía ocho meses de embarazo de su segundo hijo. Ella no conocía a nadie en la nueva ciudad. Pero un par de sus nuevas vecinas la tomaron bajo sus alas. La ayudaron a encontrar todo lo que necesitaba, desde un pediatra y un centro preescolar hasta un obstetra para que atendiera su parto. También la ayudaron a no perder la cordura después de que nació el bebé. Con frecuencia se preguntaba cómo habría podido sobrevivir sin ellas.

Es una de las pocas cosas negativas de nacer en los Estados Unidos de América. En algunas otras culturas, los bebés recién nacidos son el dominio exclusivo de las mujeres. La nueva mamá permanece en cama después de que nace el niño. La alimentan y la consienten. Sólo le traen el bebé para que lo amamante y luego se lo llevan para que pueda dormir y recuperarse. La atiende una comunidad de mujeres que se ocupa de ella y del bebé. (No estamos seguras de cuál sea la función que desempeña mientras tanto el nuevo padre—tal vez construye la silla de comer del bebé…). Mientras que muchas de nosotras contamos con una gran cantidad de excelente ayuda de parte de nuestras mamás, hermanas, cuñadas y amigas, ninguna de nuestras conocidas tuvo este tipo de adaptación gradual y agradable a la maternidad. Pero, ¿no es verdad que la sabiduría, empatía y bondad de otras mujeres son esenciales para todas las nuevas madres?

Una de las razones por las que pensamos que debemos recurrir a nuestras amigas y parientas es que nuestros esposos, como todos los hombres, aunque se interesen mucho por sus hijos y por nuestras necesidades emocionales, no están preparados para darnos todo lo que necesitamos en ese momento. Sólo otras madre puede entender lo emocionadas, abrumadas y aterrorizadas que nos sentimos. Sólo otra mujer puede explicarnos cómo hacer que el bebé agarre el pezón y cómo utilizar los protectores de pezón. (¿Ven? Acabamos de perder todos los vectores masculinos que tuvimos hasta este momento).

Cuando Stacie y Julia tuvieron sus primeros hijos, unieron fuerzas y se ayudaron la una a la otra. Compartieron una niñera dos días a la semana para mantener controlados los costos y permitir que los niños pudieran jugar juntos durante algún tiempo. Aun después de que se iba la niñera, solían permanecer juntas durante las "horas difíciles" de la tarde. Inclusive una se quedaba con los hijos de la otra para permitirle tiempo libre con su esposo.

Como mujeres, tenemos que tener cuidado con lo que exigimos y esperamos unas de otras cuando hay nuevos bebés en la escena. Como la maestra de preescolar que le pidió a Stacie que le hiciera un plato especial para la fiesta de la clase *ocho días* después de haber tenido su tercer bebé. Como las amigas que levantan una ceja cuando vienen a la casa para una invitación a jugar y encuentran algo en desorden. Comportémonos como hermanas unidas en una misma causa, no como hermanas que se juzgan unas a otras.

¿Qué Tan Llena Está tu Copa?

"No volví a hacer yoga hasta que empecé a tener
migrañas y mi médico me dijo que debía reiniciarlo."
—*Leslie, 8 años de matrimonio, 3 niños*

"Me entregué totalmente a la maternidad hasta que me
di cuenta de que tenía que cuidar mi salud si quería
vivir lo suficiente para poder cuidar a mi hijo. Eso fue
lo que me hizo volver al gimnasio."
—*Margaret, 5 años de matrimonio, 1 niño*

Por lo general, nos fascina nuestro nuevo papel de madres, pero esa fascinación va desapareciendo si no nos cuidamos. Una vez que salimos del crepúsculo, tenemos que recobrar la conciencia de que somos personas. Tenemos que buscar el tiempo necesario para hacer algo de ejercicio y practicar alguna actividad que nos agrade, aunque sólo sea pasar un rato con las amigas. Si no logramos encontrar la motivación suficiente para hacerlo por nuestro propio bien, tenemos que hacerlo por el bien de nuestros hijos. Una mamá desarreglada que viva de lo que le queda de su escasa energía, no es una buena mamá.

SOLUCIONES PARA LOS HOMBRES

Ahora Es Su Oportunidad de Jugar en las Grandes Ligas

Al hablar con todos los hombres con los que tuvimos la oportunidad de hacerlo mientras escribíamos este libro, observamos algo curioso en ellos y en su nueva condición de padres: por una parte, hay un compromiso total con la familia y el nuevo papel de padre es fascinante. Por la otra, las responsabilidades para con el bebé no los hacen muy felices. Para ustedes, ese pequeño ser de diez libras requiere una enorme inversión (alimentarlo, sacarle los gases, cambiarle el pañal, bañarlo) son cosas que ofrecen muy poca recompensa, al menos inicialmente (una sonrisa ocasional, si se tiene suerte). Unos cuantos minutos al día con esa pequeña pelota de fútbol suelen ser suficientes, después, se lo entregan gustosos a la mamá, a la abuela o, en último término, a cualquiera con pulso que pueda marcar el 911 en caso de emergencia.

En este capítulo, hemos hablado mucho de cómo nosotras, las mujeres, debemos tener en cuenta nuestra tendencia a querer controlarlo todo cuando nos convertimos en madres. La siguiente es una secuencia lógica de esa idea: *superen su instinto de salir del campo de juego e ir a ocupar la banca hasta que el partido se ponga más interesante. Su equipo los necesita*—especialmente durante este período crítico de los primeros meses de vida del bebé. Considérenlo como el equivalente en paternidad a todo lo que tiene que practicar Tiger Woods a la intemperie, bajo la lluvia. No se logra el premio si no se dedica el tiempo necesario.

Suponiendo que su participación se encuentre en algún punto medio con respecto a la "participación personal" entre la brigada "que lo hace todo excepto amamantar al bebé" y el grupo de quienes se sienten "orgullosos de nunca haber cambiado un pañal," la siguiente es una lista práctica de funciones del nuevo papá que apostamos que pueden dominar:

Lista Básica de Responsabilidades, o lo que Cualquier Papá Respetable Debe Saber Hacer

- Cambiar un pañal

- Desechar un pañal (como es debido)

- Dar el biberón al bebé (incluye prepararlo)

- Sacarle los gases al bebé

- Acostar a dormir al bebé

- Vestir al bebé (con ropa adecuada para el clima y para el lugar de destino)

- Sentar al bebé en la silla del automóvil

- Sentar al bebé en el caminador y llevarlo a pasear por el parque del barrio

- Destrezas básicas de orientación: saber dónde están los pañales, las toallitas húmedas, los biberones y la leche en polvo (tanto en casa como en la tienda del barrio)

Sin Excusas

Sí, sí—no conoce las reglas del juego... es el primer bebé que ha tenido... realmente usted no le gusta al bebé... es posible que lo lastime sin proponérselo... su esposa sabe hacerlo todo mucho mejor... su esposa no lo deja hacerle nada al bebé... sí pa, sí pa, sí pa. Eso lo hemos oído muchas veces. Algunas de esas excusas son válidas; un bebé recién nacido puede ser algo que causa terror. Ah, pero aquí no encontrará violines sonando. Su esposa realmente necesita su ayuda, aunque a veces parece como si no la deseara. Además, su bebé lo necesita. Necesita también su amor y su atención.

La recompensa vendrá después, no se preocupe, ya hablaremos de eso.

Por Qué es Importante su Participación

Mientras escribíamos este libro, vimos a muchas mujeres deshechas en llanto al recordar la sensación de "desilusión" y "abandono" que experimentaron en la primera etapa del posparto. A veces, los niños están en la secundaria, a punto de graduarse y ellas aún recuerdan lo ofendidas que se sintieron cuando su esposo se fue de viaje sin que éste fuera realmente indispensable o cómo se comportó como si nada hubiera cambiado en su vida, o cómo jamás se ofreció a darle el biberón al bebé durante toda una noche.

Aunque la paternidad es un sacrificio, es también una oportunidad: es su oportunidad de mostrarse como un héroe. Las mujeres cuyos esposos han ayudado no terminan de alabarlos. "Fue fantástico." "Qué suerte tuve. Estuvo conmigo todo el tiempo." Durante esta época, tiene la oportunidad de despertar sentimientos de amor y ternura así como sentimientos de orgullo en su esposa, son sentimientos que ella atesorará por siempre.

Pensar Como un Equipo

Es un intercambio. Como padre, debe incluir en sus cálculos las necesidades de su pareja y de su hijo. Se trata, sencillamente, de un *quid pro quo*. Si quiere ir a ver el partido el sábado por la tarde, dígalo así: "Oye, si no tenemos otra cosa programada, me encantaría ver el partido..." Luego (y esto es importante) diga de inmediato, "yo puedo quedarme con el bebé mañana mientras tú haces todo lo que tienes que hacer." Por alguna razón, parece que el concepto de equilibrio no siempre alcanza a abarcar la solicitud de ausentarse. Si los esposos no lo expresan, muchas mujeres piensan que sus esposos siempre buscan una disculpa para alejarse, a costa de la esposa. Esta propuesta de intercambio le demuestra a su esposa que usted entiende—que considera que esto de tener un bebé es un esfuerzo conjunto.

Ver y hacer. Las siguientes son algunas sugerencias para ayudarlo a respaldar a su esposa y mostrarle su dedicación constante a la familia:

La Situación	Cómo Ser Un Héroe
Su esposa se levantó cinco veces anoche..	Llévese al bebé para que ella pueda dormir una siesta. O dígale que, una vez a la semana, se hará cargo de alimentar al bebé durante toda la noche..
Todos los días, cuando usted llega a casa, su esposa se ve un poco desanimada y pálida..	Ocupe su lugar en la línea de ensamblaje y ayúdela con los biberones, los cambios de pañal y los baños.

La Situación	Cómo Ser Un Héroe
Su esposa cuidó del bebé toda la semana sin interrupción.	Ofrézcase a encargarse del bebé durante parte del fin de semana para que ella pueda descansar y hacer algo que le guste o que necesite.
Sus amigos irán a un bar después del trabajo.	Acompáñelos en otra oportunidad. Su esposa lo necesita más que nunca. Tal vez le queden fuerzas para prepararle un cóctel cuando usted llegue a casa.
Es un día perfecto para ir a jugar golf.	¿Hay otro estilo de día? A menos que haya un terremoto, el campo de golf seguirá estando ahí dentro de unas cuantas semanas.
El partido ha empezado.	Grábelo o guárdelo en la memoria del televisor y mírelo más tarde.
Su madre está a punto de llegar.	Tome las medidas necesarias. Los parientes de sangre y las hormonas no siempre combinan bien.

Empatía... ¡Ay¡

Escuchar y entender: Dos palabras que realmente desactivan a un hombre. Sin embargo, las nuevas mamás necesitan empatía por toneladas. Desafortunadamente, saber demostrarla no es uno de los atributos masculínos. Para parafrasear a John Gray, autor de *Los Hombres Son de Marte, Las Mujeres Son de Venus*, los hombres tienen impulsos naturales para resolver problemas, no para oírlos.[2] Cuando su esposa sufre de agotamiento y se queja de haber tenido un día muy difícil, sin duda el deseo de resolver el problema es irresistible, pero todo lo que ella quiere es que usted la escuche. (Nota: por "arreglar el problema" no queremos decir sacar el bebé a la grama hasta que pueda comer solo).

Sabemos que quiere ayudar. Sabemos que sus intenciones son buenas. Pero de nada sirve que sugiera que, tal vez, el bebé (que llora y que su esposa ha estado meciendo durante una hora) tiene hambre. (Eso probablemente ella ya lo pensó, Sherlock). De nada sirve decirle a su esposa exhausta que estaría menos cansada si no se levantara a mirar al bebé cada treinta minutos (estaría menos cansada si usted se encargara de cuidar al bebé en la noche una vez por semana). Para ella, sus sugerencias significan que no la cree capaz de saber qué le sucede al bebé. *No hay nada que disguste más a una nueva mamá que pensar que se duda de sus destrezas maternales.* Lo único que espera de usted es que la escuche y la comprenda.

Una Breve Lección de Empatía

Su esposa dice: "Estoy tan cansada. Cuidar al bebé me tiene realmente agotada."

Usted dice: Eso no es nada. Sólo debe mirarla a los ojos. Asentir con la cabeza. Hacer algún ruido que le indique que la está escuchando. Murmurar en tono comprensivo, "Sé que debe ser muy duro. Eres una excelente mamá."

Básicamente, eso es todo.

¡Dame una "M"! ¡Dame una "A"! ¡Dame una "M"!
¡Dame una "Á"!El Poder del Elogio

Otra actitud que sugeriremos que adopte es la de porrista. Nadie es más crítica de sí misma que una nueva mamá. Más que cualquier otra cosa, su esposa necesita oír elogios como "eres fantástica," "es sorprendente cómo haces todo eso," "nuestro bebé tiene suerte de tener una mamá como tu." Usted debe convertirse en su propio equipo animador de un solo hombre.

En una oportunidad, Cathy llevó a su hija al médico a su cita mensual un día después de la fecha prevista—a la hora correcta, el día equivocado—y llamó a Mike, desde el estacionamiento, sollozando, a contarle que era la peor de las madres. Él le respondió justamente lo correcto, "No te preocupes, lo estás haciendo de maravilla." Cuando una nueva mamá pasa por uno de esos momentos, los sentimientos de ineptitud pueden ser abrumadores.

Muchas mujeres que han alcanzado el éxito en su vida profesional nos comentaron que el elogio más importante que jamás han recibido es el de "Eres una excelente mamá." Esas son palabras que necesitamos oír casi a diario cuando tenemos un bebé recién nacido. Además, necesitamos oírlas de nuestros esposos. El esposo es el único que ama a ese niño tanto como la mamá. En último término, nadie está mejor calificado para decirle que está haciendo las cosas muy bien.

Es Hora de Fingir

Si la empatía y el convertirse en porrista son cosas que simplemente no van con usted, es hora de fingir. Todos pasamos por esos momentos en la vida en los que simplemente nos controlamos y fingimos. ¿No soporta a su jefe porque piensa que es un absoluto tonto? Simplemente finge que está feliz durante ocho horas al día. ¿Llega su suegra, entra con sus aires habituales y no cesa de hablar? Usted adopta esa expresión que dice, "Oh, eso es fascinante."

Cuando piensa que su esposa se está comportando como alguien que ha perdido el juicio y usted no entiende por qué haber comprado la talla equivocada de pañales la tiene en ese estado, sólo finja. Mírela, con cara de preocupación, y emita algún sonido tranquilizante, sólo para indicarle que es una mamá admirable.

La Recompensa

Por último, ¿qué obtiene a cambio? Pensó que nunca llegaríamos a este punto, ¿no es cierto?

Número Uno: Usted se convierte en héroe. En realidad, no es mucho lo que tiene que hacer para verse como un verdadero campeón.

Número Dos: Su bebé se beneficiará.

Número Tres: Cuando se esfuerza por ayudar a su esposa y entender por todo lo que ella está pasando, se gana su aprecio. Lo más probable es que, si usted la entiende, ella esté más dispuesta a entender cuáles son sus necesidades. Las verá satisfechas, tal vez no tan pronto como desearía pero, más vale tarde que nunca.

Algunos aspectos de este proceso de ser papá por primera vez no le serán muy fáciles de dominar, aunque es posible que le sorprenda la facilidad con la que va adoptando esa actitud. Entendemos el duelo por el que está pasando debido a la pérdida de su antiguo estilo de vida. (Para su información, nosotras también perdimos el nuestro, ¿sabe?) ¿Lo echará de menos? Claro que sí. ¿Aprenderá a amar esta nueva situación? Claro que sí. Y la mayoría de los hombres, por mucho que se quejen, dirán que es el mejor cambio por el que jamás hayan pasado.

¿Cómo Va el Puntaje?

La Batalla de los Sexos Posbebé

"Siempre estoy en la perrera. Esa es la línea de base.
Llego a mi casa al final del día y le digo, 'Hola amor,
ya llegué. Lo siento.' "
　　　—Chris, ocho años de matrimonio, 2 niños

"No es difícil llevar el puntaje: quince para mí, cero
para él."
　　　—Maggie, siete años de matrimonio, 3 niños

Entonces, ¿quién lleva la peor parte en su casa? ¿Quién trabaja
más? ¿Quién se divierte más? Cuando nos convertimos en padres,
aumentan de modo descomunal las responsabilidades domésticas.
Aumenta la presión económica. El ritmo es incesante. No es de
sorprender, entonces, que comencemos a discutir por la división
del trabajo en el hogar. *Llevar el puntaje* es una incesante lucha de
ojo por ojo entre los esposos—un eterno debate sobre la interrogante filosófica más fundamental: "¿A quién le toca bañar al bebé
esta noche?"

Sin embargo, en este capítulo se analizan otras cosas, fuera de
qué le toca a quién. El tema que aquí se trata tiene que ver con la
colisión entre lo que se espera y la realidad. Con el estado del matrimonio moderno, ¿se puede alcanzar en algún momento un verdadero equilibrio social ideal entre los esposos? Es una instantánea

del momento en el que se encuentra nuestra generación, nuestra sociedad, y de lo que pensamos acerca de las funciones femeninas y masculinas. Cada hombre y mujer con los que hablamos se exaltaron al tratar este tema. Las mujeres hablaron del estancamiento en el progreso del feminismo. Las expresiones de los hombres fueron, por ejemplo, "¡Más quejas! ¡Esa basura ya la he escuchado antes!" ¡Quién habló de tocar puntos sensibles! ¡Vaya! A veces nos preguntábamos si nuestra materia gris colectiva estaba preparada para la tarea de escribir sobre este tema.

Lo Que Se Espera vs. La Realidad

Llevar el puntaje es la evidencia de la batalla entre los sexos que se desarrolla en el hogar en nuestro tiempo. ¿Por qué, después de tanto tiempo y de tanto supuesto progreso, seguimos luchando por lo mismo? La mayoría esperábamos igualdad en nuestros matrimonios, esperábamos que nuestras carreras profesionales tuvieran la misma importancia y que la experiencia de ser padres fuera una empresa conjunta. Entonces, ¿por qué a ninguna nos parece que haya igualdad?

Casi todas las mujeres que conocemos se sienten abrumadas por la porción leonina de su participación en los trabajos domésticos después de la llegada de los hijos, y eso no es algo fácil de aceptar. Nos preguntamos por qué nuestra porción de la torta doméstica se ve mucho más grande que la de nuestros esposos.

> "No recuerdo haberme registrado jamás en un curso prematrimonial que dijera que después de tener los hijos, yo tendría que cuidarlos *y encargarme de todo el trabajo doméstico*. Pensé que formábamos un equipo."
> —*Mary, 5 años de matrimonio, 2 niños*

Entre tanto, muchos hombres consideran que sus vidas de hogar y su poco tiempo libre están dominados por las exigencias de sus esposas de que se encarguen de más tareas domésticas y de una mayor parte de la crianza de los hijos. Ellos se preguntan por qué, aparentemente, sus contribuciones, tanto en el trabajo como en el hogar, nunca parecen ser suficientes.

> "¡Es una competencia que no termina jamás! Me siento como un jugador amateur que se enfrenta a Shaquille O'Neal. Siempre me supera por treinta puntos, nunca podré ganar."
> —*Jack, 7 años de matrimonio, 1 niño*

Todos nos hemos preguntado, "¿De eso se trata?" ¿Será nuestro matrimonio un incesante debate sobre estos temas? Todos procuramos reconciliar nuestras expectativas acerca del matrimonio y la paternidad con la realidad. Esta lucha es el telón de fondo y representa un potente combustible que alimenta el fuego de la discusión sobre el puntaje de la división del trabajo doméstico.

Víctima de un Clavado

Cómo Jugar

En cualquier fin de semana, en miles de hogares de todos los Estados Unidos, las esposas, de pie frente a sus esposos, enumeran todo lo que han hecho durante la semana, sacrificándose por ellos y por los demás: "Pagué todas las cuentas, compré un regalo de cumpleaños para tu madre, leí *Hasta Mañana Luna* cinco veces, llevé a cuatro niños de seis años a Chuck E. Cheese… Todo eso el martes…"

Los esposos responden al fuego: "Discúlpame, pero ¿no fui yo el que preparó el desayuno de los niños todas las mañanas la semana pasada, incluyendo la mañana que se me hizo tarde para mi presentación, cuando debí irme más temprano? *Y además*, recogí la ropa en la lavandería sin que me lo pidieras *y además*, bañé a los niños tres veces la semana pasada. ¿Qué más quieres?"

Sigue el recuento de lo que cada cual ha hecho y de los sacrificios que todo eso implica. No es exactamente lo que creímos que sería la vida cuando nuestras miradas se cruzaron de un extremo al otro del salón hace ya tantos años, ¿verdad? Ambos terminamos disgustados y a la defensiva, cada uno convencido de que su parte es la peor. Algunos llevan el puntaje como un hábito. Otros lo hacen sólo ocasionalmente. Pero todos caemos en lo mismo.

A veces nuestros confrontamientos menores alcanzan niveles de combate. Los hombres atacan con una especie de guerra de guerrillas, en la que acumular puntos positivos es siempre cuestión de atinar o fallar el tiro. Las mujeres recurren a un importante arsenal de armamento. Nuestras bazucas dan en el blanco una y otra vez, pero, por razones que analizaremos más adelante en este capítulo, parece que nunca obtenemos lo que deseamos.

Cada uno está convencido de tener la razón y recurrirán a ataques mayores para probar que así es. Según nos dicen los hombres, las mujeres sacan una "lista retroactiva" de lo que han hecho sus esposos, por si hay alguna duda de quién tiene la razón. Con frecuencia, los hombres no están preparados para responder en forma eficiente. Nuestro amigo Brad sostiene que, "Es como si intentara defenderme con una 'bodoquera' cuando ella me está lanzando misiles y está limpiando el piso conmigo. No tengo la menor oportunidad de ganar." Él dice, "Me levanté con los niños el martes." Ella responde, "Bien, me levanté con los niños todas las mañanas durante las tres últimas semanas, a excepción de ese martes." Ante armas tan superiores, los hombres deciden retirarse; pero *no* reconocen la derrota.

El resultado final: nadie gana esta guerra.

Las Reglas del Juego

Este juego de llevar el puntaje implica un constante intercambio de *Capital Marital*, o "puntos," entre el esposo y la esposa. Presten atención porque aquí las reglas son extremadamente complejas. Presentamos a continuación una corta visión global:

1. En la mayoría de los casos, según los esposos, es la esposa quien determina cuántos puntos vale una actividad específica. "¿Por qué comprobar tres veces la presión del aire en las llantas del automóvil de ella no cuenta, pero limpiar la cocina sí?"

   > "Siempre pensé que recibiría puntos por arreglar el jardín. Salgo todos los sábados en la mañana, podo los setos, corto el césped, lo dejo todo lindo y apenas entro a la casa ella me pregunta '¿Dónde estabas?' "
   > —*Jacob, 7 años de matrimonio, 2 niños*

2. Los hombres suelen pensar que tienen el mayor puntaje ("Oye, me levanté al amanecer con los niños; fui a la tienda a hacer las compras este fin de semana"), pero para sus esposas, las actividades que cuentan como "cumplir con su parte del trabajo" no dan puntos en absoluto.

3. De hecho, a un esposo se le pueden *deducir* puntos por pretender lograr un mayor puntaje por sólo haber hecho lo que le correspondía.

4. Los puntos positivos tienen fecha de vencimiento. A menos que se utilicen dentro de la memoria reciente del método de llevar puntaje, estos se vencen.

5. Sin embargo, los puntos negativos no tienen fecha de vencimiento y siempre están vigentes. Se nos ha dicho que las mujeres llevan un registro mental detallado de todas nuestras infracciones y omisiones.

> "A uno le dan crédito por una buena acción, pero ese crédito sólo es válido por unos seis meses. Hay que utilizarlo sin demora. Sin embargo, los méritos de ella no tienen fecha de vencimiento, siempre están vigentes."
> —*Francisco, 4 años de matrimonio, 2 niños*

6. De hecho, no hay estatuto de limitaciones.

> "¿Cómo así que te vas al partido? ¡Sólo estuviste una hora con los niños el último fin de semana! Además, cuando tus padres estuvieron aquí el mes pasado, jugué Scrabble con tu mamá durante horas…"
> —*Tracy, 5 años de matrimonio, 2 niños*

7. Nivel avanzado:

> "Se pueden obtener puntos múltiples, si realmente se renuncia a jugar al golf o a cualquier otra cosa y si uno le dice a la esposa que desea pasar un rato con ella."
> —*Simon, 3 años de matrimonio, 1 niño*

> "Ni modo. Mi esposa diría de inmediato que eso es basura. Pensaría que hay gato encerrado."
> —*Vince, 5 años de matrimonio, 2 niños*

Guerreros de Fin de Semana

Bienvenidos al gran juego (del Súper Tazón) de llevar el puntaje del fin de semana.

> "¿Gracias a Dios es viernes? No me hagan reír. Sería mejor decir gracias a Dios es lunes. Todos los lunes por la mañana beso mi escritorio."
> —*Dev, 7 años de matrimonio, 2 niños*

> "Peter y yo discutimos por 'el ritmo' al que hay que hacer las cosas. Él nunca tiene prisa, mientras que yo creo que si me quedo quieta, la familia entera quedará sepultada bajo montañas de ropa sucia, juguetes, platos sin lavar y bolas de polvo. No puedo dejar de hacer cosas ni tomarme un descanso. Si lo hago, el bebé querrá que le de de comer cuando me disponga a seguir trabajando y todo el trabajo se me atrasará aun más. Mientras tanto, mi esposo quiere descansar el fin de semana y saborear su café, y yo quisiera que se levantara y limpiara el baño."
> —*Kelly, 8 años de matrimonio, 3 niños*

¿Recuerdan el sábado y el domingo? Cuarenta y ocho horas de descanso y esparcimiento. Podíamos quedarnos en la cama (juntos) hasta mediodía… o podíamos no hacerlo. Podíamos ir al *brunch* de nuestro bistró favorito. Podíamos ir a cine. Podíamos pintarnos mutuamente las uñas de los pies. Las opciones eran interminables. Él se dedicaba a sus cosas, yo me dedicaba a las mías. Luego hacíamos algunas cosas juntos. Recuerden cuando lo más difícil de resolver era, "Oye, ¿que vamos a hacer este fin de semana?" Llegan los hijos, y esta pregunta cambia: "¿Que este fin de semana vas a hacer *qué*?" Ese *qué* puede significar pescar, salir a correr, hacer aeróbicos, arreglarse las uñas, trabajar, jugar golf o cualquier actividad que, por más de treinta minutos, no involucre los niños y la esposa.

"Realmente me ofende que pretenda irse durante cinco
horas los sábados a jugar golf y luego espere que yo le
agradezca que cuide los niños durante una hora
mientras voy a mi curso de yoga. Qué proeza."
        —*Jane, 9 años de matrimonio, 2 niños*

En ningún otro momento es más evidente el cambio de la pareja
despreocupada, sin hijos, al estado de ser padres, que en los fines
de semana. Se terminaron los "momentos para mí." Todo lo que
hay que hacer y el mantenimiento del hogar hay que hacerlo a
velocidad supersónica, con los niños alrededor, prendidos a las
piernas. Hay un mínimo de tiempo personal para desarrollar
las actividades favoritas y se convierte en objeto de intensa negociación.

    Las mujeres que trabajan fuera del hogar llegan a lo más
profundo del infierno doméstico en los fines de semana. Durante
la semana, no se dan cuenta o no les queda más remedio que ignorar la basura que hay bajo el sofá, la pila de ropa sin lavar y la
nevera casi vacía. Llega el sábado y *hay* que lavar esa ropa, *hay* que
arreglar la sala y *hay* que llenar la nevera. Sobra decir que a los
esposos no les entusiasma verse atrapados en esta tormenta de
limpieza, compras y cuidado de los niños (para que conste en el
acta, a nosotras tampoco nos entusiasma, pero qué otro remedio
queda—¿el caos doméstico y niños malolientes y muertos de
hambre?).

Confesiones del Juego de Llevar el Puntaje

En algún momento, nosotras tres hemos caído en ese
juego de llevar el puntaje. No nos hace sentir orgullosas
admitirlo, pero así es. Cada una lo hacía en forma
diferente y también se lo decía a su esposo de forma
distinta. Tengan en cuenta que lo decimos en tiempo
pasado. Es algo que refleja, hasta cierto punto, lo que

quisiéramos que fuera, sin embargo, debemos reconocer que nos hemos corregido en gran medida y que seguimos esforzándonos. A continuación les presentamos la que Guarda el Resentimiento en Silencio, la que Explota Cada Trimestre y la mujer que Todo lo Quiere Exacto:

La que Guarda el Resentimiento en Silencio

Como alguien que no estaba dispuesta a desperdiciar una buena razón para quejarse, además de ser una consumada experta en evitar conflictos, Julia sometía a Gordon a lo que tal vez sea la forma más peligrosa de llevar el puntaje: *una prueba perpetua de doble secreto.* En su mente, ser "socios iguales" significaba que él debía ver, debía entender implícitamente, lo que había que hacer y hacerlo sin que se lo dijeran. Decírselo o pedírselo sería como una admisión de que el trabajo doméstico y el cuidado de los niños eran, en último término, responsabilidad de ella. A medida que los platos sucios se iban apilando en el lavaplatos y el bebé seguía jugando tranquilamente con su pañal ya a punto de reventar, Julia iba llevando un registro mental de la creciente evidencia de la "falta de voluntad" de Gordon para ayudar. Pretendía que él le leyera la mente. Y como eso era algo que Gordon no podía hacer, eso también era su culpa. En lugar de hablarle de lo que la preocupaba, Julia asumía el papel de mártir y hacía todo lo que había que hacer con enorme disgusto. Gordon respondía en el mismo tono, acostándose en el sofá o saliendo al patio sin decir palabra, reprimiendo el resentimiento. Tal vez este comportamiento se deba más a la composición psicológica de Julia que simplemente a su hábito de llevar el puntaje, pero, así eran las cosas en su hogar.

La que Estalla Cada Trimestre

Cathy, como ella misma lo admite, es una fanática del control. Si algo debe hacerse, ella prefiere hacerlo personalmente. En la mayoría de los casos, esto no la preocupa. Por lo general, espera hasta cuando ya se está ahogando para pedir ayuda. No se da cuenta de que necesita un descanso, hasta que la arena movediza le llega al cuello. Más o menos cada dos o tres meses, Cathy se derrumba en un cataclismo de "Estoy cansada de todo esto, tú no haces nada, la casa está que se cae de mugre, necesito ir al salón de belleza y me preguntas otra vez qué hay de cenar, me voy a enloquecer." Mike le da la respuesta de "Eres una esposa sorprendente, fantástica, la súpermujer, una mamá excepcional, y no merezco que laves mis medias," y luego se lleva a los dos niños durante seis horas. Para cuando regresa, ella se siente muy bien y está convencida de tener el mejor esposo del mundo (sí, Stacie y Julia tampoco lo entienden). Después, todo sigue muy bien por unos cuantos meses hasta la próxima explosión.

La Mujer Exacta

El cerebro de Stacie funciona como un programa de computadora matemáticamente preciso, que incluye archivos detallados, análisis complejos y al menos cien gigabytes de memoria. Según Ross, ante una discusión, ella tiene acceso a todos y cualquiera de los datos relevantes—hora, lugar, nombres, conversaciones enteras, lo que sea—después, entra a analizar hasta el último detalle.

Durante los primeros años después de tener los niños, comenzó la batalla del puntaje. Ross, el Campeón del Club de los Debates, contra la Mujer Exacta. Durante las discusiones sobre los momentos inadecuados que Ross elegía para ir a jugar golf o lo poco que había ayudado durante una fiesta de cumpleaños, Stacie, convencida de que él aún no "captaba" todo el panorama, recurría a las pruebas reales: cada una de las infracciones de los último seis meses. Ross devolvía el fuego con negaciones más detalladas, que incluían porcentajes estadísticos para comparar los méritos de sus argumentos. Pero ¿cómo culparlo? Tenía que ser un excelente jugador ante la Mujer Exacta. Ambos eran culpables de pretender vencer en lugar de intentar llegar a un acuerdo.

¿Por Qué Llevamos el Puntaje?

Después de tener los hijos, los aficionados a llevar el puntaje se vuelven profesionales, y quienes nunca nos hemos preocupado mucho por lo que haga nuestro cónyuge en el hogar, comenzamos a llevar el puntaje. ¿Por qué?

- **Para validar.** Pensamos que nuestro cónyuge no se da cuenta de lo mucho que trabajamos, o se da cuenta pero no nos lo reconoce como debiera. Necesitamos unas cuentas expresiones de comprensión y aprecio.

- **Por agotamiento.** Ser padres es como hacer *surfing* con oleaje fuerte. Las olas no dejan de golpear, hemos comido demasiada arena, esperamos que nuestro cónyuge nos alivie la carga, esperamos que haya algún tipo de acción.

- **¡Por injusticia!** Puede ser que pensemos que estamos haciendo más de lo que nuestro cónyuge hace y que estemos muy resentidos por esa razón, o que nos sintamos injustamente acusados de no hacer lo que nos corresponde.

- **Por el cableado interno.** El instinto maternal es muy fuerte. De pronto "hacer las cosas como debe ser" se convierte en lo más importante para la mujer. Los hombres, sin embargo, sólo quieren que las cosas se hagan.

- **Por hábito.** ¿No caemos todos en la rutina marital y nos quedamos ahí estancados? Cuando no hay descanso en la rutina diaria, llevar el puntaje es como la moneda con la que hacemos las transacciones en nuestra relación. Es la forma de comunicarnos todos los aspectos, arrastrando ese bagaje de viejas acusaciones y contraacusaciones y trayéndolo a cada nueva conversación.

- **¿Por temor?** Sí, por temor. Pensamos que estamos irritados, cuando en realidad lo que nos pasa es que estamos asustados. Un abogado (¡ay!) que conocemos, dijo:

> "Esas discusiones nunca tienen que ver con la basura. La ira es un sentimiento secundario, el miedo es el sentimiento primario. Ella tiene miedo de que él no valore sus contribuciones. Debe saber que no lo está haciendo todo sola. Él teme que nunca pueda hacerla feliz, que haga lo que haga, nunca será suficiente."

El problema radica en que no parece que lo que tenga sea miedo de no poderla hacer feliz cuando se queja de tener que llevar los niños a Costco. No parece que ella esté buscando *reconocimiento* cuando se queja de que él lavó la ropa de los niños junto con sus jeans. Sólo parece que ambos están exhaustos y se sienten menospreciados, y necesitan un descanso. Y así es.

¡Gané!

LO QUE SIENTEN LAS MUJERES

Unas Palabras para la Oposición (¡Perdón! Quisimos Decir para Nuestros Aliados)

Señores, sabemos lo que piensan porque ya nos lo han dicho nuestros esposos: que "¿cómo se sienten las mujeres acerca del trabajo doméstico? Deben estar bromeando. ¿Podría haber un tema más aburrido y que me interesara menos? Sin embargo, antes de que lancen este libro al otro lado de la habitación y se vayan a dormir en el sofá, escúchennos.

   ¿Están cansados de llevar el puntaje? ¿Quisieran tener más tiempo libre? ¿Les gustaría obtener más créditos por todas las tareas domésticas y por el heroísmo profesional con que se desempeñan semana tras semana? En este capítulo presentamos también su lado de la historia. El hecho es que hemos hablado con cientos de mujeres. Muchas nos han dicho que para ellas esto es tan importante como para ustedes el sexo. (Sabemos que ya leyeron primero este capítulo), de modo que traten de entender cómo se sienten sus esposas acerca de la división del trabajo. Vamos, lo que es justo es justo.

¿Por Qué Llevan las Mujeres el Puntaje?

> "A pesar de mis treinta años de investigación de la mente femenina, aún no puedo responder la gran interrogante...que jamás ha tenido respuesta: ¿Qué quiere una mujer?"
> —*Sigmund Freud*

Todo lo que el Dr. Freud habría tenido que hacer sería pasar un día con la mamá de dos preescolares para obtener la respuesta: lo que queremos es un socio, no un ayudante en el frente doméstico. Queremos la igualdad de géneros que nos enseñaron a esperar tanto en nuestros matrimonios como en nuestro papel de padres. Además, no por exigencia ni por ninguna otra razón, pero también me gustaría que, junto con eso, nuestros esposos nos apreciaran un poco más.

¡Ay! Ese Nervio Está Vivo:
Lo que se Espera en Cuanto a la Igualdad

> "Tuvimos nuestro primer niño y, casi de la noche a la mañana, me sentí que, como pareja en mi matrimonio, había pasado de un estado de igualdad a uno de desventaja."
> —*Becky, 8 años de matrimonio, 3 niños*

"¿Por qué soy yo la única en la casa que sabe dónde
están el chupete, las toallitas húmedas y los biberones?
¿Dónde diablos ha vivido mi marido durante los
últimos tres años?"
—*Rachel, 6 años de matrimonio, 2 niños*

Mientras escribíamos este capítulo, nos dimos cuenta de que las mujeres tienen mayor tendencia que los hombres a llevar el puntaje. Hay dos buenas razones para esto:

1. **Las mujeres tenemos un lado ciego.** No importa cuánto nos guste ser mamás, es difícil reconciliar los primeros treinta (o más) años de nuestras vidas, que dedicamos a educarnos, a practicar nuestra profesión, a viajar y a todo tipo de satisfacciones personales y profesionales, con la realidad física y emocional de la maternidad domesticada.

2. **Nos preguntamos qué ocurrió con *Todo Ese Asunto de 50:50*.** Esperamos igualdad en nuestros matrimonios y nos sorprende y decepciona (por decir lo menos) cuando, después de que llegan los hijos, las responsabilidades domésticas y de crianza nos caen encima, prácticamente en su totalidad, ya sea que trabajemos o no. Nos parece que nuestros esposos nos ofrecen un trato doméstico en el que terminamos recibiendo *Gato por Liebre*.

Nuestra experiencia durante los años de la niñez y la juventud en pleno apogeo del feminismo de los años setenta y ochenta, no nos preparó para lo que encontramos al convertirnos en madres. Casi todas crecimos en hogares donde, aun si veíamos a la mamá hacer todos los oficios de la casa, nos animaban a sobresalir en el campo académico y a alcanzar el éxito en nuestra profesión. El mensaje que recibimos en nuestro hogar y el que recibimos de la sociedad fue que podíamos hacer lo que nos propusiéramos—en el colegio, en los deportes, en la fuerza laboral, en la vida de familia. Pocas, si es que algunas de nosotras (y lo decimos como un hecho, más

que como una apreciación), fuimos educadas para realizar los trabajos del ama de casa. Mientras que muchas de nosotras deseába-
mos convertirnos eventualmente en madres, con frecuencia nos
sorprendió descubrir que la rutina del trabajo doméstico está
inexplicablemente ligada a los bebés. "Ah, ¿eso quiere decir que
hay que cocinar y limpiar para ellos también? Bien, eso suena
horrible."

Pero aun hay más, en el campo de los muchachos, por lo general, las cosas eran bastante equilibradas. Nos veíamos como iguales a los hombres desde muy temprana edad. En segundo de
primaria, Stacie le dio a un niño de tercero un puñetazo en la
boca que le hinchó el labio porque le dijo que los niños eran mejores que las niñas y que debían tener reglas distintas para jugar
fútbol. Julia, a los nueve años se compró una camiseta durante un
viaje con su familia a Washington D.C. que decía, "El Lugar de la
Mujer es el Hogar. Y el Senado." Durante sus años de niñez y adolescencia, Cathy siempre recibió una biografía de alguna mujer
sobresaliente con la que deseaba identificarse como regalo de Navidad en su media que colgaba de la chimenea. Toda la vida compartimos este concepto de igualdad con los hombres—tanto en la
educación como cuando nos enfrentamos a los retos y recompensas de una profesión. *Estas experiencias forjaron nuestras expectativas en cuanto al matrimonio y la paternidad.* Cuando las tres
conocimos a nuestros esposos y nos casamos, sentimos que éramos iguales a ellos y así nos veían nuestros esposos (se lo preguntamos de nuevo, sólo para asegurarnos). Les gustaba que fuéramos
independientes y que tuviéramos nuestra propia opinión. (¿No lo
lamentarán ahora?). Nuestros matrimonios parecían sociedades
basadas en la igualdad. Habíamos logrado ese ideal.

Pero cuando nos convertimos en padres, por alguna razón, el
ideal de igualdad se deshizo. Excluyendo las pocas excepciones
que han logrado el nirvana de una paternidad conjunta, casi todas
las mujeres con las que hemos hablado se sentían profundamente
decepcionadas por la falta de equidad en la división del trabajo

doméstico después de tener los hijos, y por el incremento del volumen de trabajo, de lo que, aparentemente, sus esposos no se daban cuenta. Las mujeres no entienden por qué el aspecto de compartir no funciona como lo esperaban.

La Madre que Trabaja: ¿Lo Tiene Todo?

"Esperaba tenerlo todo. Lo que no esperaba era tenerlo
que hacer todo."
—*Debbie, 8 años de matrimonio, 2 niños*

Cuando la mujer sigue aportando el 50 por ciento del dinero en un hogar de doble ingreso, después de convertirse en madre (lo que ocurre con la mayoría), se pregunta por qué la carga de cuidar a los hijos y hacer el trabajo de la casa recae toda en ella. La mayoría de las madres que trabajan con quienes hablamos se sienten, con razón o sin ella, como el cónyuge alpha y, por omisión, responsables de todo lo que tiene que ver con el campo doméstico. Sobre sus hombros recae una gran cantidad de trabajo adicional como resultado del cuidado de los bebés y los niños pequeños. Son responsables, en último término, de las necesidades diarias de los hijos—elegir los centros de atención diurna, pedir las citas médicas, llevar una lista mental de todos los víveres.

Las mamás que trabajan sienten que tienen dos trabajos de tiempo completo: su profesión y la maternidad. El precio de la maternidad suele conocerse como "el segundo turno." ¡Turno! Eso es un eufemismo. Es un trabajo de veinticuatro horas, día tras día. Por otra parte, los hombres tienen un trabajo de tiempo completo; su trabajo y un trabajo de medio tiempo; su paternidad. Si se acaba la leche a la hora de la cena, ¿quién tiene la culpa? Ella. No se dio cuenta de que se estaba acabando y no se detuvo en el supermercado camino a casa. Para las mujeres esto es algo realmente injusto. Cuando ambos cónyuges trabajan, ¿por qué sigue ella soportando la parte leonina del trabajo?

Las mamás que trabajan nos dijeron que se sienten enormemente abrumadas. No sólo tienen que cumplir con sus responsabilidades profesionales y domésticas sino que tienen que soportar el peso de las expectativas tanto sociales como propias de "hacerlo todo" a la perfección.

> "Si me voy de la oficina a las 4:00 p.m. para ir a un juego de fútbol, mis colegas se preguntan si mi deseo de estar con mis hijos está afectando mis responsibilidades profesionales. Si mi esposo sale de la oficina a las 4:00 p.m. todos dicen, 'Ah, qué excelente papá.' "
>
> —*Holly, 11 años de matrimonio, 3 niños*

> "Las expectativas son extremadamente altas. Se espera que nos desempeñemos mucho mejor que nuestros padres en el trabajo y mucho mejor que nuestras madres en el hogar."
>
> —*Pam, 3 años de matrimonio, 1 niño*

La Mamá que se Queda en Casa: El Latigazo

Nuestra amiga Janice hizo eco a la desesperación de muchas mujeres que anteriormente gozaban de igualdad de estatus y que ahora se convirtieron en mamás que se quedan en casa cuando dijo, "Es como si su trabajo fuera más importante que el mío. En cierta forma, es como si todas estas cosas estuvieran a un nivel inferior al suyo. Es 'trabajo de mujeres' y no lo pueden importunar con eso. Creo que ya no me respeta, y eso me hace sentir horrible."

Cuando una mujer decide quedarse en casa después de convertirse en madre, suele experimentar lo que se conoce como el "*Latigazo*"—la sensación de desplazarse vertiginosamente en el tiempo hasta los años cincuenta. Cuando su esposo, supuestamente su igual, se queja de tener que ayudar o busca constantemente la primera oportunidad de escapar los fines de semana mientras ella está hasta las orejas de niños y ropa sucia, es como si él mismo estuviera graduando y presionando el botón de la máquina del tiempo.

A casi todas nos aterra este fenómeno. Puede producir la sensación de que nuestras vidas se han desviado totalmente de las de nuestros maridos. Podemos venerar el papel de madre, pero lo que no solemos venerar es la "monotonía de las minucias del trabajo doméstico" que embotan la mente. Las mujeres nos dicen que empiezan a sentirse como si sus esposos las vieran como algo que dan por sentado cuando ellas deciden permanecer en casa.

> "A veces me siento como una esclava que se queda en casa."
> —*Brandy, 8 años de matrimonio, 2 niños*

Todo esto nos lleva a pensar lo siguiente que, esperamos que a ustedes, los hombres, les quede muy claro: una vez que tenemos hijos, seguimos siendo iguales, seguimos siendo un equipo. *Las mujeres quieren un compañero, no un ayudante.*

Un Trato Justo No Es un Favor

> "Se siente como si me estuviera ayudando, como si me estuviera haciendo un enorme favor. Hacer lo que le corresponde no significa que me ayude. Significa que está haciendo lo que le corresponde."
> —*Abby, 5 años de matrimonio, 3 niños*

> "Mi amigo Jim me acaba de decir que tuvo que 'quedarse cuidando a sus niños' este fin de semana mientras su esposa estaba de viaje. Le respondí, eso no es cuidar a los niños, no podemos decirlo cuando estamos con nuestros propios hijos, Jim. Eso se llama 'Ser Padre.' "
> —*Carla, 9 años de matrimonio, 2 niños*

Muchos hombres, aunque piensen que gran parte del trabajo doméstico le corresponde a su esposa, creen que si colaboran, le están haciendo un favor. Señores, lo que ustedes consideran un favor (y una actividad que implica anotar puntos) es algo que nosotros consideramos como su deber. Ese es un comportamiento de "ayudante," no un comportamiento de "pareja." Cuando desean algún crédito especial por "ayudar" con las minucias de todos los días que en realidad les corresponden nos enfurecemos porque piensan que nos están haciendo un regalo. Discúlpennos por no deslumbrarnos hasta el punto del desmayo por su gentileza. Es posible que algunas de nosotras permanezcamos en casa. Y algunas de nosotras podemos estar muy satisfechas de hacer todo lo que hay que hacer, pero el insinuar que nada de esto cae dentro del ámbito de su responsabilidad, a menos que nosotras lo incluyamos, es simplemente una ofensa para nosotras como mujeres.

La Responsabilidad o la Falta de Responsabilidad de los Hombres

"Mi esposa es la responsable en último término por los niños, no yo. Eso es lo que pensamos ella y yo. Para mí, significa que no tengo que preocuparme por hacer nada, a menos que ella me lo pida."
—*Ken, 6 años de matrimonio, 3 niños*

Muchos de los hombres con quienes hablamos se quejaron de que sus mujeres micro-administran su tiempo. Es algo totalmente justo, y a eso nos referiremos en un momento, pero, tal vez, sólo tal vez, hay algunas razones legítimas por las cuales siempre "les estamos pidiendo algo"—razones que no dependen de nuestra manía de controlarlo todo ni de nuestras tendencias maternales, sino de la realidad de la vida doméstica, y lo que sus acciones (o más precisamente, la ausencia de ellas) implica, en cuanto a la actitud que tengan hacia la vida.

"No hace nada hasta que yo se lo pida, y cuando lo hago, actúa como si estuviera abusando de él, como si se lo estuviera imponiendo. Yo nunca gano."

—Elizabeth, 4 años de matrimonio, 1 niño

"¿Y qué decir de las grandes representaciones dramáticas? Hace poco tuve que terminar un largo informe para el trabajo, por lo que le pedí a Evan que se llevara a los niños durante todo el día, el sábado, naturalmente, no teníamos suficientes pañales, por lo que le pedí que parara en el almacén a comprarlos. ¿Saben lo que me respondió? 'Gracias por manejarme la vida.' "

—Sarah, 7 años de matrimonio, 2 niños

Los Papás que ya Hicieron Suficiente

"¿Por qué siempre que mi esposo cambia un pañal lo deja en el suelo? Jamás lo enrolla ni pega los extremos. Si me voy por más de una hora, encuentro un caminito de pañales cuando vuelvo a casa."

—Nina, 8 años de matrimonio, 2 niños

Los hombres no hacen más que buscar atajos. Buscan cualquier oportunidad para escaparse. Es posible que hagan algo, pero ¿lo hacen bien? Los niños se quedan sin bañar. Ninguno se come los vegetales. Nadie lava la ropa. Ninguno se cepilla los dientes. Estos atajos enloquecen a las mujeres porque (a) tenemos que recoger todo lo que dejaron tirado, lo que significa que tenemos que trabajar más y (b) siempre tenemos que estar "al mando," porque ustedes no asumen plena responsabilidad.

Nuestra amiga Karen se queja de que su esposo utiliza todas las *tarjetas de conveniencia* (es decir, hace todas las actividades fáciles) cuando le toca el turno de cuidar a los niños: "Pasan la mayor parte de la mañana viendo televisión o comen comida chatarra a la hora del almuerzo y después, cuando me los devuelve, están hastiados de azúcar, con la ropa sucia y pidiéndome ver más televisión."

Las Principales Tarjetas de Conveniencia que Utilizan Nuestros Esposos

1. La televisión
2. Los DVDs
3. Saltarse el baño y la cepillada de los dientes, porque, bueno, eso lo haremos mañana.
4. Comidas rápidas
5. Un rollo de fruta de paquete es lo mismo que la fruta natural, ¿cierto?
6. Y el jugo, ¿no es lo mismo?
7. Los niños se pueden quedar en pijama todo el día. En realidad no vamos a ir a ninguna parte.
8. ¿De verdad hay que peinarla? ¿No se puede quedar despeinada sólo por hoy?
9. ¿Me toca cuidar los niños? Marca 1-800-Abuela.
10. Sobornar a los niños con dulces o helado para que hagan lo que de cualquier forma deben hacer.

¿Qué Hay de Malo con los Atajos?

Muchas de las cosas que las mujeres piensan que deben hacerse en forma "correcta" son esenciales, funciones del oficio de ser padres que no pueden ignorarse. ¡Salud! ¡Nutrición! ¡Higiene! ¡Seguridad! Si el comer frutas y vegetales, cepillarse los dientes, bañarse y hacer actividades que estimulen la mente fueran actividades opcionales, imaginen la generación de niños sin dientes, despeinados, jugando en la calle en pijama, que veríamos cuando llegáramos a la tercera edad. Los hombres quieren que todo esto se haga, pero no quieren hacerlo ellos.

> "Sé que a mi esposo le gusta estar con los niños, pero no quiere preocuparse de si se satisfacen o no sus necesidades de desarrollo y nutrición. Básicamente, quiere ser el entrenador del equipo y llevarlo al primer lugar, pero no quiere asistir a las prácticas todas las semanas."
>
> —*Jennifer, 9 años de matrimonio, 2 niños*

Otra razón por la cual es importante no tomar atajos es porque las mujeres queremos de vez en cuando apagar el celular. Pero, si durante el tiempo que estamos ausentes nos llaman para preguntar, "¿Tu crees que el bebé pueda haber hecho popó?" (esto es cierto—a una de nosotras realmente la llamaron para hacerle esa pregunta) hubiera sido preferible que nos quedáramos en casa. Si realmente nos preocupa que el bebé se quede con el pañal sucio durante diez horas, si nos preocupa si nuestros hijos siguen con vida y con todas sus extremidades sanas mientras no los estamos vigilando (a algunas mujeres les ocurre esto: "Mientras nuestro hijo de dos años esté a distancia de un grito, mi esposo piensa que lo está cuidando. ¿Cómo puedo dejarlo a cargo?," dice nuestra amiga Amy), claro que nos molesta que ustedes no hagan las cosas "como deben hacerse."

Y, sí, lo admitimos: a veces, *a veces*, simplemente nos convertimos en maniáticas del control.

También son Tus Hijos

> "Me siento como si siempre estuviera tratando de que pase tiempo con la familia. En los fines de semana, le preocupa más hacer sus propias cosas que estar con nosotros. A veces, no estoy muy segura de dónde encajamos en su vida."
>
> —*Maggie, 7 años de matrimonio, 3 niños*

Señores, ¿por qué ese *ceño fruncido permanente* durante todo el fin de semana que están con la familia y ayudando con los niños? Es algo absolutamente desalentador para una mujer ver que su esposo está listo a estallar cuando sugiere que vayan todos al parque. Es algo que nos desanima, cuando todos los fines de semana vemos esa mala actitud en ustedes. Nuestra amiga Tammy, lo expresó así, "Me desespera cuando estamos haciendo algo con los niños y veo en su rostro que simplemente no quiere estar allí." Quisiéramos estar seguras de que consideran a su familia como lo más importante, como la atracción principal, no como un espectáculo de relleno, algo a lo que le dedican un tiempo entre el trabajo y los partidos de jockey. Cuando sus programas extracurriculares ocupan la mayor parte de su tiempo, nos están diciendo con toda exactitud cuáles son sus prioridades.

Es frecuente que cuando se les pide a los padres que bañen al bebé respondan diciendo que para ellos es más difícil hacerlo. A todos aquellos que se escudan en la excusa de que "ella lo hace mucho mejor que yo," les decimos, "Tal vez si estuvieran más tiempo con los niños, no les parecería tan difícil cuidarlo." De hecho, tenemos motivos para sospechar que la disculpa de que "ella lo hace mucho mejor que yo" es un código que significa "no quiero encargarme de ninguna otra tarea doméstica, en la medida en que pueda evitarlo."

Ya Sabemos lo que Pretendes, Amigo

El Hombre Pasivo, el antihéroe, merodea en el corazón de todos los hombres. Son muchos los que piensan que ser pasivos da resultados. Piensan que pueden seguir obteniendo puntos por esforzarse a medias en ser los primeros en ofrecerse a lavar la loza o al hacer el ademán de levantarse de donde están sentados cada vez que oyen llorar al bebé, y luego aparentan quedar decepcionados diciendo "¿Vas a ir tú esta vez?" ¿Esta vez? ¿A quién crees que engañas, amigo?

"Cuando voy camino a casa, conduzco a cuarenta kilómetros por hora. Hago lo que sea por retardar el momento."
—*Chris, 8 años de matrimonio, 2 niños*

"Sí, llamo a mi esposa desde el automóvil para preguntarle si necesita que le lleve algo de la tienda camino a casa. Es una excelente táctica para demorarme. Ella todavía no lo ha descubierto."
—*Dave, 11 años de matrimonio, 2 niños*

Yo NO SOY Tu Madre

"Tengo tres hijos. Uno de cuatro, uno de dos y uno de treinta y seis."
—*Olga, 9 años de matrimonio, 2 niños*

Dejando a un lado los complejos de Edipo, sabemos que la mayoría de ustedes no quieren casarse con su madre. ¿Por qué, entonces, dejan su ropa interior en el piso para que nosotras la recojamos? ¿Por qué cuando sacamos una golosina para los niños, preguntan, *Me trajiste algo a mí?* ¿Por qué esperan que nosotros programemos todos los eventos sociales y las fiestas que pasamos en familia? ¿Por qué no saben dónde encontrar los zapatos de su hijo que hace ya dos años que camina? Cuando no se preocupan por las cosas de la casa envían el mensaje de que creen que mami vendrá a ocuparse de todo. No es agradable. Ya es bastante difícil ser mamá de niños pequeños, sin tener que ser también mamá de alguien que actúa como un niño.

¿Cómo Definimos un Día de Incapacidad?

"Hace poco pasé la noche en cuatro patas, doblada por un dolor de estómago producido por algo que había comido. A la mañana siguiente, todavía verde, intentaba preparar los almuerzos de los niños y me preguntaba si me desmayaría mientras llevaba a los

niños al colegio en el auto, cuando entró Brad, se
tomó su batido, me dio un beso en la cabeza y dijo,
'Espero que te estés sintiendo mejor, mi amor' y en un
segundo, desapareció. Se fue. Allí sentada, me puse a
llorar. Después vomité de nuevo, monté a los niños en
el carro y los llevé al colegio. Él no tenía ni idea del día
que me esperaba, y ni siquiera se le *ocurrió* que podría
ayudarme en algo. No necesitaba una palmadita en la
cabeza; necesitaba que llevara los niños al colegio."
    —*Bethany, 6 años de matrimonio, 2 niños*

¿Qué pasa cuando nos enfermamos?

El día de ella: Sin un certificado firmado expedido por el hospital, no hay lo que pudiéramos llamar un día de incapacidad para
una mamá que se quede en casa. Cuando suena el silbato de la
fábrica, tiene que marcar el reloj para cambio de pañal, solución
de pataleta, transporte y alimentación. No importa la temperatura
que marque el termómetro. Ni siquiera puede tomarse ese santo
remedio que la duerme por unas pocas horas. Para cuando termina el día, todo lo que quedaría por hacer sería acostarla en una
camilla y meterla en una ambulancia.

El día de él: Sin embargo, cuando papá enferma, su día es algo
diferente. Se toma su cápsula de Nyquil, se mete en la cama y tal
vez ve por un rato un programa de televisión, mientras la medi-
cina le hace efecto. De aquí en adelante no hace nada más. Si se
siente un poco mejor, se pone a mirar sus programas favoritos que
haya grabado o algunos partidos de fútbol, mientras su esposa
reabastece sus provisiones para cuidar su enfermedad.

No nos malinterpreten; no nos parece mal que un hombre enfermo se quede un día en cama. Pensamos que es lo correcto. Sólo
que no pensamos que nuestra situación sea justa porque (a) a nosotras también nos gustaría tomarnos un Nyquil y quedarnos un
día en cama, y (b) nos parece que los hombres no se dan cuenta
de que tienen que actuar para mantener la fábrica en funcionamiento durante una situación de emergencia.

Los Días de Enfermedad para Él y para Ella

Un Poco de Aprecio Significa Mucho

"Sinceramente, necesito que me diga con más
frecuencia que estoy haciendo las cosas muy bien, que
lo que hago es importante. Él recibe elogios todo el
tiempo en su trabajo; yo no."
—*Denise, 10 años de matrimonio, 1 niño*

Son tantas las mujeres que dicen lo mismo: "Sólo quisiera que me
dijera que aprecia lo que hago." Muchas nos preguntamos con frecuencia si el trabajo que hacemos en el hogar y por la familia pasa
prácticamente inadvertido y no es apreciado por nuestros esposos.
Tal vez ustedes piensen, como alguno lo expresó, que el trabajo
doméstico no vale nada, que mantener una casa y un hogar no es
importante. Pero *sí* lo es. De no ser así ¿Qué tipo de vida familiar
tendríamos?

Por Qué Ella Hace lo que Hace

El Problema del Volumen

La mayoría de las mujeres piensa que sus esposos simplemente no entienden todo lo que ellas tienen que hacer. Lo que consideramos esencial, ellos lo ven como opcional. Sin hablar de la enorme cantidad de tareas "básicas" (cocinar, comprar, limpiar) que se requieren para que una casa funcione día tras día para prevenir las enfermedades y para evitar la inanición—todo lo cual tenemos que hacerlo durante nuestra hora de almuerzo o con un niño colgando de una de nuestras piernas. Hay también muchos otros aspectos a largo plazo que requieren una cuidadosa planeación y preparación: la salud (nutrición, atención, médica, ejercicio, seguridad), la educación (colegios, clases, estilos de aprendizaje) y el desarrollo (socialización, comportamiento, valores, interacción familiar).

El problema de volumen es la razón por la cual seguimos levantadas a medianoche investigando en el Internet cuál es la silla más segura para llevar al bebé en el automóvil. Por eso, nuestra amiga Carolyn lo expresó así, "He estado pensado en los colegios desde cuando Annie tenía seis meses. Estoy buscando en Internet, he hablado con otras mamás y he leído todo lo que he podido. Si fuera por Joe, esperaría hasta que Annie tuviera seis *años* para darse cuenta de que debería ir al colegio. Entonces, probablemente se limitaría a decir, 'Oye, hay una parada de bus al final de la calle. Déjala allí.' " Por eso nos quejamos a veces de sentirnos abrumadas. Son muchas las cosas en las que tenemos que pensar, es mucho lo que tenemos que hacer.

El Cerebro de Mamá: ¿Cómo Es?

Ya hablamos del Chip de la Mamá que funciona día y noche en nuestros cerebros. Como resultado de ese chip, los niños están siempre presente en nuestras mentes:

Pensamos constantemente en los niños. "Tengo que terminar este informe para las 3:00 p.m. Hmmm, eso me recuerda, ¿no tiene Tim una cita médica el martes a las 3:00 p.m.?" Mientras vamos al trabajo en la mañana, estamos repasando mentalmente las alacenas para planear qué haremos para la cena. Los padres dejan su sombrero de papás cuando salen de la casa y sólo se lo vuelven a poner cuando regresan en la noche.

Siempre queremos hacer lo mejor para los niños. Nuestras intenciones son absolutamente válidas, aunque admitimos que podemos exagerar en nuestro afán de perfeccionismo. Tenemos una voz en nuestras mentes que dice, "Si no logro que se tome la sopa de lentejas, no crecerá lo suficientemente sana y tendrá malos hábitos alimenticios toda su vida. Si no la inscribo en ese preescolar, no tendrá las mismas oportunidades de sobresalir en el campo académico a largo plazo. Si no le organizo suficientes visitas para jugar con sus amigos, no tendrá las mismas oportunidades de participar en el círculo social del preescolar." Es evidente que nuestros esposos quieren también lo mejor para sus hijos, pero no entienden el deseo compulsivo que sentimos, o al menos no están en la misma onda de maternidad extrema que nosotras desarrollamos.

Nos agotamos haciéndolo todo para los niños (y para ustedes, y para nosotras). La respuesta de los hombres es invariable, "Tómalo con calma." Decirle a una mamá que tiene un hijo y un trabajo que lo tome con calma, es como decirle a un ingeniero nuclear que no se preocupe por el escape en el reactor que debe arreglar. Sabemos que lo que quieren es ayudarnos cuando nos dicen que no nos preocupemos, pero es un consejo que, en la mayoría de los casos, nos enfurece. Podría decirse que enfatiza el hecho de que ustedes simplemente no entienden.

Los hombres no tienen el *Chip de la Mamá* y tampoco un *Circuito de Culpa*. Ustedes, por consiguiente, suelen preguntarse por qué nos inventamos tanto trabajo innecesario. La respuesta es que, para nosotras, no es innecesario. Es algo que tiene que ver con ser mamá.

Aquí Tiene Su Respuesta, Dr. Freud...

Señores, hay una razón por la cual les hemos presentado todos estos argumentos. No intentamos aleccionarlos. Tampoco pretendemos decir que nuestro trabajo sea más pesado.

Lo único que queremos que entiendan es que *es* difícil. Que *hay que* hacerlo. Con mucha frecuencia creemos que ustedes lo dan por hecho o procuran evadir cumplir con su parte. ¿Qué quieren las mujeres? ¡Lo mismo que ustedes! Un poco más de aprecio y un poco más de tiempo para sentarnos un rato en el sofá. Muy raras veces escuchamos esas expresiones de "Gracias" y "Eres una excelente mamá." Por lo general, los comentarios que oímos son, "Se acabó el café," "¿Dónde están mis camisas?" y "¿Puedo ir a practicar tiro el sábado en lugar de llevar a Sammy a la fiesta de cumpleaños?" Queremos un compañero en nuestra vida de familia y en nuestra vida de hogar. No un ayudante. No un ominoso humanoide merodeando por la casa. Sus comentarios, sus actitudes positivas y su disponibilidad para mostrarnos lo que realmente piensan de su hogar y su familia.

Algo de Investigación "Científica" Sobre Este Tema

Una encuesta de la MSNBC preguntó tanto a hombres como mujeres si compartían por igual el trabajo del hogar. El 74 por ciento de los hombres dijo que sí lo hacían. El 51 por ciento de las mujeres dijo que sus esposos compartían el trabajo del hogar por igual.[1] Es evidente que los hombres sobreestiman sus contribuciones o, podríamos decir más bien que se dan crédito por hacer cosas que sus esposas no consideran como contribución.

Un paralelo interesante, en nuestra experiencia, es que las mujeres tienden a sobreestimar las veces que hacen el amor. Por otra parte, los hombres saben exactamente cuánto tiempo ha pasado desde el último aterrizaje.

Y ya que hablamos de sexo... ¿se han acordado de hacer el amor?

Un reconocido investigador en el tema matrimonial, el Dr. John Gottman, informa que, los maridos que están más dispuestos a compartir las tareas domésticas tienen una vida sexual más activa.[2] Es un dilema como el del huevo y la gallina. No se sabe cuál viene primero, si hacer el amor o ayudar en las tareas domésticas. Sin embargo, parece que el resultado es que quien recibe más da más. (Nota para los hombres: aquí, el término operativo es *estar dispuesto a hacerlo*. Lavar la loza con el ceño fruncido no nos hará ir corriendo a la alcoba).

CÓMO SE SIENTEN LOS HOMBRES

Las Diez Cosas Más Importantes que Sus Esposos Realmente Quieren Decirles (Durante una Discusión en la que se Ventila el Puntaje)

1. "En realidad no me gusta jugar con el bebé por más de diez minutos."
2. "No es justo que después de todo un día de trabajo en la oficina, pretendas que entre por la puerta a 60 kilómetros por hora."
3. "No puedes tener la torta y también cómértela. No es fácil ser Superproveedor y Superpapá."
4. "Sólo quiero un poco de tiempo libre sin tener que sentirme culpable. Estaría mucho más contento

si me dejaras descansar por un par de horas el fin
de semana."

5. "No te estoy deteniendo—no tengo la culpa de que
no hayas ido al gimnasio en tres meses."

6. "Hacerlo absolutamente todo 'como pareja' o
'como familia' nos castra."

7. Deja de administrar mi relación con los niños."

8. "¡Dime lo que quieres que haga! ¡Hazme una lista y
lo haré!"

9. "¿Por qué sólo te das cuenta de las cosas que no
hago? ¿Qué pasa con todo lo que hago?"

10. "¿Qué pasó con mi antigua vida? Me siento
atrapado en las garras de la domesticidad."

¿Por Qué Llevan el Puntaje los Hombres?

Como ya lo hemos dicho, en la mayoría de las relaciones, las mujeres suelen ser las que llevan el puntaje. Pero los hombres también
practican este juego. En esta sección intentaremos revelar las razones por las cuales lo hacen. Pensamos que pueden ser las siguientes:

1. **Para preservar la paridad.** Los hombres creen que hagan lo
que hagan, nunca será suficiente.

2. **Para mantener el control de sus vidas.** A los hombres les disgusta que, con frecuencia, sus esposas controlen (o pretendan
controlar) su relación con los hijos, su entorno en el hogar y,
tal vez en forma inconsciente, su tiempo libre.

3. **Necesitan (al igual que sus esposas) que se les reconozca lo
que hacen.** Si muy rara vez oyen que les digan "Gracias,"
"Realmente trabajas mucho" y "Eres un gran papá," comienzan a preguntarse si sus esposas ya no los tienen en cuenta.

Así como casi todas las mujeres se sienten abrumadas y rara vez satisfechas con las obligaciones domésticas asociadas a la maternidad, los hombres se quejan a veces de la pérdida de libertad que viene con la paternidad. Algunos se lamentan de que la paternidad les ha limitado la vida, fuera de su trabajo, a una incesante domesticidad. Es ese temor (esa incesante interrogante "*¿de esto se trata?*") lo que constituye el telón de fondo de gran parte del hábito de los hombres de llevar el puntaje.

¡Nunca Es Suficiente!

"El reconocimiento que obtengo por mi trabajo es cero.
No importa qué tanto haga durante el día, cuando
llego a casa, debo estar dispuesto a entrar en acción."
—*Phil, 7 años de matrimonio, 2 niños*

Bienvenido a la perrera. Casi todos los hombres se sienten así, hagan lo que hagan, *Nunca Es Suficiente*. Algunos de sus comentarios son, "Nunca recibo reconocimiento por mi ayuda," o "Creo que siempre me voy a sentir en desventaja." Muchos piensan que sus esposas tienen expectativas sobrehumanas con relación a lo que ellos pueden hacer. Muchos dicen que es absolutamente injusto que sus esposas los critiquen por no ayudar más en la casa, cuando hacen esfuerzos herculeanos por hacer un trabajo excelente. Esta sensación de injusticia se acentúa aun más cuando los hombres son los únicos, o los que más contribuyen, al ingreso familiar.

"Ustedes las mujeres quieren tener la torta y además
comérsela. No pueden conformarse con tener un
hombre que es un buen proveedor y también querer
que se convierta en el señor mamá."
—*Harrison, 8 años de matrimonio, 2 niños*

Otro amigo, Lee, comentó, "Simplemente no puedo desempeñarme bien en mi trabajo cuando todo el tiempo estoy lavando biberones y sacándole gases al bebé a las 3:00 a.m." Es posible que tenga razón. Todas nosotras hemos sentido, en un momento u otro, que nuestros maridos no hacen todo lo que deberían hacer, a pesar de que nos ayudan muchísimo. Hay varias categorías de *Nunca es Suficiente*, incluyendo:

1. No se le reconoce al hombre lo que hace, sobre todo lo que hace en su trabajo.
2. Cuando *hace* algo en el hogar, nunca está bien.
3. Tiene que adivinar lo que supuestamente debe hacer.
4. Cuando no hace algo, o no lo hace como debe ser, su esposa se lo echa en cara… indefinidamente.

Nosotras tres somos las primeras en aceptar que hemos sido culpables de algunas, si no de todas estas infracciones.

El Trabajo No Cuenta para Nada

"¿Por qué no cuenta el trabajo para nada en lo que a ella concierne? ¿No debería haber algún tipo de intercambio porcentual al respecto? Si contribuyo el 80 por ciento del ingreso doméstico, ¿no debería ser responsable de sólo el 20 por ciento de los trabajo del hogar?"

—*Vince, 5 años de matrimonio, 2 niños*

Cuando llegan los hijos, los hombres sienten el peso de las consecuencias que esto tendrá a largo plazo en cada una de sus decisiones, ya se trate de buscar un ascenso o de seleccionar un plan de ahorros para la universidad. Ahora, más que nunca, es mucho lo que está en juego, sobre todo si el hombre es el único proveedor del hogar. Para él es un nuevo orden mundial. Ahora tiene sobre sus hombros el 100 por ciento de la responsabilidad de ganar suficiente dinero para sostener a su familia. Comienza a verlo, como le ocurre a Vince, como un intercambio porcentual y se pregunta por qué su trabajo profesional no se incluye en los cálculos porcentuales de su esposa. Sin embargo, las mujeres nacidas en el transcurso de los últimos cincuenta años, esperan que la participación de sus esposos en el trabajo doméstico siga siendo sino exactamente igual, al menos sí como era antes de que llegaran los hijos. Muchos hombres piensan que eso es absolutamente injusto.

Es una coincidencia cronológica única o un chiste un poco perverso de alguna deidad omnipotente, que los años fértiles, durante los que se tienen los hijos, coincidan con el momento en el que las cosas se ponen difíciles en el campo laboral. Si, al igual que muchas parejas de nuestra generación, ustedes han esperado a tener treinta o más años para casarse y tener hijos, la presión a la que estarán sometidos para hacer que esos años de trabajo cuenten será considerable, justo en el momento en el que las responsabilidades domésticas aumentan en forma exponencial. (También las mujeres sienten esa presión. Si han interrumpido su carrera profesional para dedicarse a los hijos, sienten temor de no poder volverse a poner al nivel de sus colegas profesionales después de pasar un tiempo sin trabajar).

> "Todo esto ocurre durante el mejor momento de nuestra vida profesional. Es mucho lo que está en juego en el trabajo. La década de los treinta a los cuarenta años de edad, es una etapa en las que realmente se define nuestro éxito o nuestro fracaso profesional. Durante ese tiempo no podemos quitar el pie del acelerador."
> —*Karl, 12 años de matrimonio, 3 niños*

Nunca Hacemos las Cosas lo Suficientemente Bien

Los hombres, como ya lo hemos dicho, son expertos en resolver problemas. Se enfrentan a una situación, especialmente una en la que su amada no esté satisfecha, y quieren resolverla. Lo harán en la forma más expedita posible. Pero no lo hacen teniendo en cuenta los detalles. ¿Mi esposa quiere dormir? No hay problema. Simplemente pongo el video del Bebé Einstein, así el niño estará tranquilo y ella podrá quedarse durmiendo. ¿Hay que cambiar al bebé? Pues se le cambia. No importa dónde deje el pañal después de cambiarlo.

> "El siguiente es un ejemplo de lo que no es suficientemente bueno para ustedes. La semana pasada, después de que madrugué y preparé el desayuno de los niños, me apresuré a bañarme y vestirme para tomar el tren de las 8:00 a.m. que me llevaría a mi oficina (es decir, llegaría tarde). Conscientemente, eché la bolsa de la lavandería, en la que venía mi camisa blanca, en el cesto de los papeles de nuestro cuarto de baño. Cuando estaba a punto de salir, vino mi esposa con el ceño fruncido y me dijo, 'No es por nada, pero ¿no puedes echar las bolsas de la lavandería de tu ropa en el cesto de la basura de abajo y no en el de nuestro baño?' ¡Bueno, francamente! ¿Qué cesto de basura es el correcto? ¿A ese punto hemos llegado?"
>
> —*Robert, 12 años de matrimonio, 2 niños*

> "Tomé a los dos niños y los llevé a Costco. La dejé que se desahogara conmigo, no me inmuté, e hice lo que pensé que ella quería que hiciera. ¿Alguien me dijo gracias cuando regresé? No. En cambio, revisó la lista de compras, respiró profundo y me dijo que se me había olvidado traer el detergente y los vasos plásticos."
>
> —*Frank, 7 años de matrimonio, 2 niños*

Nunca Hago las Cosas lo Suficientemente Bien

Los hombres nos preguntaron, tal vez porque somos mujeres: ¿Por qué mi esposa siempre quiere administrarlo todo? ¿Qué tiene de malo si hago las cosas a mi modo, es eso tan terrible? ¿Qué pasa si llevo a Matt y Andy a donde mis papás mientras ella va al gimnasio durante toda la mañana? Los hombres se preguntan por qué no les reconocen al menos la mitad del crédito por intentarlo.

Los Hombres Responden la Pregunta Número Uno de las Mujeres (Bueno, Una de las Preguntas Número Uno)

Pregunta: ¿Por qué los hombres no ven el trabajo doméstico como nosotras lo vemos?

Respuesta: No lo hacen porque simplemente no les interesa. No les importa.

¿Recuerda cómo era el apartamento en el que él vivía cuando eran novios? ¿Se habría dado una ducha allí? Estamos seguras de que por nada del mundo hubiera usado esas toallas mohosas y malolientes que no se habían lavado en meses. Su esposo de hoy no es un chovinista escondido en un clóset. No pretender ver a su esposa en cuatro patas fregando el piso. Lo más probable es que ni siquiera se sienta amenazado por su capacidad productiva en el campo laboral ni por su autosuficiencia. Está plenamente dispuesto a ayudar. Pero no le gusta la rutina del manejo de la casa y nunca le va a gustar. Para él, eso no es importante y debe evitarse. Si no se puede evitar, debe minimizarse. De ser posible, hay que buscar atajos. Se preocupa por hacer las cosas, pero en la forma de hacerlas.

Los Cinco Principales Atajos que Utilizan los Hombres

1. Cambiar el pañal. Dejar el pañal sucio en el piso o encima del cesto de los pañales sucios, pero sin echarlo dentro.
2. Sacar la basura. No poner otra bolsa de basura dentro del cesto cuando lo lleva de vuelta a la cocina.
3. No cambiar nunca el rollo de papel higiénico. Usar, en cambio, los pañuelos desechables de la caja.
4. Dejar la ropa sucia sobre la cesta de la ropa sucia.
5. Vestir al bebé con lo primero que encuentre en el cajón. No importa si es "adecuado" o no.

El Blanco Móvil

"Cuando mi esposa está disgustada por algo, cualquier cosa que yo diga, sea lo que sea, la hará enojar más. Es algo que jamás he podido evitar. El motivo de su enojo cambia cada día. Por lo tanto, siempre tengo que adivinar cuál es 'el problema del momento' y evitarlo."

—*John, 11 años de matrimonio, 2 niños*

IR AL MERCADO

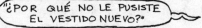

"TRAJISTE LA LECHE EQUIVOCADA."

LLEVAR A AMY A UNA FIESTA DE CUMPLEAÑOS

"¿POR QUÉ NO LE PUSISTE EL VESTIDO NUEVO?"

TRAER EL CHEQUE DE MI SUELDO A CASA

"¿POR QUÉ VAS A SENTIRTE ORGULLOSO? TRABAJARÍAS DE TODAS FORMAS AUNQUE NO TUVIERAS FAMILIA."

Los Blancos Móviles

En el concepto de un hombre (cada uno de los que entrevistamos dijo algo similar), "Parece que lo más difícil para las mujeres es decirnos qué es lo que quieren que hagamos. Se supone que debemos saberlo." Y es sorprendente que, cuando un hombre no puede leer el pensamiento de su esposa, se mete en problemas.

"Estaríamos más dispuestos a ayudar si nos dijeran exactamente qué es lo que quieren que hagamos. Por ejemplo, el sábado pasado en la noche la casa era un caos total y le dije a mi esposa, 'Cuando termine este programa de televisión tenemos que limpiar un poco.' Ella respondió, 'Querrás decir que *yo* tengo que limpiar.' Y, sinceramente, eso no era lo que yo quería decir, lo que quise decir fue que ambos debíamos hacerlo. Se disgustó tanto conmigo que empezó a decirme todas las cosas en las que no le había ayudado durante el fin de semana. Y puedo garantizar que muchas veces le dije, '¿En qué puedo ayudar te?' "

—*José, 7 años de matrimonio, 2 niños*

Por más que lo quisiéramos, los hombres no son expertos en leer el pensamiento. Cuando no tienen pistas, se frustran. Cuando esperamos que simplemente "vean" lo que nosotras vemos, lo más probable es que quedemos decepcionadas.

Las Convicciones Previas y el Registro de Evidencias

"Si un hombre se equivoca y se comporta de forma inadecuada y más tarde cumple su 'penitencia,' el problema debería terminar ahí. No está bien que nos lo sigan echando en cara seis meses después, cuando ya prácticamente no podemos recordar de qué se trataba todo el asunto. Cada incidente individual debe manejarse por separado, sin mencionar las acusaciones previas."

—*James, 9 años de matrimonio, 3 niños*

Los hombres nos dijeron que lo que más los disgustaba era que nosotras, las mujeres, no podíamos perdonar sus infracciones. ¿Qué podemos decir? Esta declaración es, total y absolutamente, 100 por ciento cierta. Todo parece indicar que no logramos perdonarlos. No es una de nuestras virtudes femeninas más atractivas. (Sin embargo, en defensa propia, por lo general sacamos a relucir las cosas que han ocurrido "con anterioridad" porque nuestros esposos son *reincidentes*). Cuando volvemos a discutir sobre incidentes previos, ellos, con gran naturalidad, se ponen a la defensiva y se disgustan. Es probable que estén menos dispuestos a hablar del asunto en cuestión o a ser receptivos a lo que queremos decirles.

El Descontrol

La mayoría de los hombres se sienten como si no pudieran controlar su entorno. Rara vez son los jefes en el trabajo, y casi nunca son los jefes en el hogar. Como lo describimos en el Capítulo 2, sus esposas son las *Guardianas del Hogar* y de los niños. Son ellas las que programan los fines de semana, eligen los nombres de los hijos y evalúan los destinos para las vacaciones. En muchos casos, sus esposas simplemente les dicen dónde deben estar y a qué horas. Muchos lo prefieren así, aunque otros se quejan de que ellas pretenden manejar sus vidas y también su comportamiento como padres.

También Son Mis Hijos

"Mis padres se divorciaron, por lo que mucho tiempo viví con mi papá. No quiero que mis hijos pasen por esa experiencia ni quiero vivirla yo, quiero estar ahí con ellos, viéndolos crecer, compartiendo sus altibajos, y quiero ayudar a mi esposa. No espero que ella lo haga todo."

—*Omar, 10 años de matrimonio, 3 niños*

En su gran mayoría, los hombres quieren ser activos, padres participantes, pero es difícil para un hombre (como lo sería para cualquiera) disfrutar su paternidad cuando su esposa administra esa relación.

"Cuando llego a casa en las noches, la mejor forma de descansar y relajarme es jugar en el piso con los niños. He dejado de hacerlo porque mi esposa me grita y me dice que los pongo nerviosos justo antes de que se

> acuesten a dormir. Aun cuando esto está 'permitido,'
> como los sábados por la mañana, ella no deja de estar
> ahí rondando. No veo la hora de que crezcan. Tal vez
> entonces deje de preocuparse todo el tiempo."
> —*Luke, 7 años de matrimonio, 2 niños*

Los hombres nos comentaron que también ellos "se enamoran más" de los niños cuando están a solas con ellos. Mientras mamá esté vigilando, papá no es más que el copiloto.

También Es Mi Casa

Algunos nos confesaron que han llegado a sentirse como visitantes (no gratos) en su propia casa. O hacen las cosas como su esposa dice, o se van a la calle. ¿De qué sirve tener iniciativa si siempre queda frustrada? Como lo expresara Doug, "¿Por qué soy siempre yo el que tiene que adaptarse a las normas de ella? ¿Por qué no puede ella cambiar las suyas? ¿Por qué cuando lavo el baño—y me parece que ha quedado totalmente limpio—se disgusta y lo vuelve a limpiar? ¡Entonces, nunca me agradece lo que hago!"

> "A veces todo lo que quiero hacer es bajar al sótano y
> pasar unas horas viendo un partido. Siento que
> necesito tener un permiso firmado por mi esposa para
> ver el Rose Bowl en paz. Repito, ¡el Rose Bowl!"
> —*Jack, 7 años de matrimonio, 1 niño*

Yo También Tengo Una Vida (¿O No?)

> "Ya no me preocupo por practicar ningún deporte los
> fines de semana porque mi esposa tiene programado
> hasta el último minuto—nada menos que en
> Microsoft Outlook."
> —*Joel, 10 años de matrimonio, 4 niños*

¿Por qué llevan el puntaje los hombres? Para cambiar sus puntos por un poco de libertad. Por más que quieran a sus esposas y a sus hijos, a medida que la familia crece, muchos consideran que tienen el collar muy apretado. Llevan el puntaje del tiempo libre que están perdiendo, Lance lo expresó en estos términos, "Para los hombres, el matrimonio equivale a 'ya no puedo hacer lo que quiero.'" Charlie dijo, "Quiero que sea un *quid pro quo*, para poder tener cierta libertad."

Todo lo que quieren los hombres es liberarse ocasionalmente de sus responsabilidades. Dicen: "Quiero tener tiempo para alejarme por un rato." "Todo lo que quiero es un descanso." "Mi esposa nunca me ha dicho, 'Ve a hacer tus cosas. Nos vemos después.'"

¿Por Qué No se Va Ella?

Para los hombres hay un elemento en el hábito de las mujeres de llevar el puntaje que los confunde y les desagrada: están plenamente dispuesto a darnos tiempo libre si nosotras se lo damos a ellos. Pero entonces, no aprovechamos la oportunidad y, para empeorar el problema, nos enfrentamos a ellos y (a) nos quejamos de que nunca tenemos un descanso y (b) los hacemos sentir culpables si salen un rato a descansar. Lógicamente perplejos, dicen, "Mi esposa dice que quiere tener tiempo para ella, pero cuando lo dispongo todo para que pueda salir no lo hace. ¿Por qué no se va?"

> "Si mi esposa no ha gastado suficientes puntos, la
> animo a que lo haga para poder redimir los míos.
> Quiero agotar al máximo los puntos de mi esposa para
> poder utilizar los míos. No podré ir a jugar golf
> durante cinco horas si ella no ha tenido un descanso
> en días."
>
> —*Nathan, 6 años de matrimonio, 1 niño*

"Le compro tiempo en el spa con fecha de vencimiento para que se vea obligada a utilizarlo."
—*Paul, 9 años de matrimonio, 2 niños*

Deja de Quejarte y Empieza a Valorar

"La semana pasada tuve que hacer dos viajes de negocios, fue un infierno, pero ella parecía estar disgustada sólo porque yo no estaba para ayudarla con los niños. ¡Como si tuviera alternativa! ¿No se da cuenta de que me mato trabajando para todos?"
—*Mark, 11 años de matrimonio, 2 niños*

Al igual que las mujeres, los hombres necesitan que los valoren. Al igual que las mujeres, los hombres pueden pensar que sus esfuerzos en el hogar y en el trabajo pasan inadvertidos y no son apreciados. Cuando un hombre oye a su esposa expresarse con cierto aprecio, se siente como un millón de dólares. ¿Quién no? Pero si la esposa no cesa de quejarse y de hacerse la mártir, el esposo se desanima.

"Me Casé con una Mártir"

"Gran parte del estrés que experimentan las mujeres se debe a su forma de pensar. Tiene mucho que ver con la tendencia a llevar un estilo de vida superior a sus medios por 'emular a los vecinos.'"
—*Felix, 6 años de matrimonio, 1 niño*

"El instinto maternal de mi esposa afecta a toda la familia. Me siento como si me pasara el tiempo despresurizándola. Es simplemente exagerado."
—*Toby, 9 años de matrimonio, 2 niños*

Nosotras tres hemos hecho el papel de mártires. Todas nos hemos esclavizado por nuestros esposos y nos hemos cerciorado de que lo notaran. Pero los hombres simplemente no entienden que una mujer se descomponga por completo por una lista de compras incompleta, o que conduzca muchos kilómetros por un camino que la aleja de su verdadero destino, todo por comprar un limpiador de alfombras especial, ni que se trasnoche hasta las primeras horas de la madrugada haciendo las decoraciones para una fiesta de compleaños. Entonces, cuando ella comienza a llevarle el puntaje porque no cumple las mismas normas meticulosas (que algunos podrían llamar anales), él lo considera injusto, molesto y en gran medida ridículo—muchos utilizaron el término "martirológico."

El Pase Libre y Otros Comentarios Altamente Irritantes

Varios hombres nos dijeron que consideran que sus esposas tienen un Boleto Gratis cuando deciden quedarse en casa para cuidar at los niños, aunque apoyen esa decisión. Dicen que ellas "No tienen que levantarse para ir a trabajar todos los días. Sí, naturalmente que cuidar a los niños es trabajo pero no tienen la presión del desempeño de un cargo, y lo saben." Aseguramos que no revelaríamos la identidad de quienes hicieron este comentario, dado que podría provocar la orden de "¡Córtenles la cabeza!"

¿Realmente acaba de decir lo que creo que dijo? Sí. Pero esperen, hay más…

> "Las mujeres han hecho esto durante miles de años. Durante siglos de historia de la humanidad las mujeres tuvieron muchos más hijos de los que tienen ahora y también mucho más trabajo, como batir la mantequilla, y lavar la ropa en el río. ¿Por qué se quejan todo el tiempo?"
> —*Bobby, 7 años de matrimonio, 1 niño*

> "Es difícil para mi esposa porque ella es una mujer profesional, educada y competente. Pero ahora

también quiere ser la mamá perfecta. No sé cómo va a lograr compaginar estas dos cosas."

—*Warren, 5 años de matrimonio, 2 niños*

Estos comentarios pertenecen a los hombres, por lo que los incluimos en nuestra discusión. Reflejan, en gran medida, las razones en las que radica parte del comportamiento de llevar el puntaje por ellos, piensan que sus esposas se quejan demasiado por una elección que ellas hicieron—una elección que ellos no tienen (o creen no tener).

Cuando un hombre oye a su esposa quejarse sin parar, sobre todo teniendo en cuenta que tiene una alternativa, se siente muy frustrado de no poderla hacer feliz. Es posible que, eventualmente (conciente o inconcientemente) se muestre menos comprensivo porque está molesto. Esto puede convertirse inclusive en su forma de razonar para hacer menos cosas en el hogar, en una especie de pasividad agresiva. Él simplemente se desconecta porque ella se quejará de todas formas, cualquiera que sea la situación.

SOLUCIONES PARA AMBOS

Como lo expresara en una oportunidad el escritor George Eliot, "¿Para qué vivimos si no es para hacernos la vida menos difícil mutuamente?"

¿Qué Hacer Para Romper la Tarjeta de Puntaje?

"Me encantaría dejar de llevar el puntaje. Con cada año que pasa, con cada hijo que tenemos, nos exigimos cada vez más. Nuestros hijos y nuestras profesiones nos llevan a un nivel en el que ninguno de los dos quiere (o puede) hacer el trabajo porque es demasiado."

—*Sam, 9 años de matrimonio, 2 niños*

Uff, aquí nos tienen, después de todas estas páginas de quejas y lamentos. En el mejor de los casos, nos sentimos tentados a tirar la toalla. ¿No es cierto? Pero no nos demos por vencidos. Es posible que haya alguna forma de seguir viviendo juntos…

¿Qué se requeriría para controlar su tendencia a llevar el puntaje? ¿Hasta qué punto es este hábito *realmente* culpa de su cónyuge? ¿Cuánta culpa tiene usted? ¿Qué es lo que *verdaderamente* busca? ¿Acción? ¿Valoración? ¿Igualdad? Esta es otra pregunta que debemos hacernos (es más difícil de responder que las otras): ¿Qué espera su cónyuge de usted? Utilizamos a propósito el término *controlar*. Tengan en cuenta que no dijimos *ponerle fin*. Es una gran diferencia. Es importante reconocer desde el principio que no podemos dejar de llevar el puntaje por completo. Todos somos humanos y, ocasionalmente, todos podemos sentir rechazo ante una torre de platos sucios en el fregadero.

Anotadores de Puntaje Anónimos

Como lo saben quienes se recuperan de una adicción, es muy fácil volver a recaer. Es tan fácil volver a los antiguos hábitos de llevar el puntaje. Por lo tanto, hemos formado un grupo de apoyo de tres para mantenernos a raya. La siguiente es el acta de nuestra última reunión:

Hola, soy Julia y me estoy recuperando de mi manía de llevar el puntaje. Antes de empezar a escribir este libro, y consciente del mal que le estaba haciendo a mi matrimonio con mi comportamiento de disimular el resentimiento y mi registro mental de evidencias, me acostumbré a llevarle el puntaje a Gordon en relación con todo lo imaginable bajo el sol. Él fue quien finalmente exclamó, "¡Nunca es suficiente!," y tenía razón; nunca lo era. No podría definir las reglas del juego, y menos aun la forma en la que alguno pudiera ganar. Dejé de llevar el puntaje repartiendo el trabajo doméstico con mi esposo. Tenemos un acuerdo explícito ahora acerca de quién hace qué. Ya no tenemos que llevar un puntaje. También he entendido que a medida que vamos encontrando un poco de tiempo libre en nuestro plan de fin de semana, estamos ambos mucho más contentos. Hasta estoy aprendiendo a ignorar las cosas que no son importantes. Si nuestros hijos van a la iglesia con las camisetas de fútbol, no me importa. Al menos, ¡no tengo que pescar en la tina, como Cathy! (¡Qué asco! Lea el siguiente párrafo).

Hola, soy Cathy y me estoy recuperando de mi manía de llevar el puntaje. Por lo general, mis ataques de llevar el puntaje aparecían después de meses de no pedir ayuda y de no aceptar los ofrecimientos de Mike de pagar las cuentas, llamar al plomero o lo que fuera. Mi mantra era "yo puedo hacerlo." Era una combinación certificada de perfeccionista y maniática del control. Creía que para que las cosas quedaran bien hechas, tenía que hacerlas personalmente. (En último término, pensaba que el mundo sería un mejor lugar si yo lo manejara). Además, estaba convencida de que yo, como madre, supuestamente debía hacerlo todo. Pero había una falla fundamental en mi plan. Simplemente era imposible que una mamá de dos niños, que además trabaja fuera de casa, pudiera hacerlo todo. Y era imposible intentar hacerlo sin enfurecerme con mi esposo, aunque estuviera allí al pie, deseoso de ayudar (o más exactamente, de buscar ayuda). Dejé de llevar el puntaje porque aprendí a delegar. Me di cuenta de que otra persona puede pagar las cuentas, hacer los planes para las vacaciones y encontrar un profesor de música. Ahora soy mejor mamá, mejor esposa y mejor persona, en términos generales, porque comparto la carga con Mike.

Hola, soy Stacie y me estoy recuperando de mi manía de llevar el puntaje. De hecho, la última vez que tuve una candente batalla de puntos con Ross, fue hace ocho meses, dos semanas y cinco días, para ser exacta. Mientras escribíamos este libro, imaginé lo desesperante que sería para Ross cuando yo comenzaba a buscar datos mentales de evidencias que lo incriminaban—con precisión exacta. Me di cuenta de que tenía que olvidarme de todas sus fallas pasadas y admitir que no estaba tratando de ser un reincidente. Realmente estaba haciendo todo lo posible por mejorar. Ahora, cada vez que iniciamos una discusión acerca del puntaje, lo primero que hacemos es reírnos a carcajadas y darle el nombre que se merece, un tonto juego, una pérdida de tiempo. Cuando nos detenemos y consideramos el punto de vista del otro, por lo general llegamos a la conclusión de que ambos tenemos razón de forma muy "inexacta."

Todos tenemos que pensar cómo podemos mejorar la situación, ya que no la podemos hacer desaparecer.

Para Empezar, Deje de Quejarse y Entregue su Placa de Mártir

"Porque, como todos lo saben, sentirse como mártir produce placer."
—*Erskine Childers*

Lo siento. Esa placa tiene que desaparecer. Todos somos culpables de lo mismo: los hombres con sus quejas tan dramáticas, "Estás manejando mi vida," y las mujeres con su cantaleta de alto octanaje, "Te encantaría dejarme todo el trabajo a mí, ¿no es cierto?" Todos nos sentimos abrumados. Todos nos sentimos menospreciados. Todos hemos adoptado el papel de mártir y hemos empeorado la manía de llevar el puntaje con grandes muestras de sufrimiento. Eso, en realidad, no nos lleva a ninguna parte, ¿verdad? *Nuestro cónyuge se molesta porque le damos a entender que estamos trabajando más duro de lo que en realidad lo hacemos, no nos da ninguna muestra de que aprecien o valoren lo que estamos haciendo, como quisiéramos que lo hiciera.* Ninguno de los dos sale ganando.

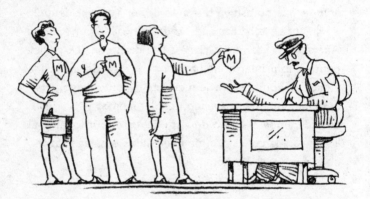

"*Vamos, apúrese. Entréguela.*"

Mostrar Aprecio/Reconocimiento

Así, eso es mejor, ahora algunas buenas noticias. En términos generales, todos nos dijeron que lo que quieren es empatía, más que acción. Están perfectamente dispuestos a hacer lo que creen que es su parte, siempre que obtengan a cambio algo de aprecio—siempre que su cónyuge diga "Gracias" o "Lo estás haciendo muy bien y te lo agradezco," en vez de, "Mi vida es mucho más difícil que la tuya" o "¿No te das cuenta de que a mí me toca trabajar más duro?"

¿Cuál es la mejor forma de motivar a alguien? El refuerzo positivo. Julia y Stacie aprendieron esto en la escuela de administración de negocios. Cathy lo aprendió en su trabajo de consultoría legal. A-cen-tuar lo po-si-ti-vo: "Me ayudaste mucho con los niños esta mañana," y después, e-li-mi-nar lo ne-ga-ti-vo: "¿Por qué no lavaste la ropa esta noche?" Eso es mucho más efectivo. Aun mejor si se exagera un poco—aunque, en lo más profundo de su ser, piense que eso era algo que su espeso debería hacer de todas formas y que realmente no merece los elogios. El que le diga a su cónyuge que agradece lo que ha hecho, lo motivará a seguirlo haciendo. (P.D. esto también funciona con sus hijos.)

> "Me fijo tanto en lo que Kevin *no ha hecho* que me olvido de lo que sí hizo. Y sé que hay momentos en que me he olvidado de decirle algo amable durante semanas. Ahora, mientras hablo con usted, recuerdo que su padre me hizo algunos comentarios muy agradables sobre él la semana pasada cuando hablamos por teléfono, y ni siquiera me acordé de comentárselo."
>
> —*Janet, 8 años de matrimonio, 3 niños*

¿No está segura de cómo actuar en este caso? ¿Está tan furiosa que no puede armar una frase coherente como, "¡Deja de lamentarte y ayúdame a recoger estos juguetes!" Las siguientes son algunas ideas bien expresivas pero subutilizadas para comenzar:

1. *Las Tres Áes*: Afirmación, Aprecio y Agradecimiento. Elija una y úsela.
2. Algunos ejemplos (reales) *de Cosas Agradables que se Pueden decir*:
   - "Recuerdo lo pesados que son los viajes de negocios. Y tú fuiste a Nueva York y volviste el mismo día, eso es terrible. Lo hiciste por trabajo, pero también lo hiciste por mí y por los niños. Gracias."

- "Con todo el trabajo que tienes y sigues ayudándome en la casa, gracias por mantener las cosas bajo control."
- "Hace unos días, mi esposo le dijo a nuestra hija: 'Tu mamá es maravillosa. ¿Sabes cuán tan maravillosa es? Nos cuida tanto a todos.' Es realmente bueno al decir todas esas cosas y eso significa mucho para mí."

En realidad, escribir estas cosas nos hace sentir mal, pero decirle algo así al cónyuge puede representar mucho.

3. Piensen en las *101 Cosas Invisibles* que hace su esposo normalmente y, de vez en cuando, háganles saber que lo notan:
   - Lavaste la loza.
   - Con todo el trabajo que tienes en la oficina, esa reunión que te tomó el día entero.
   - Lavaste mi ropa.
   - Le cambiaste el pañal al bebé.
   - Estuviste atascado en el tráfico una hora.
   - Vestiste a los niños y les diste desayuno antes de que yo me levantara.
   - Me comprendiste…

   Casi todas esperamos a que esa cosa invisible *no* haya sido hecha y entonces sí hacemos un comentario. Sabemos muy bien a dónde nos lleva esa actitud.

4. *Kumbayah*

   A veces nos concentramos tanto en el trabajo que hay que hacer que no podemos ver el panorama completo. De vez en cuando tenemos que sacar la cabeza de la canasta de la ropa sucia, de la lista de compras, de la llave que gotea, de la fecha de entrega del trabajo y del extracto bancario de la cuenta de ahorros por un tiempo para apreciar las cosas buenas.

Definir las Expectativas y Planificar

Hay otra forma efectiva y muy sencilla de poner fin al hábito de llevar el puntaje, pero a ninguna (y para que conste, a ninguno de nuestros esposos) se nos ocurrió hasta que empezamos a escribir este libro. *Hay que tener una división del trabajo doméstico bien establecida. Tiene que haber áreas de responsabilidad específicas.* Así se elimina el problema de llevar el puntaje. O al menos ya no sentimos resentimiento.

Por ejemplo: Daniel, el marido de Andrea, se encarga de cocinar. Phil, el marido de Helen, limpia la cocina después de cenar, y Helen se encarga de bañar y acostar a los niños. Tom nos dijo que él y su esposa Joanne han tenido discusiones muy explícitas sobre cómo dividir el trabajo con el bebé: él se ocupa del bebé desde el sábado por la noche hasta el domingo por la mañana para que ella pueda dormir (para su información: es a Tom al que le gusta poner el video del Bebé Einstein una y otra vez).

Allison nos dijo, "Definimos las expectativas. Dos mañanas a la semana, Bill se levanta junto con los niños. Yo solía hacerlo todas las mañanas. Él nunca se ofrecía, pero acordamos que él lo haría dos veces por semana. Ahora lo hace y no le disgusta."

Para hacer las cosas bien, hay que hacer una lista y dividir las tareas. Sí, ya lo sabemos. Nosotras tampoco queríamos hacerla porque es aburrido y toma tiempo. Pero tiene varias ventajas, la más importante es que realmente *dejamos de discutir quién debe hacer qué.* Si esa no es razón suficiente, aquí hay otras:

• Nos obliga a establecer prioridades.

• Nos obliga a cumplir nuestros deberes y responder por nuestro propio puntaje.

• Nos ayuda a ver que los hombres no son inútiles y que las mujeres no son maniáticas del control ni lunáticas empeñadas en manejar las vidas de los demás.

• Nos ayuda a eliminar el estrés innecesario de nuestro matrimonio, al presentarnos una imagen real del volumen físico de trabajo que tenemos que enfrentar juntos.

La Lista General

Hacer una lista de todo, absolutamente todo lo que se nos ocurra que debemos hacer, a veces todos los días, a veces los fines de semana, a veces sólo ocasionalmente (como cada cumpleaños o cada día de fiesta).

Todos los días: el trabajo; los niños (levantarlos, vestirlos, amamantarlos, alimentarlos, limpiarlos después del desayuno, peinarlos, lavarles los dientes, empacar almuerzos y morrales, notas, formularios, etc.); llevar los niños al colegio, al centro de atención diurna, arreglar la casa (lavar la loza, lavar la ropa, sacar la basura, etc.); cuidado del patio y el jardín; preparar las comidas; programar las siestas de los niños pequeños y los bebés.

Cada semana: actividades familiares y manejo del tiempo (incluyendo fiestas de cumpleaños); manejo de la vida social de los adultos (¿recuerdan eso?); comprar los víveres/programar los menús; actividades después del colegio/manejo de las invitaciones a jugar y transporte; cada semana/cada mes (¿cada seis meses?); limpieza general de la casa (limpiar los baños, etc.).

Ocasiones especiales: manejo de las relaciones con los familiares y parientes (visitas, llamadas, etc.); manejo de las fotografías; manejo de los regalos; cumpleaños en la familia (3–6 personas); cumpleaños de los familiares y parientes (6-20 personas); manejo de la correspondencia (tarjetas de cumpleaños, notas de agradecimiento, correos electrónicos); manejo de los viajes; períodos festivos (tarjetas, decoraciones, regalos, actividades, preparar platos especiales): proyectos domésticos (reparaciones, mantenimiento y en términos generales, mantener la casa bien arreglada y agradable); trabajo voluntario en el colegio de los niños.

Administración continua: cuentas; atención de la salud (citas médicas, seguros, etc.); educación (selección y evaluación de colegios).

Dividir para Vencer

Como nos lo dijera una pareja que tiene cinco hijos: "Aquí cada uno da el 100 por ciento, cada cual a su manera. Tenemos que concentrarnos en el resultado final y no siempre en que las cosas estén distribuidas por partes iguales."

Una vez hecha la lista, ambos tendremos una idea muy clara del trabajo que nos corresponde. La única forma de hacerlo todo es *Dividir para Vencer.*

Como lo expresara Theresa, "Tenemos una buena división de trabajo. Si él no hace lo que le corresponde, es su problema. Si no es importante, yo me lavo las manos." Debemos aprovechar nuestros puntos fuertes. Si a alguno le encanta la cocina, encárguese de eso. Debemos mantener el control sobre las cosas que son realmente importantes. Si no lavar la ropa de color junto con la ropa blanca es lo que nos hace felices, no hay que perder el control de ese detalle. Lavar la ropa debe ser una de nuestras responsabilidades. Después, despreocúpese que su esposo se encargará de la parte que a él le corresponde.

Hablemos en Términos de Frutas: Otra Gran División

Mientras escribíamos este libro, nos dimos cuenta que cuando ambos cónyuges trabajan, hay menos tendencia a llevar el puntaje.

Una Comparación de Manzanas con Manzanas

En términos generales, pudimos comprobar que los esposos de las mujeres que trabajan tiempo completo fuera de la casa colaboran más en el hogar. Por lo tanto, hay menos tendencia a llevar el puntaje. Nuestra tesis es que esos esposos colaboran más porque (a) no tienen más alternativa. Porque el día no tiene suficientes horas para que sus esposas trabajen tiempo completo y luego se encarguen de todo en el hogar; y (b) porque saben lo que es trabajar fuera de casa (esto es lo que llamamos comparar *manzanas con manzanas*), por lo tanto, entienden el cansancio y la tensión que sus esposas soportan al final del día, porque lo mismo les pasa a ellos.

Una Comparación de Manzanas con Naranjas

Por otra parte, en los matrimonios en los que la mamá permanece en casa, parece haber una mayor tendencia a llevar el puntaje. Pudimos comprobar que (a) la mayoría de los esposos no se dan mucha cuenta de todo lo que su esposa tiene que hacer (comparar cómo son sus días es comparar *manzanas con naranjas*), de modo que no ayudan; y (b) piensan que su contribución financiera reduce en forma drástica (o elimina por completo) sus obligaciones domésticas. En vista de esto, ¿qué puede hacer la esposa sino llevar el puntaje?

Nota: La forma más eficiente de cerrar esta brecha de comprensión es el Entrenamiento de Fin de Semana. Encontrarán los detalles en el Capítulo 2.

Los siguientes son algunos ejemplos de parejas que han adoptado este enfoque de equipo de Dividir para Vencer:

> "Yo soy perfeccionista y a él le gusta la limpieza. Por lo tanto, yo me encargo de cargar y descargar la lavadora de platos y él limpia el baño. Hace unos tres años decidió aprender a cocinar y ahora él se encarga casi

completamente de la cocina Yo me encargo de la
mayor parte del trabajo de lavar la ropa."
　　　—*Carla, 9 años de matrimonio, 2 niños*

Brandon describió una situación similar: "Ambos trabajamos
fuera de casa, por lo que nos repartimos el día. Yo me encargo de
Parker en la mañana y Lisa se encarga de él en la tarde. La clave
está en ser consistentes. Hay que saber qué es lo que cada uno hace
mejor y repartir el trabajo según nuestras capacidades. Yo me encargo de las cosas grandes (arreglar las llaves del agua que gotean)
y ella es buena para los detalles pequeños (pagar las cuentas), por
lo que lo dividimos así."

Pasa la Pipa de la Paz del Fin de Semana

Entonces, ¿cómo poner fin a las Batallas del Fin de Semana? ¿Una
utopía de paz? Tal vez. Pero con una buena planificación (no necesariamente en Microsoft Outlook) podemos intercambiar responsabilidades por el tiempo suficiente para permitir que cada
uno tenga un cierto grado de satisfacción personal (aunque sea
apenas una sombra de lo que tenía anteriormente). De nuevo, es
cuestión de prioridades. Es simplemente un intercambio de instrucciones impartidas por cada uno, y ninguno de los dos debe
tratar de sacar ventaja. La clave está en programar de antemano y
establecer prioridades. Considerar el trabajo involucrado en cada
una de las diligencias que hay que hacer fuera de casa, en los aspectos de la vida social de los hijos, en las cosas que deben hacerse
y en su deseo mutuo de contar con algún tiempo para estar a solas. Ah, sí, no hay que olvidar que también deben pasar algún
tiempo juntos.

¿Están Habituados al Trabajo del Hogar?

Varios de los hombres y de las mujeres con quienes hablamos dijeron que ocasionalmente les gusta contar con un poco de tiempo

para estar tranquilos en casa, sin trabajar. Se piensa que si estamos en casa, debemos estar haciendo algo. Creemos que todos debemos tener un tiempo de descanso en casa, un Receso Doméstico, por llamarlo de algún modo. Es imposible decirle al otro cómo debe pasar ese par de horas. Ella podrá leer una revista, si quiere. Él podrá leer el periódico o mirar televisión. Cada uno tendrá permiso de dormir una siesta.

¡Rápido, Llamen al Congreso!

Imagínense: ¡Una división de trabajo prematrimonial establecida por ley nacional! Los legisladores españoles aprobaron hace poco (¡por unanimidad!) una ley que exige que los nuevos esposos se comprometan a realizar el 50 por ciento del trabajo del hogar, del cuidado de los niños y del cuidado de los ancianos, o de lo contrario estarán sujetos a sanciones legales en un tribunal de divorcio.[3] Margarita Uría, la parlamentaria que presentó el proyecto de la nueva ley dijo, "Los hombres tienen que aprender a asumir más responsabilidad en el hogar, y las mujeres deben ayudarlos a hacerlo." Por lo tanto, de ustedes depende, señores, tomen la iniciativa ahora y autorregúlense, o aténganse a las consecuencias legislativas…

Cómo y Cuándo Medir

En cualquier decisión de división del trabajo es inevitable llevar puntaje, en cierta medida. Debe haber un saludable proceso de proponer y aceptar. Una vez que hemos determinado la división de las tareas entre la pareja, todo debe funcionar con más facilidad. En caso de que consideremos que la balanza está desequilibrada, será importante, sin embargo, expresarlo. No hay que ser de los que se guardan el resentimiento sin decir palabra, lo que se necesita es ser bueno para solucionar problemas.

Por ejemplo:

- **La Conversación No Productiva:** "Estoy levantada desde las 6:38 de la mañana atendiendo los niños, y ayer me levanté con ellos a las 6:17, y antes de ayer a las 6:20."

- **La Conversación Productiva:** "Realmente quisiera cambiar las mañanas en las que me levanto junto con los niños." O, "Me gustaría que dos días a la semana te levantaras con los niños y les hicieras el desayuno."

Multas por Infracciones Flagrantes

¿Qué pasa si acuerdan un plan y uno de los cónyuges no cumple con su parte? Digamos que uno de los cónyuges no toca un sartén ni una escoba durante toda una semana, o hace algún comentario evidentemente candente como: "Dormir hasta las 8:00 a.m. no es lo que se puede decir dormir hasta tarde," cuando el otro *ha estado* levantado atendiendo a los niños desde las 5:30 a.m. (ésta es otra historia de la vida real). ¿Cómo manejarla? Simplemente, imponer una multa, previamente acordada. El infractor tendrá que atender a los niños durante otras dos horas de su "tiempo libre." Esto tiene un efecto controlador sorprendente. Y en el desafortunado caso de que esa multa llegue a ser impuesta realmente, dejará una impresión duradera en la parte infractora.

Un SOS por Enfermedad

"Si estuviera enferma, creo que mi esposo sólo se daría cuenta cuando tuviera que pasar sobre mi cadáver para llegar al garaje."
—*Amanda, 9 años de matrimonio, 3 niños*

Señoras, lamentamos tener que decirlo, pero lo más probable es que él no se dé cuenta de (a) qué tan enfermas están y (b) no se ofrezca a ayudar, a menos que ustedes le expliquen claramente la situación. (¿Recuerdan que entregaron sus Placas de Mártires?) Cuando su supervivencia esté en juego, deben decirlo claramente. Si pide a su esposo que la ayude y él no responde en la forma adecuada, es hora de una Capacitación de Fin de Semana, preferiblemente, cuando esté tomando ThermaFlu.

En cuanto a ustedes, señores, tenemos otro ejercicio de empatía que quisiéramos darles: la próxima vez que hayan estado despiertos toda la noche vomitando, imaginen cómo se sentirían si tuvieran que levantarse obligatoriamente a la mañana siguiente para preparar sándwiches de mantequilla de maní, ponerles los vestidos de baño a los niños y llevarlos a la clase de natación al club de la Y. Ay, ¿les duele?

> "¿Qué se supone que debo hacer cuando mi esposa está enferma, pedir una semana en la oficina? Eso sería perfecto, pero nunca será posible."
> —*Nick, 7 años de matrimonio, 2 niños*

La próxima vez que su esposa esté pasando por uno de esos Días de Muertos Vivientes, lo más probable es que piense que usted es un absoluto tesoro si puede encontrar la forma de hacer algo o todo lo que describimos a continuación, dependiendo de la gravedad de su enfermedad:

- Dejar a los niños vestidos, desayunados y listos para irse al colegio antes de salir de casa.

- De ser posible, llevarlos usted mismo al colegio.

- Llegar tarde al trabajo, salir temprano o venir a casa a la hora de almuerzo.

- Llamar a otro ser humano, que se encuentre bien y que pudiera ayudar a su esposa por algunas horas.

Si su esposa estuviera pasando por una *verdadera implosión*, ¿no sería hora de sacrificar uno de sus días de licencia por enfermedad como muestra de amor y sensibilidad humana?

SOLUCIONES PARA LAS MUJERES

¿De Verdad Quieres que Él Sea una Mujer?

Para escribir este capítulo, hablamos con un gran número de mujeres cuyos esposos las ayudan mucho—por ejemplo, se encargan regularmente de preparar la comida, bañar a los niños, programar las vacaciones de la familia—y sin embargo, ellas siguen descontentas con su comportamiento. Decían cosas como, "Quisiera que se preocupara como yo me preocupo." "Debería saber que quiero que me pregunte cómo me fue con el niño durante su cita médica de control." "Quisiera que fuera más emotivo." "¿Por qué no se da cuenta de lo que hay que hacer?" A veces, nosotras tres hemos sentido lo mismo. Pero, ¿podemos esperar que nuestros esposos sean mujeres?

Es razonable pedir que los hombres cumplan con una parte justa del trabajo (y tal vez, sólo tal vez, que "se den cuenta de lo que hay que hacer" y que lo hagan sin que se les pida). Pero tal vez no sea razonable esperar que respondan a cada insinuación, a cada pequeño cambio emocional que experimentemos, puesto que son, efectivamente, hombres. Tal vez algunos hayan evolucionado lo suficiente como para ser "nuestra mejor amiga" en un determinado momento y "un hombre muy hombre" al momento siguiente, pero no podemos pensar en ninguno que cumpla con estos requisitos, por el momento. No nos malinterpreten, no queremos decir que los hombres sean incapaces de tener sentimientos. Tampoco estamos diciendo que no sean nuestros "mejores amigos" o que no les preocupe la cita médica del bebé, porque claro que sí son nuestros amigos y sí les preocupa el bebé. Es sólo que, a veces, esperamos demasiado o nuestras expectativas no son realistas. Tal vez si llamamos a una amiga para contarle lo que nos preocupa podamos reducir esta tendencia a llevar el puntaje. Claro está que deben disgustarse con su esposo si no cumple con su parte del trabajo de limpieza en el hogar, pero no lo culpen por no tener un Chip de Mamá.

Ábrale la Puerta a la Igualdad Doméstica

¿Es Usted una Celadora de la Maternidad?

¿Mantenemos cerrada la puerta de la igualdad doméstica? ¿Es posible que lo que hacemos realmente inhiba los esfuerzos de colaboración que decimos que quisiéramos ver? Nos quejamos de que nuestros esposos no ayudan lo suficiente, pero al mismo tiempo administramos sus esfuerzos y criticamos sus desempeños. "Me disgusté con la forma como mi esposa me vigilaba mientras le cambiaba el pañal al bebé. ¡Déjame solo, yo puedo hacerlo!," nos comentó nuestro amigo Mark.

Olvidamos que la maternidad fue una experiencia de aprendizaje que nos obligó a escoger entre ahogarnos o nadar. Pocas mujeres sabotean a propósito los esfuerzos de sus esposos por ser buenos padres, es, tal vez, algo que hacemos sin darnos cuenta. "No estás sosteniendo bien ese biberón." "La camisa que le pusiste le queda demasiado pequeña." También él tiene que aprender sobre la marcha. Si siempre estamos diciendo a nuestros esposos cómo hacer las cosas, nunca dejará de ser un *ayudante*, un "*Miembro del Equipo B*." Nunca será un padre que se comporte con igual responsabilidad—el esposo que hemos dicho que queremos (y eso es lo que queremos, ¿no es cierto?).

Hay que Dejarlo ser el Padre que Quiere Ser

Nuestros instintos maternales nos llevan a convertirnos en madres chovinistas—"Nadie puede cuidar este niño como yo." Si queremos que nuestros esposos desempeñen más activamente su papel de padres, tenemos que reconocer esa tendencia y luchar para vencer. Hasta Gloria Steinem, esa elocuente feminista, dijo, "Tenemos que reconocer no sólo que las mujeres pueden hacer lo que los hombres hacen, *sino también que los hombres pueden hacer lo que hacen las mujeres.*"

No lo harán como lo hacemos nosotras, pero lo *pueden* hacer. Hemos visto que las mujeres que están más contentas con la función de padres que cumplen sus esposos han aprendido a soltar las riendas y a permitir que los esposos definan la forma como van a cuidar de sus hijos. Como lo expresara nuestra amiga Denise, "Todavía me da escalofrío cuando mi esposo juega tan bruscamente con los niños, pero así es como se relaciona con ellos. Yo quisiera decir, 'Alguno va a salir herido,' pero me muerdo la lengua. Siempre hay alguno que termina llorando, pero de todas formas se divierten."

Peces en la Tina del Baño

Está bien, entonces, ¿los dejamos que sean padres como ellos quieren? El siguiente es un ejemplo. Lo contamos aquí porque suele ser algo frecuente en la casa de Mike y Cathy. Si su esposo quiere llevar a su hija de dos años de pesca, déjelo. Déle el protector solar, pero no le explique cómo ni dónde aplicárselo. Recuérdele que debe llevar pañales, pero no se los empaque. Dígale que es posible que la niña necesite dormir una siesta en la tarde, pero no insista en que debe traerla a casa a una hora determinada. Déjelo que descubra por sí mismo los peligros de cansar demasiado a una niña pequeña. Cuando lleguen a casa, ¿a quién le importa si sus ropas están muy sucias? Si él quiere echar un par de peces en

> la tina del baño para que la niña los mire, como lo hace
> Mike siempre, déjelo. ¿Qué importa un par de peces en
> la tina si papá e hija lo pasan tan bien?

Claro que usted puede sentir que le ha abierto la puerta de su casa
al Gato del Sombrero: es posible que las cosas se ensucien y que las
rodillas se raspen mientras papá cuida de los niños, pero todos
sabemos que también eso les puede suceder mientras nosotras los
cuidamos. Si queremos que nuestros esposos desempeñen su papel de padres, es mejor dejarles el camino libre. Debemos tratarlos
como los socios con quienes hemos iniciado un negocio—sus
contribuciones incrementan el éxito global de la organización,
aunque veamos las cosas de distinta manera. No actuarán como
socios si los tratamos como nuestros ayudantes. Cuando nuestros
esposos puedan conectarse con los niños en sus propios términos,
querrán desempeñar un papel más activo. Y estaremos un paso
más cerca de ese ideal de ser padres en pareja.

Lo Bueno es Suficientemente Bueno
y los Atajos Están Bien (A Veces)

Son muchos los desacuerdos que surgen en relación con la división del trabajo debido a diferencias en las normas. Las mujeres
quieren que las cosas se hagan de una determinada manera. Los
hombres simplemente quieren que se haga. Los hombres se des-
animan de que sus esposas nunca reconozcan lo que hacen, pero
cuando el 75 por ciento de una tarea queda sin hacer, es difícil que
nosotras nos sintamos animadas a elogiarlos por el 25 por ciento
que hicieron. Nos disgusta que tengamos que terminar lo que ellos
dejaron inconcluso. Eso no es suficiente, ¿o lo es?

El trabajo de la casa y las responsabilidades de ser padres, no
son ciencias exactas. Sobra decir que tenemos suficiente estrés en
nuestras vidas sin tener que exigir que todo en la casa quede de

una determinada manera. ¿Será posible que los hombres, al optar por los atajos, hayan descubierto algo que nosotras no sabemos? Es posible que podamos cerrar la brecha entre la forma como ellos ven una tarea doméstica y la forma como nosotras la vemos. No estamos defendiendo el caos doméstico. Además, de manera personal podemos decir que no pensamos que "lo perfecto sea enemigo de lo bueno" o sea la actitud que debamos adoptar en todos los casos, cuando se trata de cosas importantes como las dietas o la seguridad de los hijos. Pero, ¿qué ocurre con las cosas menos importantes? ¿Realmente debemos enjuagar la loza antes de ponerla en el lavaplatos? ¿Hay que tender las camas de los niños *todos los días*? Nosotras tres hemos descubierto que *bajar un poco el nivel de las normas es algo que nos hace sentir realmente bien.* A veces está bien decir, "¿A quién le importa?"

La Capacitación de Fin de Semana: Educación Continua

Si piensa que su esposo se está desentendiendo un poco de su parte del trabajo, podría ser hora de cierta educación continuada. O, si la última vez que recibió Capacitación de Fin de Semana fue cuando su hija, que ya camina y corre, come comida sólida y sabe ir al baño, apenas si podía sentarse sin ayuda, realmente él no entiende cómo es su vida ahora, ¿no es cierto? (Y si nunca ha tenido una Capacitación de Fin de Semana, ¿qué espera?)

SOLUCIONES PARA LOS HOMBRES

Hemos llegado a darnos cuenta de que la única forma de que los hombres dejen de llevar el puntaje y dejen de permitir que su esposa practique el hábito de "mandar," es que entiendan que se trata de un aspecto muy importante para ella. Señores, en el próximo capítulo, nosotras, las mujeres, nos esforzaremos mucho por entender por qué el sexo es tan importante para ustedes. Lo analizaremos desde los puntos de vista intelectual, lógico e inclusive emocional. Aquí tienen su oportunidad de hacer un levantamiento de pesas similar. De nuevo, lo justo es justo.

Use Su Cerebro (El Grande)

Pensemos de forma lógica en las raíces de la tendencia a llevar el puntaje. A + B = C (Tal como les gusta):

(A) Las Expectativas de la Esposa en Cuanto a la Igualdad
+
(B) Incapacidad de Entender del Esposo (empatía) y Responder Como Corresponde (acción)

(C) Esposa Descontenta, Resentida, que no deja de llevar el puntaje y que puede hacerle la vida imposible. Como lo dijera Jack, ella puede jugar este juego como Shaquille O'Neal y usted es el pobre tonto que está de reemplazo calentando la banca.

¿Entendió todo eso acerca de que *"quiere un socio y no un ayudante"*? De lo contrario, vuelva a leer la sección de Cómo se Sienten las Mujeres, en este capítulo. Aun mejor, pídale a su esposa que se lo explique. Llegue al fondo de la cuestión y descubra la razón de por qué ella está disgustada por la carga que tiene que soportar, o la carga que piensa que debe soportar, esa es la porción de las responsabilidades del trabajo doméstico que le correspondería al león. El lunes habrá una prueba de conocimientos.

Ustedes se casaron (supongamos) después de 1955. Antes de que llegaran los hijos, su esposa era socia igualitaria en el matrimonio, ¿por qué dejaron caer el balón al convertirse en padres? A las mujeres esto les parece un típico caso *doméstico* de *Gato por Liebre*. Sabemos que en el fondo de su corazón piensa que usted y su esposa son iguales (o que ella es su media naranja), pero cuando actúa como si todo el trabajo doméstico tedioso no fuera su responsabilidad o, lo que es aun peor, si actúa como si fuera algo que usted no *merece* hacer, le estará enviando los siguientes mensajes:

- que ella es el socio minoritario,
- que su trabajo es más importante que el de ella,
- que usted no la respeta,
- que no valora lo que se necesita para mantener la familia funcionando.

Nada de esto le caerá muy bien a ninguna de las mujeres que conocemos. Su esposa desea ver que su familia es su prioridad número uno. Realmente necesita saber que usted pertenece al mismo equipo.

Ahora, a Trabajar

Está muy bien sentir empatía, pero eso sólo lo llevará hasta un cierto punto. Las acciones dicen más que las palabras. Es hora de tomar sus palos de golf y salir al campo en pleno vendaval. Deje de ser el *Hombre Pasivo*—ya sabe, ese tipo que siempre está buscando cómo escaparse al sótano, y conviértase en cambio en un superhéroe. Mire al cielo. Es un pájaro. Es un avión. ¡Es un *Hombre que Viene a Ayudar*!

Como lo expresara nuestra amiga Abby, "Mi esposo siempre me dice que debo descansar...Olvídate de la ropa sucia...Ve a tomar una siesta ¿Y quién lavará la ropa? Claro que podría dormir una siesta, entonces, a las 10:00 p.m., seguiría levantada doblando la ropa. Si *él lo hiciera* realmente, entonces, *yo podría* dormir una siesta. Que idea tan revolucionaria." Aconsejarle a su esposa que duerma una siesta es algo que ella interpreta como un intento estúpido de hacerle creer que usted comparte la carga del hogar, a menos que realmente respalde esta sugerencia con una frase como "Yo me encargaré de eso, mi amor."

Hombre Pasivo vs. Hombre Servicial

Aunque su esposa se queda en casa con los niños, eso no tiene por qué significar que automáticamente está de guardia todas las noches y todos los fines de semana. Cuando desarrollen el plan de trabajo entre los dos, comprenderá que usted necesita tiempo para estar solo y usted entenderá que ella necesita su ayuda. *Y si ha pasado mucho tiempo desde que su esposa realmente se tomó un tiempo de descanso, envíela de viaje—ofrézcase a hacer todo el trabajo de la casa.*

Objetos Domésticos: ¿Tienen Algún Valor?

¡Santo cielo, sí! Sólo imagine lo que sería su hogar si nadie se ocupara de esas tareas domésticas sin importancia.

Además de cumplir con su parte de las aburridas tareas domésticas, es sólo cuestión de justicia, tal vez salir a hacer diligencias y alimentar al bebé tengan otros valores intangibles, pero igualmente significativos. El actor John Leguízamo dijo durante una entrevista:

Miseria

"Cuando no estoy trabajando, tengo que ser papá.
Tengo que llevar a mis hijos al colegio, recogerlos,
llevarlos al baño… Pero al mismo tiempo se desarrolla
un estrecho vínculo cuando se hacen estas cosas
mundanas con los hijos. Es como una terapia. Es
como practicar Zen. No necesariamente tengo que
estar haciendo cosas importantes todo el tiempo—es
bueno, hasta cierto punto, ser la persona que sirve a
sus propios hijos."[4]

¿Qué otros valores intangibles obtiene? Con su presencia, los niños se sienten felices y seguros. Quieren estar con usted. El tiempo
que dedique a estar con ellos ahora, influirá en el tiempo que *ellos*
quieran estar con *usted* cuando tanto ellos como usted sean mayores. La forma como participe en su vida de hogar influirá en el
tipo de padres (y socios) que lleguen a ser sus hijos algún día. Ah,
sí, además, su esposa pensará que usted es sorprendente.

Otras Pequeñas Joyas en las que Conviene Pensar...

• Nunca utilice el término de la realeza "nosotros" como en "*Nosotros* deberíamos pensar en la necesidad de que los niños comieran más vegetales. *Nosotros* realmente debíamos acostarlos a las 8:00 p.m." Si quiere que las cosas se hagan, hágalas usted mismo. Son hijos suyos también. Si sugiere que se haga algo y no lo hace, serán muchos los puntos que pierda.

• ¿Es usted un *reincidente*? ¿Le disgusta (inclusive le sorprende) que su esposa siga recordando las cosas que hizo mal hace mucho tiempo? Es sólo una pregunta inocente, pero ¿le estaba prestando atención la última vez que hablaron? ¿Pensó que tal vez un pequeño cambio de conducta de su parte podría ayudar a resolver el problema? "Hmmm, ¿se disgustó conmigo cuando durante nuestras últimas vacaciones quise ir a jugar golf todos los días en lugar de pasar algún tiempo en la piscina con los niños? Tal vez yo debería hacer algo distinto este año, sólo debería jugar golf cada tercer día..."

• Los superhéroes siempre se quedan con la protagonista, ¿no es cierto? *El Hombre que Ayuda*, tiene más relaciones sexuales que el *Hombre Pasivo*. Ganará muchos puntos. Nuestros estudios así lo demuestran.

P.D. El Supersecreto: La Manera Segura de Dejar el Hábito de Llevar el Puntaje

Si todo lo demás falla, intente el juego de Roca, Papel y Tijeras. Siempre funciona.

La "Vida Sexual" de los Nuevos Padres

Coitus Non-Existus

La Misma Historia, Distintos Planetas

Janet y Kevin tienen tres hijos pequeños, Janet se queda en casa con los niños. Kevin tiene que viajar varias veces al mes por su trabajo. La siguiente es la forma como ambos describen una reciente tarde en su hogar:

> Kevin: "Venía pensando en Janet durante el vuelo mientras volvía a casa. Últimamente he tenido que viajar mucho y no tenemos muchas oportunidades de vernos. Además, claro está, venía pensando si estaría dispuesta a hacerlo más tarde esta noche—después de todo, hace 8 días, 5 horas y 28 minutos que tuvimos nuestra última sesión de sexo. Cuando llegué a casa, me recibió con un gran abrazo, por lo que mi optimismo aumentó. Pero ni siquiera me había quitado la corbata cuando empezó a pedirme una cosa tras otra, todas relacionadas con 'tareas domésticas': '¿Puedes bañar a los niños? ¿Te acordaste de llamar al banco? ¿Recogiste la ropa en la lavandería?' No me dio tiempo ni de respirar. ¿Quién necesita toda *esa basura*? He debido irme directo a Phoenix en lugar de tomar el avión a casa."

Janet: "Me alegré tanto de que Kevin llegara a casa. ¡Al fin, tendría alguna ayuda! Pensé que después de que los niños estuvieran acostados, podríamos sentarnos y tomar una copa de vino. Y, ¿qué pasó? Me pone los ojos en blanco, y todo lo que le estoy pidiendo es que me ayude. Ni que le hubiera pedido que cambiara todo el cableado eléctrico de la casa. Además, yo tampoco me iba a sentar a descansar con los pies para arriba—estaba limpiando la cocina y cargando la lavadora de ropa por segunda vez."

Kevin: "Estoy allí, en la cama, esperando. ¿Sabe? Realmente me alegré mucho de volverla a ver. Fue algo como '¡Ah! Aquí está mi mujercita.' Imagino cómo va a desaparecer mi estrés de todo este día en un avión, cuando estire mi mano y la toque."

Janet: "Joey mojó sus calzoncillos nuevos de niño grande tan pronto como lo acosté, y el bebé me vomitó toda—una vez más—después de que le di su biberón. Cuando terminé de limpiarlo todo, ni siquiera tenía fuerzas para cambiarme la blusa que olía a vómito. Cuando por último me metí a la cama, mi radar se apagó. Kevin tenía una expresión muy particular en sus ojos, y su garra empezó a acercarse centímetro a centímetro hacia mí desde su lado de la cama. En ese momento, sólo se me ocurrió pensar: '¿Cree que esa es la forma de excitarme? ¿No hace nada por ayudarme y luego espera que yo me ocupe de él? ¡Ni siquiera hemos hablado! ¿Qué soy yo? ¿Una tienda que está abierta las 24 horas del día? ¿Lista para atenderlo cuando él lo desee? Pero si digo que no, se pondrá iracundo. Tal vez podría quedarme aquí acostada sólo cinco minutos, pero realmente no me queda una onza de fuerza. ¿Qué fue eso? ¿Me escupió en el pelo?"

Kevin: "Bien, ¿qué tal eso? ¡Bam! Me da un puño justo en la cabeza. La segunda vez en esta semana. Yo, para ella, soy simplemente un robot que trabaja. Nunca está de ánimo para hacerlo. Estoy cansado. Me siento como si durmiera con una compañera de habitación, no con una esposa. ¿Qué se supone que deba hacer? ¿Alquilar un video de Spank-o-Vision en mi habitación de hotel?"

¿Les suena familiar? Todas hemos pasado por esa experiencia.

El Capítulo Más Importante de Este Libro

¿Cuántas veces se han preguntado que fue lo que pasó? El sexo solía ser algo tan natural y mutuamente satisfactorio. Ambos lo deseaban. Ambos lo obtenían. ¿Por qué ahora, cuando hay bebés en casa, se ha convertido, de buenas a primeras, en un tema candente que lleva a conflicto y estrés? Si sólo va a leer una parte de este libro, lea este capítulo. *Nadie habla de esto, pero todo el mundo lo experimenta: la mayoría de las parejas pasan por un período de descenso radical en la frecuencia y calidad de su vida sexual durante los primeros años de vida de sus hijos.* El problema radica en que, cuando no hay sexo, o cuando hay relaciones sexuales que se viven con desesperación y se conceden a regañadientes, el matrimonio se reduce a una tediosa sociedad doméstica. El sexo es el camino a la verdadera intimidad, es el pegamento que mantiene unido el matrimonio; sin sexo, podemos sentirnos, como lo expresara Ethan Hawke en la película *Antes del Atardecer*, "Como si estuviéramos manejando una pequeña guardería con alguien que solía ser nuestra novia." Cuando se comparte el hogar y la esposa con niños pequeños, el sexo puede pasar a ocupar el último lugar en la lista de cosas que hay que hacer (o que se pueden hacer), cuando lo cierto es que esta es una época en la que es más necesario que nunca.

Este aspecto del sexo nos tomó a las tres (y a nuestros esposos) totalmente por sorpresa, y fue, en último término, lo que nos llevó a escribir este libro. Queremos que todos los que lo lean lo entiendan: aquí no tenemos una agenda. No nos consideramos la encarnación de la Dra. Ruth, con tres cabezas. Solamente pretendimos pelar todas las capas de la cebolla y llegar a la verdad. Les diremos lo que escuchamos de los cientos de hombres y mujeres con quienes hablamos y compartiremos nuestras opiniones sobre todo lo que podemos hacer acerca de este problema que a todos nos deja perplejos.

El Gran Cañón

¿El Gran Cañón? ¿Así de grave? ¿Están los hombres y las mujeres realmente en lados opuestos de una brecha tan enorme y profunda? Bien, tal vez ustedes sean unos de los pocos matrimonios con suerte para quienes las cosas van a las mil maravillas, gracias; pero, después de haber hablado con tantas personas como lo hicimos nosotras, podemos asegurarles que, definitivamente, ustedes no son normales. Después de tener los hijos, las mujeres minimizan el papel del sexo en sus matrimonios. Experimentan un cambio sísmico tanto en su deseo como en su capacidad de hacer el amor. Sin embargo, los hombres aun lo desean, y también desean, con la mayor frecuencia posible, el desahogo emocional que el sexo permite. La oferta que la esposa puede hacer no suple la demanda de su esposo. Para la mayoría de las parejas es una ecuación que no concuerda, no importa cómo se calcule.

Presentamos a continuación lo que dijeron dos de nuestros amigos, que resume los diferentes puntos de vista masculino y femenino:

> "En cierta forma, todo este asunto del matrimonio es
> un lío. La vida sexual se termina definitivamente
> después de tener hijos. Es como si mi esposa me
> hubiera dado gato por liebre—sólo fingía que le
> agradaba el sexo cuando todo lo que quería era
> simplemente lograr que me casara con ella. Desde que
> tuvimos los hijos, tenemos relaciones sexuales más o
> menos una vez cada tres meses, y aun así, es como si

ella me estuviera haciendo un favor. He tratado de decírselo tantas veces, de explicarle cuánto me duele su actitud, pero ella siempre lo tergiversa y me hace sentir como un perro vagabundo. Necesito y quiero hacer el amor con ella. ¿Es eso tan terrible? Inclusive fuimos a buscar asesoría al respecto y la asesora matrimonial dijo que entendía, pero creo que en realidad no lo entiende, ¿no es cierto? He llegado casi a darme por vencido. No quiero serle infiel, pero a veces me pregunto, ¿si tuviera la oportunidad, qué haría?"

—George, 13 años de matrimonio, 2 niños

"No es que no desee estar con mi esposo. No es eso en absoluto. En realidad, no pretendo herir sus sentimientos. Eso es lo último que querría hacer. Pero lo cierto es que el sexo no me interesa para nada últimamente. No me siento sexy; me siento gorda. No quiero hacer el amor; estoy demasiado cansada. Pasar el día con los niños es lo menos sexy que uno pueda hacer. Sé, en último término, que debo prestar más atención respecto a nuestra vida, pero al final del día estoy física y emocionalmente agotada. El que mi esposo me lo pida parece casi un capricho infantil al no tener en cuenta mis necesidades. Estoy ahí, por lo que debo estar disponible, ¿cierto? Cuando se trata del sexo, en primer lugar, no está en mi radar y, en segundo lugar, me siento como si no me valoraran, como si fuera algo que se da por hecho. Ojalá hubiera viagra para las mujeres—una píldora que pudiera tomar para tener el ánimo de hacerlo."

—Alicia, 8 años de matrimonio, 2 niños

Él está usando términos como "engaño," "gato por liebre" y "perro." Está lleno de frustración, herido y frustrado. Ella utiliza términos como "me ve como algo que se da por hecho" y "no está en

mi radar." ¿El Gran Cañón? ¿La Gran Brecha? Ustedes deciden.
Todo lo que sabemos es la forma como se presentó esta situación
en nuestros hogares.

Las tres somos mujeres promedio, con apetitos sexuales normales, sanos. Antes de convertirnos en mamás, disfrutábamos el
sexo; éramos asiduas estudiantes de "las formas de volver loco a
su esposo" y ese tipo de artículos que se publican en *Cosmopoli-
tan*. Queríamos tener sexo tanto como nuestros esposos y por lo
general estábamos felices de darles gusto, aunque no tuviéramos
ganas de hacerlo. Pero como madres de niños pequeños, el sexo se
fue convirtiendo en una prioridad cada vez menos importante
para nosotras. Aun después de celebrar el primer año de vida del
bebé, el sexo, que anteriormente había sido una actividad semanal, seguía siendo para nosotras como una pesada carga con la
que había que cumplir una vez al mes y que ocupaba el mismo
nivel que la obligación de ordenar el cajón de las medias. Nos en-
tregábamos tanto a los niños que no quedaba nada para nuestros
esposos. No era algo que hiciéramos a propósito. Simplemente era
algo así.

Mientras trasladábamos el campamento al otro lado del cañón, nuestros esposos quedaban atrás deseando esa conexión
emocional y física con nosotras y sintiéndose muy dolidos por
nuestros repetidos rechazos. Sólo cuando empezamos a trabajar
en este libro y a hablar con otros hombres, diferentes de nuestros
esposos (es decir, hombres que no tenían nada que ganar o perder
fuera cual fuera el resultado de la discusión), nos dimos cuenta
de que esta contagiosa falta de intimidad estaba en la raíz de
gran parte de los desacuerdos que se presentaban en nuestros matrimonios.

¿Era en *realidad* tan importante dejar de tener sexo una o dos
veces por semana y comenzar a hacerlo una o dos veces al mes?
Como lo expresara nuestro amigo Larry, "Así como en los negocios de finca raíz, las tres cosas más importantes son la ubicación,
la ubicación y la ubicación, en el matrimonio, las tres cosas más

importantes para los hombres son el sexo, el sexo y el sexo." Al comienzo, pensamos que exageraba, pero el hecho era que no lo hacía.

Para poner este comentario en perspectiva, preguntamos qué otra cosa hacía por ellos su esposa que los hiciera tan felices como el tener sexo. ¿Su respuesta? "Nada nos satisface tanto como tener sexo." ¿Ni una cena de cuatro platos? "No." ¿Ni siquiera un fin de semana fuera de casa con sus amigos? "No." ¿Tampoco el que estemos dispuestas a sentarnos con ustedes a ver una película completa en la que explotan muchos robots y se estrellan muchos automóviles? "No." La respuesta fue unánime: "Esto es lo principal. Mil veces más que cualquier otra cosa."

> "Ninguna otra cosa importa. Eso es lo único que
> cuenta. Tenemos un excelente matrimonio, soy un
> hombre muy tranquilo. Puedo manejar las finanzas,
> puedo manejar los problemas. Puedo resolver
> 'cualquier aspecto,' pero no puedo vivir si relaciones
> sexuales."
>
> —*Harrison, 8 años de matrimonio, 2 niños*

¿Por Qué Esta Desconexión?

¿Especialmente de algo tan esencial que nos define como seres humanos, como criaturas que se aparean para crear vida? ¿Estará jugándonos alguna mala pasada la Madre Naturaleza? ¿No sería mejor si el impulso sexual de hombres y mujeres fuere igual durante toda la vida? Bien, aparentemente hay una buena razón y tiene que ver con ese pequeño aspecto de la propagación de la raza humana. La biología nos presenta como una imagen opuesta el uno del otro con el propósito de que nos reproduzcamos (el hombre riega la semilla), y para maximizar la supervivencia de los hijos (*la mujer* se centra en el bebé). Robert Wright resume esta idea en los primeros capítulos de su famoso libro, *El Animal Moral*. Wright, tomando los términos utilizados por el biólogo

George Williams, descubre los intereses genéticos masculinos vs. los femeninos en cuanto al sacrificio necesario para la reproducción:

> "Para un mamífero macho, el sacrificio que requiere reproducirse es prácticamente cero. Implica un gasto de energía insignificante… de su parte, en un lapso apenas momentáneo de la tensión que requieren sus intereses por su seguridad y bienestar. Por otra parte, para la hembra, la copulación puede significar el compromiso de una prolongada responsibilidad (el embarazo, el parto y muchos años de cuidar de su prole dependiente [sic]) con todo el estrés y el riesgo que eso implica. Por lo tanto, por su interés genético, le conviene unir las cargas de la reproducción sólo cuando las circunstancias parezcan propicias."[1]

Entonces, así son las cosas. Ni los cuerpos ni los hábitos de los hombres se ven afectados por la llegada de los hijos, como ocurre con las mujeres. Ellos diseminan sus genes mediante el sexo. Por su parte, las mujeres están obligadas, por la naturaleza, a criar a sus hijos excluyendo todo lo demás. Garantizan su herencia genética cuidando de su prole.

¿No es cierto que, si pensamos que, en último término, nuestros comportamientos son el resultado de millones de años de biología evolutiva, desaparece parte del estrés? Entonces, podemos estar tranquilos. La raíz del conflicto radica en los distintos factores que nos impulsan. Nuestras frustraciones de esta época moderna (conocidas en los círculos científicos como *El Vértice del Perro Callejero/La Reina del Hielo*) están fundadas en nuestra propia naturaleza.

Señores, nos hemos esforzado al máximo por entender correctamente su versión, y esperamos que hayamos podido hacerles justicia en las próximas páginas. Discúlpennos si no hemos logrado captar hasta los más mínimos detalles. Como prueba de nuestro compromiso de procurar la mayor precisión y ser lo más justas en este aspecto, les daremos el primer lugar...

CÓMO SE SIENTEN LOS HOMBRES. SÍ, CÓMO SE SIENTEN.

"Uno se casa porque son muchas las cosas que ama y que le gustan de esa persona. Hacer el amor con ella es una de esas cosas. Uno no espera que eso sea algo que simplemente desaparezca. Uno espera que ella esté allí para eso. ¿No es esa una parte del trato?"
    —*Larry, 3 años de matrimonio, 1 niño*

"Siento como si el sexo fuera el Santo Grial del matrimonio—es algo que siempre se está buscando."
    —*Mitchell, 7 años de matrimonio, 3 niños*

¿Qué Pasa? Por Qué el Sexo Es Importante para Él

Cuando les preguntamos a los hombres casados qué era para ellos hacer el amor con su esposa, la respuesta universal fue, "todo." Pero, ¿por qué? Sinceramente no lo podíamos entender. Es decir, como mujeres, siempre nos ha gustado el sexo, pero, en realidad, ¿por qué tanto alboroto?

"No se trata del sexo por sí mismo—lo que es importante es el contacto verdadero e íntimo. Uno se conecta con su esposa a un nivel totalmente distinto."
    —*Brian, 6 años de matrimonio, 1 niño*

"Cuando mi esposa hace el amor conmigo, me está demostrando que me aprecia, que soy una buena persona y que quiere estar conmigo."
    —*Larry, 3 años de matrimonio, 1 niño*

Un amigo, Paul, dijo en broma, "Somos realmente personas muy simples. Sé que las mujeres quieren que seamos unos acertijos emocionales complejos, fascinantes, pero no lo somos. Todo se resuelve, en realidad, con una fórmula muy sencilla." Pero como lo podemos ver, sólo con base en su necesidad de hacer el amor, no son ni mucho menos seres simples. Si para los hombres el sexo realmente fuera un acto físico, una necesidad de satisfacer un deseo y nada más, podrían, literalmente, tomar las cosas en sus propias manos. Sin embargo, la necesidad física es sólo la punta del iceberg. Los hombres nos dijeron que, al igual que las mujeres, necesitan conectarse a nivel emocional. Sólo que ellos lo hacen distinto a nosotras. Se conectan a través del sexo. Cuando los hombres dicen que "necesitan sexo" lo que están diciendo realmente es que necesitan "tranquilidad," "reconocimiento" y "conexión"—necesidades humanas básicas de las que difícilmente se puede carecer. Como lo expresara David, "Cuando una esposa le dice a su esposo que quiere hacer el amor, él entiende que es amado, que es necesario y que lo aprecia."

Un artículo publicado en abril de 2005 en *Psychology Today* sobre cómo las mujeres modernas esperan un nivel sin precedentes de intimidad emocional con sus esposos para poder considerar sus matrimonios "plenos," lo expresa así:

> "Se subestima significativamente el sexo como pasaporte al país de la comunicación que muchas esposas desean explorar. Aunque algunas mujeres parecen resentir el hecho de que su esposo las desee y quiera ser deseado, a su vez, el mismo acto (a diferencia de la conversación) permite a muchos hombres una mayor disponibilidad en sentido emocional. Los hombres se tornan vulnerables cuando están involucrados sexualmente. Tal vez... las mujeres deberían empezar a pensar en el sexo como una forma de comunicación. Muchas pueden

considerarlo como un deber—sin embargo, ¿no es eso lo que esperan de sus hombres?"[2]

El Impacto de No Tener Sexo y Sentirse Rechazado

"¿Que cómo reaccionó mi esposa a la maternidad? Lo puedo resumir en una sola frase: 'Amor, me olvidé de ti.'*"

—*Gabe, 6 años de matrimonio, 2 niños*

La mayoría de los hombres con los que hablamos estaban desconcertados por la repentina pérdida de interés de sus esposas en el sexo, y añoraban la intimidad emocional que una vez compartieran con ellas. Describieron sentimientos de soledad, frustración, ira e inclusive resignación que para nosotras tres fueron sorprendentes y, en último término, reveladores.

Dijeron que con frecuencia se sentían abandonados y olvidados. Ven que sus esposas desarrollan una actividad sobrehumana al cuidar y atender a los niños. Por cansada que esté la esposa, siempre saca fuerzas para leerle un cuento al niño al llevarlo a la cama. Se levanta no una sino diez veces durante la noche, si el bebé llora y la llama. Nunca oye uno que una madre diga "Estoy demasiado cansada para alimentar a este niño—dejémoslo que aguante hambre." Pero los esposos sienten que, cuando sus esposas se convierten en madres, los dejan con hambre todo el tiempo. Esa respuesta de "Esta noche no," comienza a apilarse noche tras noche.

Como lo expresara Steve, "Nada le indica a uno más claramente que uno no importa en absoluto que ver la parte de atrás de la cabeza de su esposa en la cama noche tras noche. Sin embargo, esa misma cabeza se levantará de inmediato cuando el niño llore en la madrugada. Para obtener el mismo tipo de atención, tendría que prenderle fuego a la cama." Brian se dio cuenta de que su matrimonio había entrado en una nueva etapa cuando su esposa, al salir para el gimnasio, se detuvo a besar al bebé que él tenía en brazos. "A mí ni siquiera me dio un beso en la mejilla. Tampoco me dijo adiós. Ni siquiera me miró a los ojos. No es que esté celoso de mi niño, sólo quiero que me presten un poco de atención." En las palabras de Gordon, "Me siento como *La Cabeza Inferior del Tótem de la Familia*. Ahí estoy, soportando el peso de toda esta familia, pero mis necesidades siempre son las últimas en ser satisfechas. Todos y todo recibe atención antes que yo, si es que me prestan alguna."

Si lo pensamos bien, es fácil entender su resentimiento. Tal vez no sepan cómo expresar este dolor en términos que podamos entender, pero es un dolor que, de todas formas, está ahí.

Rechazo: Por Qué "No" Significa Mucho Más que No

"El sexo está ligado al concepto de autoestima del hombre. Cuando no lo hacemos, nuestra autoestima se reciente. Siento resentimiento hacia mi esposa cuando pasan las semanas sin que hagamos el amor. Empiezo a enfadarme con ella. También empiezo a pensar que tal vez ya no me encuentra atractivo y no le gusto."
        —*Peter, 8 años de matrimonio, 3 niños*

"En una ocasión estaba cenando en un restaurante y escuché hablar a un grupo de mujeres en la mesa de al lado, se reían y hacían chistes acerca de cómo rechazaban siempre a sus esposos y como nunca estaban dispuestas. Al principio, sentí como si me hubieran clavado un puñal en el estómago porque me pareció tan familiar. Después, me hizo sentir muy cínico. ¿Es realmente así como piensan del amor las mujeres?"
        —*Seth, 7 años de matrimonio, 2 niños*

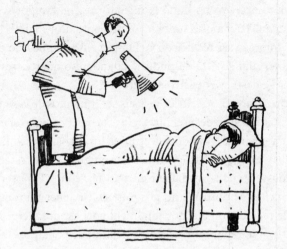

¡Atención! ¡Atención!

Todos nos dijeron que su peor temor es el rechazo. El efecto acumulativo de los rechazos repetidos es "demoledor." Uno de los recursos que utilizan los hombres para entender el mundo es llevar el puntaje. Por eso les gustan tanto los deportes, porque son cuantificables, porque quien gana y quien pierde es algo bien definido, en blanco y negro. Les gusta medirlo todo. El sexo es el metro con el que miden el aprecio de sus esposas y el grado en que los necesitan. Cuando una mujer dice que no desea hacer el amor con su esposo, ellos interpretan ese no como una expresión de que su esposa ya no los quiere, que no los necesita, y—si ese no sigue repitiéndose mes tras mes—el mensaje es que ya no hay amor. No queríamos creerlo, pero los hombres sí llevan la cuenta del número de veces que han sido rechazados por sus esposas. Si no nos creen, pregúntenselo a su esposo.

A continuación está el comentario de nuestro amigo Thomas: "Leí en un libro que yo no debería ser el que inicie la invitación a hacer el amor sino que debo esperar a que mi esposa tome la iniciativa. Entonces, yo no tomo la iniciativa y ella tampoco. Pasan meses sin que hagamos el amor y yo me siento muy mal. Es humillante y doloroso ser rechazado en el momento en que uno es más vulnerable, cuando está desnudo. Y cuando eso ocurre tres veces seguidas, se destruye nuestro espíritu."

Nuestros amigos se refirieron a sus sentimientos de la siguiente manera: "como si se desprendieran las ruedas" y "como si el cielo me cayera encima," cuando sus esposas los rechazan. Como mujeres, nos resulta difícil entender esta angustia. No estábamos habituadas a escucharlos hablar en esos términos. Para ser francas, a muchas de nosotras no nos importaría tener unos cuantos meses de receso y olvidarnos totalmente del asunto. Pero, ¿cómo nos sentiríamos si nuestros esposos dejaran de hablarnos durante un mes? ¿Si no nos preguntaran cómo estamos? ¿Si se limitaran a ignorarnos? Diríamos que se nos están cayendo las ruedas de nuestro matrimonio y que el cielo se nos cae encima. Para nosotras sería, como lo dice Thomas, "algo que destruye nuestro espíritu."

"Ay, Está Bien" No es Mejor Que "No"

Aun si la esposa está de acuerdo en hacer el amor, es posible que el esposo se sienta rechazado porque el acto sexual es más que un acto puramente físico para el hombre—que su esposa esté allí, acostada, pensando en Inglaterra, no es exactamente la respuesta que él desea. Quiere que ella esté con él. Según Patrick, "Escuchar, al otro lado de la cama, un suspiro de resignación y luego, 'Ay, está bien, si realmente lo deseas,' es algo que puede matar el deseo." No es algo que haga que el hombre salte de felicidad. Hace poco, una mujer que fue entrevistada en el programa de *Oprah* admitió que ve televisión mientras su esposo le hace el amor. Eso es aterrador. Que su esposo todavía quiera tener relaciones con ella en esas circunstancias ¡es prueba contundente del impulso sexual masculino! Mujeres, ¿qué sentiríamos si saliéramos a un restaurante y durante toda la comida nuestro esposo se dedicara a leer un libro? ¿Pueden imaginar cuánto las ofendería?

Una Palabras Acerca de las PMIs
(Pequeñas Muestras de Intimidad)

"Los hombres pasan toda la semana sin tener contacto con nadie. Ningún contacto humano, fuera de un apretón de manos. ¡No es ilógico que busquen contacto con la persona con quien se casaron!"
—*Frank, 7 años de matrimonio, 2 niños*

Este fue otro tema que escuchamos repetidamente: cuando la actividad sexual disminuye, las *Pequeñas Muestras de Intimidad*, como los abrazos y los besos, disminuyen también. ¿Por qué?

A medida que la mujer comienza a perder interés en el sexo, se muestra muy renuente a besar y abrazar a su esposo por temor a que esos gestos se interpreten como una señal de que desea hacer el amor. Ella puede pensar que si lo saluda con un beso y un abrazo cuando llega a casa por la noche él pueda interpretarlo como que "se verán" más tarde.

Los hombres, cuando la actividad sexual disminuye, sienten más deseo de afecto físico, de modo que literalmente, entran en acción a la menor muestra de interés. Cuando los abrazos y los besos no terminan en lo que ellos esperan, con el tiempo recienten el rechazo y dejan de manifestar también esas pequeñas expresiones físicas de intimidad.

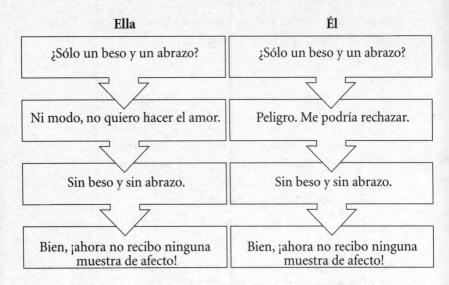

La Comunicación o la Ausencia de Ella

Un Tiro al Blanco

"Jamás he podido entender a las mujeres, es natural, soy un hombre. Pero pensé que conocía muy bien a la mía. Es decir, hace tiempo que estamos casados, ¿no es cierto? Pero no puedo entender qué quiere, siempre cambia el motivo por el cual no podemos hacer el amor. Una semana es porque he dicho algo desconsiderado. A la semana siguiente está demasiado cansada. Después, se siente muy gorda. A la siguiente semana, bien, ¿qué creen? De nuevo dije algo que la ofendió."

—*Marcus, 10 años de matrimonio, 2 niños*

"Tratar de entender cómo puedo hacer para que mi esposa esté dispuesta es como tratar de atinarle a un blanco en movimiento."

—*Dan, 9 años de matrimonio, 2 niños*

Como ya lo hemos dicho, los hombres están orientados a una meta. Lo que el hombre piense de sí mismo se define por su capacidad de lograr resultados. Se fija una meta y la mantiene en la mira. Nuestros amigos describieron la indescriptible frustración que experimentan cuando el blanco, la meta (es decir, más actividad sexual) se encuentra en movimiento. En términos más sencillos, cuando el hombre no puede alcanzar a darle al blanco, se considera un fracaso. Nosotras, después de tener los hijos, comenzamos a recurrir a las excusas más tontas para evitar la actividad sexual. O elaboramos una lista de condiciones que son prácticamente imposibles de cumplir para cualquier hombre razonable. Podemos ser muy recursivas cuando se trata de ignorar o evitar lo que en el fondo no queremos enfrentar. Las tres lo sabemos porque todas lo hemos hecho. Lo que no entendíamos entonces era hasta dónde estábamos hiriendo los egos de nuestros esposos.

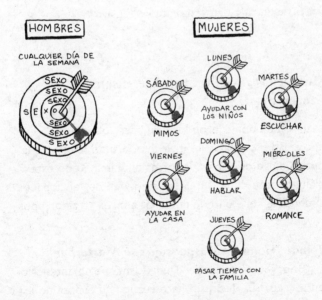

Blancos en Movimiento...Otra Vez

El Público No Escucha

"Me sorprendí cuando de pronto el sexo se convirtió en un problema. Pensé que a todo el mundo le gustaba. Me sorprendió además lo difícil que era hablarle a mi esposa al respecto. No soy una persona que diga las cosas en forma directa para empezar, pero sí he sido tan directo como he podido al analizar este tema con ella, y sin embargo, aún no entiende. Cada vez me siento más vulnerable de tener que expresarle tan claramente mis sentimientos."

—*Trevor, 9 años de matrimonio, 2 niños*

El dolor del rechazo se duplica cuando el esfuerzo del hombre por comunicar sus necesidades llega a oídos sordos. Muchos dicen que sus esposas no toman en serio este problema. Algunos dicen que han perdido la esperanza. Se han resignado a una vida de privación sexual, atrapados en un matrimonio al que se comprometieron antes de que alguien cambiara las reglas.

Muchachas ¿No Nos Creen? ¿Piensan que Exageramos?

Lean lo que nos dijeron los hombres sobre sus necesidades sexuales insatisfechas cuando les dimos la oportunidad de hablar de forma anónima. Todo este diálogo viene de un supuesto sitio web de "aficionados al deporte" que uno de nuestros amigos "traidor," nos reveló:

Tema: "Hombres Casados que se Masturban"
Bob: ¿Se esfuerza de alguna forma por mantenerlo en secreto? Es decir, ¿lo hace cuando su esposa no está o simplemente comienza a hacerlo en la alcoba,

sabiendo (y sin importarle) que su esposa podría entrar en cualquier momento?

Phil: Me doy cuenta de que nunca se acaba la loción en mi casa, tal vez se termine el mercado, pero siempre hay una botella nueva de Jergens en el baño. Creo que ya lo sabe.

Carl: Los hombres casados, especialmente después de que han tenido un par de hijos, lo hacen con más frecuencia que los solteros porque tenemos menos oportunidades de hacer el amor. No lo hago frente a mi esposa, pero tampoco me preocupo de que pueda entrar a la alcoba ni nada por el estilo—ella lo sabe. Al fin y al cabo, ella está de acuerdo porque eso quiere decir que hay menos probabilidades de que la importune. También parece ser un buen momento para mi Anuncio Estándar de Servicio Público para los solteros. "No se casen, no tengan hijos; es lo peor que pueden hacer para su vida sexual. Ella sólo aparenta que le interesa el sexo para que usted se case con ella."

Mark: Carl... espero que eso no sea cierto. Por el momento, mi novia es una diablilla y le encanta que hagamos el amor. Yo diría, a juzgar por su anuncio, que tal vez debería hacerla firmar un documento legal en el que declare que se ocupará de satisfacer mis necesidades sexuales en forma continuada y consistente, redactado según mis términos. ¡Si esto es un engaño, temblará la tierra!

Paul: Mark, mejor consigue papel y lápiz tan pronto como llegues a casa.

Brad: En una oportunidad mi esposa y yo lo hicimos ocho veces el domingo antes de ir a la Iglesia, aún no estábamos casados. Ahora en un mes no la veo ocho veces desnuda y sobra decir que no hemos hecho el amor en mucho tiempo.

Carl: Mark, escucha lo que dicen los ancianos. Aprende de nuestros errores.

Todd: Este es el pequeño secreto del matrimonio que nadie se atreve a mencionar: hay que jurar fidelidad en público, ante Dios y ante todo el mundo, pero ella no tiene que comprometerse a responsabilizarse de sus deseos naturales como hombre. Cuando ha tenido uno o dos hijos, prácticamente ya ni se acuerda de que uno existe. Pienso que ninguna mujer soltera tiene la menor idea de que esto exige un esfuerzo de su parte.

Ed: Creo que deberíamos escribir conjuntamente un libro titulado *Hombres Casados que se Masturban*. Realmente, sería un éxito internacional.

Steve: Bien, aun estoy aquí por los niños...Dadas las probabilidades, prefiero arriesgarme con la mujer que tengo que correr el riesgo de conseguir algo peor. Logro hacer el amor con ella al menos una vez por semana, por lo general, por lo tanto, no me va tan mal...

Carl: ¿Una vez por semana? Yo daría lo que fuera por lograr que hiciéramos el amor una vez por semana, hombre, estás viviendo un sueño.

Sean: Steve, hombre, ¿puedes imaginarte lo que los hombres como yo darían por lograr que fuera una vez por semana? Yo me quitaría toda la ropa en la oficina y conduciría mi auto hasta el otro lado de la ciudad en una hora y media, a las cinco de la tarde, a 100° F de temperatura dentro del automóvil, tapizado en cuero, para tener "una oportunidad."

Clay: Mi esposa siempre dice, "Sólo piensas en el sexo." Sí, eso lo deja muy en claro, pero basta con que una persona común, un hombre como YO sea rechazado, ¡claro que se convierte en lo único en lo que puedo pensar! Es evidente que me puedes agregar a la lista de hombres casados extremadamente amargados que añoran los días de mujeres sin nombre y mucho sexo. Sinceramente no recuerdo cuándo fue la última vez que hice el amor sin antes escuchar "Apúrate."

Ted: Siento lástima de hombres como Carl y los demás ¿Qué clase de esposa es esa? En cuanto al punto de esta conversación, probablemente me "revolcaría en la hierba" al menos una vez por semana.

Sean: He llegado a estar tan frustrado que parece que me he vuelto cada vez más agresivo en cuanto a coquetear con mis compañeras de oficina y mis amigas. Procuro permanecer fiel, pero al mismo tiempo, ¿fiel a qué?

Mark: Estos comentarios son de los más aterradores que he leído. Dejan las cosas claras, tal como son.

Ciertamente aterrador. Es fácil ver la frustración subyacente en los hombres rechazados. No tienen adónde recurrir sino a mujeres totalmente desconocidas. No es como ir a buscar al fiel compañero de golf y decirle, "Oye, hace dos meses que mi esposa y yo no hacemos el amor. El matrimonio es un asco. Al menos puedo torcerle el pescuezo al gallo cuando ella comienza a roncar. ¡Oh, qué buen golpe! ¿Quieres una cerveza? Bueno y, ¿cómo va tu matrimonio?"

QUÉ SIENTEN LAS MUJERES (LA LISTA DETALLADA)

"Espero que mi esposo se dé cuenta de lo cansada que estoy, después de cuidar a los niños el sexo es lo último en lo que pienso. Cuidar a un niño es agotador; amamantarlo, llevarlo en brazos, seguirlo por todas partes para que no se haga daño y luego, mientras aprende a caminar, las pataletas, es de nunca acabar.

Quisiera que supiera lo que se siente al tener que despertarse noche tras noche durante meses sin fin. Termino como un zombi. Estoy tan cansada que temo que se me olvide recoger al niño en el preescolar. Prácticamente no sé lo que hago, y me lo encuentro allí de pie, al final del día, golpeando el piso con el pie y mirando su reloj."

—*Jennifer, 9 años de matrimonio, 3 niños*

¿Qué Pasa?
¿Por Qué a Ella no le Importa el Sexo?

Las tres hemos analizado ampliamente nuestras libidos perdidas. Sabemos que en una oportunidad, hace mucho tiempo, nos gustaba hacer el amor. Sabemos que teníamos buenas razones para comprar ese brassier negro, ese corsé, esa faja que ahora está guardada en el clóset acumulando polvo. Aun creemos que nuestros esposos son muy atractivos (no los de las otras—sólo el nuestro). Pero no queremos quitarnos la ropa cada vez que llegan a casa. Después de convertirnos en madres, ninguna le ha dicho jamás a su esposo, "Amor, los niños me dejaron agotada, pero lo que realmente necesito es que me enloquezcas esta noche."

¿Qué se hizo el impulso sexual? Sinceramente, no tenemos la menor idea. *¿Qué puede hacer una mujer para recuperarlo?* Hmmm. Contratar una niñera de tiempo completo, un entrenador personal, un chef, un administrador de beneficios, y, posiblemente, un cirujano plástico, sería una buena forma de comenzar. Sinceramente, nunca lo pensamos hasta que nos vimos involucradas en el proceso de escribir este libro. Oír hablar a los hombres sobre lo que significa para ellos el sexo nos ha llevado a preguntarnos y a preguntar a nuestras amigas "*¿Qué pasó?*"

Después de analizarlo largamente con muchas mujeres, concluimos que hay dos categorías de razones por las que no queremos hacer el amor con la misma frecuencia que antes:

- La "Nueva Realidad" de la Maternidad (lo que la mujer no puede controlar)

- Es Culpa de su Esposo (no se preocupen, no es tan malo como suena)

La "Nueva Realidad" de la Maternidad

Naturaleza Significa Nutrir

Señores, al igual que George, al comienzo de este capítulo, o al igual que algunos de esos hombres en la web, ¿se han preguntado alguna vez si su esposa les dio *Gato por Liebre*? Mientras eran novios, y antes de que llegaran los hijos, a ella le encantaba hacer el amor, ¿no es cierto? Ahora que es mamá, parece, sin embargo, que ya no le importa. ¿Se muestra inclusive molesta porque ustedes todavía lo desean?

Nosotras tres queremos que entiendan que sus esposas no los están rechazando. Como ya lo hemos dicho, las mujeres experimentan un gran cambio con la maternidad. Esos bebés simplemente nos acaparan por completo, por lo general a un grado que jamás imaginamos. Sabemos que el impulso sexual del hombre es biológico, pero también las mujeres son criaturas de la naturaleza, por si nuestras hormonas descontroladas y nuestros instintos impredecibles no se lo han demostrado ya. Nuestro impulso sexual nos indica que no debemos reproducirnos cuando estamos cuidando a nuestros hijos pequeños. La principal necesidad de la mujer en esa época no es el sexo, sino proteger y satisfacer las necesidades de su bebé. Si tuviéramos un deseo incontrolable de hacer el amor, significaría que probablemente quedaríamos embarazadas de otro bebé antes de que el anterior pudiera sobrevivir sin requerir los cuidados maternos.

ZZZZZZZ

"Sí, estoy demasiado cansada para hacer el amor.
Cuando por fin los niños se duermen, estoy demasiado
cansada inclusive para lavarme la cara, qué decir de…
Y, ¿qué decir de mis libros? ¿Qué decir de mí?"
—*Carla, 9 años de matrimonio, 2 niños*

Lo que escuchamos una y otra vez de nuestras amigas es que están demasiado cansadas para hacer el amor. Cansadas. Cansadas. Cansadas. No se trata sólo de una excusa, señores, es simplemente la realidad de criar a los hijos pequeños. Día tras día, noche tras noche cuando uno está a cargo de los niños, no tiene ni un minuto de tranquilidad. Uno pasa el día alzando niños, cargando el asiento del carro, empujando el caminador y cargando los víveres, Y si la mujer trabaja fuera, después de terminar su trabajo tiene que ir al supermercado, traer los víveres, hacer la comida, bañar a los niños, ganar la batalla de ponerles las pijamas y leerles un cuento. Por lo general, Julia se duerme en la cama con su niño de cinco años mientras lo acaricia. *Sabemos* que *ustedes saben* que eso es cierto. Los hemos visto colapsarse después de pasar la tarde solos con los niños. Ross comparó la experiencia de cuidar sin ayuda a tres pequeños que empezaban a caminar con que alguien le arrancara las uñas. Es frecuente que Cathy encuentre a Mike dormido en la silla de extensión de las niñas cuando se encarga de cuidarlas. Gordon también se queda dormido *normalmente* en la cama del bebé cuando lo acuesta a dormir.

La Modalidad de Mamá

No es sólo que la mamá esté demasiado cansada. Para que la mujer esté de ánimo para hacer el amor no se requiere simplemente cambiar de engranaje, sino cambiar de identidad. Pasar de la *Mo-*

dalidad de Mamá a la modalidad de amante no es algo que se logre con sólo presionar un botón. Es difícil estar de ánimo para hacer el amor con un bebé colgado de la pierna y esa pegajosa canción de Barney sonando sin cesar en la mente. No podemos disfrutar del sexo cuando estamos en la *Modalidad de Mamá*. Tenemos la mente llena de obligaciones, horarios, la logística de compartir el auto para llevar los niños al colegio, la preocupante tos del pequeño, las opciones de campamento de verano, *no nos cabe en la mente* la idea del sexo. Estamos pensando en lo que hay que alistar para los almuerzos de los niños mientras nuestros esposos piensan en otras cosas. Nada anula más el deseo sexual que una pequeña vocecita en la puerta de la alcoba que dice, "Mami, ¿dónde está mi osito?"

La Presencia Física de los Niños

Además de los constantes recordatorios mentales de la maternidad, están también los físicos. Desde el momento de la concepción, y aun más durante los primeros años del bebé, el cuerpo de la mujer ya no le pertenece. Necesita tiempo para habituarse a esta situación y esto puede ser un desincentivador del impulso sexual. Cuando se tiene un bebé, nuestros cuerpos dejan de pertenecernos hasta cuando los niños ya están bien avanzados en la escuela elemental. Como lo expresara Marianne, "Mi único santuario es la ducha. Es el único lugar donde nadie me toca." Stacie lo expresa así, "Mi cuerpo es el gimnasio de la familia—tanto mis niños como mi esposo quieren trepar por encima de mi." Con una mueca en el rostro nuestra amiga Anne comentó:

> "Está bien, la verdad es ésta, y puede parecer cruda, pero así son las cosas. Tengo un niño prendido a mí, mamando. Otro que ya pesa 22 libras, quiere que lo alce cada vez que me ve. Tengo en mi abdomen una cicatriz de 15 cm de dos cesáreas, que empieza a

punzar cuando estoy cansada, ese es mi estado normal
durante las 24 horas del día. Y además, tengo este
marido, que pesa 232 libras, que quiere jugar con mis
senos y quiere que lo abrase toda la noche. Nunca
tengo mi cuerpo para mi."

Además, muchas mujeres comentan también que el que sus hijos
las toquen satisface su necesidad básica de contacto físico, por lo
que el sexo con sus esposos no es algo que en realidad deseen.
Cuando los niños están agarrados a uno en todo momento, lo
que uno pretende es que el esposo deje las manos quietas durante
la noche.

El Tema del Asco

Esta es otra cosa que las mujeres realmente desean explicarles a los
hombres, y dado que no hay forma delicada de hacerlo, nos limi-
taremos a arremangarnos y embadurnarnos.

La maternidad es un asunto húmedo y pegajoso. Durante la
mayor parte de los primeros años de nuestros niños, las mamás
permanecemos inmersas en un mar de fluidos corporales y comida de bebé pegajosa. Estamos diariamente expuestas a los tru-
cos más asquerosos de la naturaleza, dignos de aparecer en la peor
de las películas de horror: vómito, babas, popó, leche materna,
mocos, pipi, cualquier cosa que puedan imaginar (que no hayamos mencionado aun). Y Dios no quiera que tengamos además
una mascota. Es difícil sentir deseos de hacer el amor después de
haber estado en la *Trinchera de la Porquería*. Es aun más difícil
estar de ánimo para hacerlo cuando sabemos que si hacemos el
amor con ustedes por la noche, podemos terminar de nuevo en
esa trinchera dentro de nueve meses.

Después de limpiar toda esa porquería, queremos evitar otra
más—la de ustedes. Supongamos (sólo para divertirnos) que hagamos el amor el martes por la noche. Después, el jueves, cuando

estemos limpiando el vómito de Compota de Pavo Nivel 2 de Gerber de nuestra blusa (donde puede haber además manchas de leche materna)... aparece ese pequeño recordatorio de nuestra sesión del martes. Es otra cosa más que tenemos que limpiar. Es el "don que nunca deja de dar."

¿Quieres Hacer el Amor Conmigo?

"La doble papada no sólo la tengo en mi mentón.
 ¡También la tengo en otra parte de mi cuerpo!"
 —*Vicki, 5 años de matrimonio, 2 niños*

"¿Qué le paso a mis senos? Son de tamaños diferentes,
 ¡cuelgan como racimos de uvas en distintas
 direcciones!"
 —*Sally, 4 años de matrimonio, 1 niño*

A pesar de todo lo que se esfuerzan los expertos en mercadeo por decirnos que la maternidad es sexualmente atractiva, nosotras sabemos que eso es una absoluta M*"%$a. Muchas no recuperamos jamás el cuerpo que teníamos antes de la maternidad y, por consiguiente, nos sentimos menos sensuales y menos atractivas. Para las mujeres, la imagen corporal es muy importante. Si no nos sentimos atractivas, no nos gusta desnudarnos. Para ser franca, a veces, nos sorprende realmente que ustedes todavía quieran hacernos el amor.

La Culpa Es de Él:
Lo que Su Esposo no Entiende

No es que nosotras tomemos la decisión consciente de reducir, inclusive eliminar de nuestras vidas, el sexo, simplemente es algo que desaparece del radar. Estamos o muy ocupadas o demasiado cansadas para que eso nos preocupe.

El Deber de Esposas

"Veamos… ¿Qué debemos hacer hoy? La presentación
de la semana entrante. Doblar las toallas. ¿Y qué
vamos a cenar? Macarrones con queso. Hacer *brownies*
para la venta de pastelería del colegio. Jamie tiene una
cita odontológica a la hora de almuerzo. Sarah tiene
una invitación a jugar donde una amiguita. Hmmm.
Sé que olvido algo…"

—*Michelle, 7 años de matrimonio, 2 niños*

Bien, señores, el resultado final es que con frecuencia consideramos el sexo como una obligación doméstica más. No es algo que
hagamos por nosotras mismas. Lo hacemos por ustedes. Si quisiéramos hacer algo por nosotras iríamos a que nos hicieran un
masaje, iríamos al cine o nos daríamos una larga ducha caliente. El
sexo simplemente no está en nuestra lista. En realidad, la mayoría
de las veces ni siquiera lo incluimos en la lista de cosas por hacer.

Cuando trabajamos y nos preocupamos por las necesidades de
los demás durante todo el día, lo último que queremos hacer es
satisfacer las "necesidades" de alguien que ya es lo suficientemente
grande como para cuidarse solo. Para Cathy, el sexo se convirtió
en solo otra casilla que tachar antes de poder tener algo de tiempo
para ella misma. Julia pensaba, "¿Por qué actúa en forma tan infantil a este respecto?" Stacie pensaba para sí, "¡Te quejas porque
no tienes suficientes relaciones sexuales y no piensas que yo no he
dormido en 3 meses!" Los "expertos" nos dicen que no deberíamos tener resentimientos en la alcoba. Más fácil decirlo que hacerlo, ¿verdad?

Cuando la idea que tiene un hombre de "contribuir" es anun-
ciar, y ni siquiera incorporarse del sofá donde está acostado, que
hay que cambiar un pañal, no nos dan ganas de presentarnos a
prestar servicios. ¿Les suena esto familiar? Llegan a casa del trabajo, pasan unos 15 minutos con los niños, luego ven televisión en

su rincón mientras nosotras estamos de rodillas recogiendo los juguetes o lavando la loza. Ustedes entablan una conversación de—tal vez—15 minutos y luego, cuando es hora de apagar la luz, preguntan si estamos dispuestas. Si además hemos recogido del suelo sus calzoncillos, junto con el pañal sucio que encontramos en el corredor mientras nos dirigíamos a la cama, ¿creen que vamos a estar dispuestas? No faltaba más.

¡Corre, Conejita, Corre!

Conejos en una Jaula

Las mamás de niños pequeños ya sea que trabajen fuera de casa o no, suelen sentir que su sentido del ego está totalmente anulado por las funciones de cocinera, chofer y animadora infantil. Cuando a esta lista de cosas que frecuentemente se nos exige agregamos el sexo, empezamos a resentirlo. Comenzamos a sentirnos como una coneja enjaulada—una coneja perseguida sin tregua por un conejo con un impulso sexual exagerado. Cuando la idea de juego previo al amor que tiene el marido es utilizar frases como, "Oye, llevamos mucho tiempo sin hacerlo…" o sin decir nada se limita a darnos la *Palmadita en el Hombro a las 10 de la Noche,* queremos salir corriendo. Ya hemos explicado que los hombres se sienten unidos y conectados a sus esposas *después* de que han hecho el amor, pero para las mujeres, esa conexión tiene que producirse *antes* del acto. Cuando un esposo no realiza estas actividades preliminares que incluyen hablar y acariciarse y se limita a esperar que hagamos el amor, nos sentimos como animales. No pueden esperar que el sexo de la pareja sea siempre una cuestión de señas y golpeteos.

> "¿Saben lo que siento cuando esa mano intrusa toca mi muslo sin mediar una palabra, sin un abrazo, sin ni siquiera el reconocimiento de que soy algo más que una *comodidad*? Cuando él se comporta así me parece que me está conectando un letrero eléctrico que titila y dice, 'Mala Esposa. Mala Esposa. Mala Esposa,' una y otra vez. Esa mano es como un grito que me dice que se siente olvidado. Pero cuando su acercamiento al sexo es así, yo también me siento olvidada."
>
> —*Ellen, 9 años de matrimonio, 2 niños*

La Palmadita en el Hombro a las 10 de la Noche

El Efecto del Reloj de Arena

No podemos olvidar *El Efecto del Reloj de Arena* que nos han descrito muchas mujeres. Si una mujer se niega a la solicitud de hacer el amor, su esposo le hace saber claramente que debe "compensarle esa falta" en un período de tiempo determinado, por lo general de 24 horas para no herir sus sentimientos y evitar que se convierta en un gruñón. Según lo describe Katherine, "Es como si en el momento que le digo que no, diera la vuelta al reloj de arena. Al otro día, y hasta la noche, es como si oyera el constante tictac del reloj, tengo la *sensación de esa obligación*. Un destino del que no puedo escapar. Es algo que no me entusiasma como se pueden imaginar. Realmente lo que siento es resentimiento, sólo trato de relajarme y tomarme una copa de vino antes de que llegue a casa. No es exactamente la estrategia que va hacer que su esposa lo reciba por la noche de buen ánimo para hacer el amor, pues lo único que él logra es que ella se sienta más fría que la noche anterior.

El Efecto del Reloj de Arena

Deseo Que Me Seduzcan: El Gato por Liebre a la Inversa

Cuando un hombre y una mujer comienzan un noviazgo, e inclusive una vez casados, lo hacen todo para beneficio del otro. La mujer se esfuerza para verse linda y presta cuidadosa atención a todo lo que él dice. El hombre es extremadamente atento, la escucha con interés, la llama frecuentemente y al programar sus salidas se asegura de que ella lo pase bien. Pero una vez que llegan los hijos, puede producirse lo que se conoce como *El Gato por Liebre a la Inversa*.

Nosotras sabemos que no nos esforzamos tanto como antes—pero señores, ustedes tampoco dan lo que daban antes. En una época ni siquiera hubieran pensado en salir de casa sin antes invitar a su esposa a cenar y hacerla reír. Cuando piensan que agarrarle la nalga o darle una palmadita en el hombro es todo lo que se requiere para que esté dispuesta a hacer el amor, como lo describiera Janet en nuestra historia inicial, nos sentimos como la tienda de la esquina que está abierta las 24 horas del día.

Queremos que nos seduzcan. Queremos que nos busquen. Ese deseo de sentirse atractiva no desaparece porque hayamos atrapado a un hombre. Tenemos necesidad que nos demuestren su amor antes de que se dispongan a tener sexo—queremos saber que buscan algo más que un cuerpo cálido y pulsante. Sólo queremos un poco de romance, no la garra de un gato montés en el hombro.

SOLUCIONES PARA AMBOS

No se Mueran con un Cuenco Lleno de Bombones

"Mi contador me dijo que antes de tener niños, debemos poner un bombón en una bombonera cada vez que hagamos el amor. Después, una vez que lleguen los niños, debemos sacar un bombón de la

bombonera cada vez que hagamos el amor. Seguro que moriremos con una bombonera llena de bombones."
—*Saúl, 5 años de matrimonio, 1 niño*

Cómo Cerrar la Brecha

Por profundo e infraqueable que parezca el abismo sexual—y todos sabemos que así lo podemos ver, los hombres porque se preocupan que su vida sexual haya llegado realmente a su fin y las mujeres porque en el fondo del alma desean que así fuera—*es posible salir airosos de esos difíciles años preescolares con una vida sexual más o menos intacta.* Para las mujeres esto significa hacer un esfuerzo consciente por mejorar su vida sexual. Para los hombres, significa colaborar en el entorno doméstico, para permitir que su esposa tenga tiempo de prepararse y volver a darle emoción a la cacería.

"Si me dice que el sexo es algo que tengo que hacer para mantener intacto mi matrimonio, está bien. Estoy dispuesta a prestar atención. Amo a mi esposo y quiero que esté contento y que nuestra relación mejore. Pero debe haber algo más en esto que el anticuado 'deber de esposa' o el hecho de que él simplemente se dé la vuelta en la cama porque ahí estoy yo. Yo era un ser humano independiente, totalmente evolucionado, antes de casarme y tener hijos. No quiero decir que eso se haya evaporado por completo. Sí quiero volver a hacer el amor, pero de modo que tanto yo como él nos sintamos satisfechos."
—*Laurie, 9 años de matrimonio, 3 niños*

"¡Díganme, por favor, qué debo hacer! No sé ya cómo hablarle. No sé cómo hacer para que me oiga. ¿Qué puedo hacer? ¡Háganme una lista! Por lo que más quieran. Haré lo que sea."
—*Anthony, 8 años de matrimonio, 2 niños*

Cuándo y Cómo Hablar

Uno de los objetivos de este libro es que empiecen a hablarse entre sí de nuevo. Cuándo y cómo hablar es tan importante como el tema del que van a hablar. ¿Hay algún momento correcto para que un esposo le diga a su esposa que no está obteniendo de ella lo suficiente, o para que la esposa le diga a su esposo que él no está haciendo todo lo que debiera? Definitivamente hay un momento que no es el correcto para hacerlo: a las 11:00 p.m., el jueves, cuando acaban de tener una discusión sobre cuál de los dos debe sacar la basura, o a las 11:10 p.m., de un jueves, cuando la "garra" del esposo ha sido rechazada de un manotón. Esta conversación debe tener lugar en un momento cuando ambas sientan amor el uno hacia el otro, y cuando los afanes del día no los hayan dejado exhaustos. Si no están seguros de cómo iniciar la conversación, entregue este libro a su cónyuge y diga, "¿Qué opinas?"

Conviene hacer aquí una advertencia: si la comunicación o la ausencia de comunicación son ya muy malas, absténganse de hablar y *entren de inmediato en acción*. Entonces, procuren ampliar su definición de juegos preliminares y, señoras, traten de poner en práctica el *Arreglo de Cinco Minutos*. Cuyos detalles se presentan a continuación. Después de unas semanas, es probable que les parezca que su otra mitad es más receptiva a cualquier cosa que quieran decir.

Ampliamente Comprobado y Fácil de Hacer

También hay muchas cosas pequeñas que tienen un gran significado. Algunas son totalmente gratis; otras requieren una niñera y una habitación de hotel (no las dos cosas juntas).

1. Comiencen a Acariciarse y Besarse: Reestablezcan las PMIs (Pequeñas Muestras de Intimidad)

Tanto los hombres como las mujeres nos dijeron que echaban de

menos los pequeños gestos de intimidad como abrazarse y besarse, que desaparecen junto con la práctica regular de las relaciones sexuales. Cuando lo comentamos con nuestros esposos y
entendimos por qué habían desaparecido de nuestra relación,
simplemente decidimos volvernos a abrazar y besar a diario. Pre-
ferentemente, frente a los niños. Estos abrazos y besos se dan y se
reciben sin que la pareja se haga ilusiones de que más tarde haremos el amor.

> "¿A qué hombre, aunque sea retardado mental, no le
> gusta besar? ¿Por qué dejamos de hacerlo? ¿Y hasta
> ahora me dicen que besar a mi esposa sin darle a
> entender que vayamos a hacer el amor después, me
> dará muchos puntos y me llevará a hacer el amor con
> más frecuencia? ¡Hablando de retrasados mentales!"
> —*Randy, 8 años de matrimonio, 3 niños*

2. Fijen una Noche para Salir Juntos. Fijen una Noche para Salir Juntos. Fijen una Noche para Salir Juntos.

(A este respecto estamos ensayando la hipnoterapia para lograrlo…)
¿Cuántas veces han escuchado este consejo? ¿Cuántas veces lo han
puesto realmente en práctica? ¡Deben hacerlo! Las parejas que dijeron estar más satisfechas con su vida sexual después de tener
hijos, opinaron de forma unánime que fijar una fecha para salir
juntos los mantienen conectados y en una relación íntima y adulta,
más que cualquier otra cosa que hagan. Como lo describiera Kimberly, "No se trata de qué película vayan a ver ni en qué restaurante coman. Lo único que importa es que tengan un tiempo para
estar juntos, solos los dos." Si las niñeras son muy costosas, pueden alternar noches con algún amigo o amiga que pueda ocuparse
de sus niños. Hemos sabido de parejas que celebran una noche
juntos en el mismo hogar. Velas, un mantel, una botella de vino,
un poco de música ningún niño despierto, es una combinación
que da como resultado una noche de amor. (Nota: La comida en
sí debe comprarse ya preparada en un restaurante).

3. Escápense Cuando Puedan

> "Nuestras niños tienen seis y ocho años, y todavía
> tengo que irme con mi esposa a cien kilómetros de
> distancia, antes de que ella esté medianamente
> dispuesta a hacer el amor conmigo."
> —*Evan, 9 años de matrimonio, 2 niños*

Mientras mayor sea la distancia física y mental entre ustedes y los niños, mejor será su experiencia de hacer el amor. Irse de casa no es siempre fácil, pero vale la pena el esfuerzo. Tómense unas vacaciones de un par de semanas al año, los dos solos. Reserven una habitación de hotel por una noche, de vez en cuando. Es la mejor forma de que la mujer pueda salirse de su Modalidad de Mamá y recordar su "otro yo."

4. Anótenlo en su Agenda

Aceptémoslo. Han pasado esos días en que se hacía espontáneamente la siguiente propuesta: "Tómame ahora, sobre la mesa de la cocina." Esas tranquilas mañanas de los sábados y las tardes de los domingos, son cosa del pasado. Si quieren tener relaciones sexuales de calidad (es decir, en donde ambos estén dispuestos y en el lugar correcto al mismo tiempo) tienen que programarlo. Cathy ha venido programando el "sexo espontáneo" con Mike durante el último año y medio. Él piensa que es una reacción del momento (bueno, al menos así lo pensaba hasta ahora) cuando, de hecho, es un asunto cuidadosamente programado.

> "Al fin he comenzado a programar el sexo. No es algo
> especialmente emocionante, pero es mejor que no
> tenerlo nunca. Lo que los hombres no entienden es
> que, cuando la mujer hace el amor, invita a alguien a
> que penetre su cuerpo. Nos gusta tener tiempo para
> prepararnos, como lo haríamos si invitáramos a
> alguien a comer a nuestra casa."
> —*Joanne, 6 años de matrimonio, 2 niños*

Para nosotras las mujeres es muy bueno contar con tiempo para prepararnos. Podemos programar la comida de los niños con los restos de comida de la noche anterior para no tener que hacerla. Ustedes, señores, pueden programar salir de la oficina un poco más temprano para ayudarnos a acostar a los niños. Mientras vienen a casa en el auto, pueden pensar en algo agradable para decirnos después.

Cuando las Llantas Hacen Contacto con el Asfalto: La Gran Negociación del Sexo

Dejando a un lado las caricias y los innumerables besos, en un determinado momento hay que ponerse firme y tener una dura negociación. Hay que entrar en el juego. Tal vez haya creído que conocía perfectamente a su esposa, pero espere que se encuentren cara a cara y empiecen a negociar.

¿Cuánto Sexo es Suficiente?

"Dejar pasar más de una semana sin tener relaciones sexuales es algo realmente duro."
      —*Randy, 8 años de matrimonio, 3 niños*

"Tres o cuatro veces al año sería más o menos correcto."
      —*Kendra, 8 años de matrimonio, 3 niños*

"Después de que llegan los niños, todo cambia… Hacemos el amor más o menos cada tres meses. Si logro convencer a mi esposa de que hagamos el amor, sé que debo pagar los impuestos trimestrales que pueden estar vencidos. Y si es sexo oral, sé que es hora de renovar mi licencia de conducir."
      —*Ray Romano, comediante y padre de 4 niños*

Oferta y Demanda

¿Con qué frecuencia hacen el amor los padres de niños pequeños? ¿Qué se considera como frecuencia promedio? Preguntamos a nuestros amigos (eso se puede hacer siempre que uno esté escribiendo un libro). Las mujeres dijeron "más o menos una vez por semana" y *los hombres* dijeron "más o menos una vez al mes." A menos que nuestras amigas estén haciendo el amor con alguien más, están inflando inconscientemente las cifras. Pensamos que las respuestas de los hombres son más exactas. Después de todo, la mayoría de los hombres saben, *con horas y minutos*, cuándo fue la última vez que lo hicieron. Por el contrario, las mujeres son poco confiables cuando se trata de este tema.

Un par de datos interesantes: un estudio realizado en el 2002 por el Centro Nacional de Opinión Pública de la Universidad de Chicago indica que las parejas casadas hacen el amor 68.5 veces al año.[3] Eso es un poco más de una vez por semana. Pero según un artículo publicado en *Newsweek* en junio de 2003, los psicólogos calculan que del 15 al 20 por ciento de las parejas sólo hacen el amor diez veces al año.[4] ¿Dos veces por semana? ¿Dos veces por mes? ¿A quién le importa? Lo único que importa, evidentemente, es si las personas están satisfechas con el número de veces que lo hacen. Lo que para un hombre es un banquete, para otro puede ser una dieta de hambre. ¿Está satisfecho? ¿Qué opina la persona que duerme con usted en la misma cama?

Ponerse de Acuerdo

> "Tengo un puntaje como el de un equipo de fútbol
> británico de tercera categoría—una vez cada cinco
> domingos."
> —*Peter, 8 años de matrimonio, 3 niños*

¿Cómo reconciliar el deseo que una persona tenga de hacer el amor cada tercer día con el de la otra que quiere que sea una vez al mes? La mayoría de las parejas que calcularon el número de veces entre los dos nos dijeron que en un pequeño tête-à-tête (una forma elegante de decir que juntaron sus cabezas) acerca de la frecuencia con que procuraban hacerlo, habían llegado a un promedio que ambos creían que era correcto.

> "Aun pienso en el sexo todo el tiempo y quisiera que
> pudiéramos hacer el amor con más frecuencia, pero al
> menos ya no tengo esa espantosa sensación de temor
> de no saber cuándo será la próxima vez, o de que me
> rechace tres veces seguidas. Además, a mi esposa le
> gusta más así que cuando yo se lo pedía siempre."
> —*Greg, 10 años de matrimonio, 3 niños*

Con base en nuestras amplias conversaciones sobre el tema, hemos llegado a la conclusión que *lo que se necesita para el mantenimiento básico de un matrimonio es hacer el amor una vez por semana*. Hemos podido definir, por experiencia, que cualquier frecuencia menor trae problemas. Las cosas se pondrán peor. En un determinado día tendrá un esposo dulce y complaciente, y al día siguiente saldrá y dará un portazo cuando le pida que mire qué pasa con el calentador de agua. Algunos hombres se ponen realmente de mal genio y no aguantan la presión. Si el "prolongado período de sequía" continúa, un hombre que sienta que ha sido relegado al *Último Lugar en el Tótem de la Familia*, comenzará a dedicar tiempo y energía a otras cosas: el trabajo, el golf, el gimnasio, a tomar cerveza con los amigos. Y si la sequía se prolonga: la Internet, los clubes de strip-tease... otras mujeres.

Pero señores, de la misma forma, denle un descanso a su mujer, ¿quieren? Déjenla tranquila, si ven que está "alterada" o demasiado cansada para desvestirse antes de caer fundida en la cama. En ese momento, déjenla tranquila, aun si les prometió que lo haría esa noche, después de haberles dicho la noche anterior que estaba demasiado cansada. No la presionen con la amenaza del *Efecto del Reloj de Arena*. Si, en términos generales, se está esforzando por satisfacer sus necesidades, no empiecen a golpear el pie contra el piso y mirar su reloj (o mirar hacia otra parte) cuando los rechacen.

SOLUCIONES PARA LAS MUJERES

"Siempre pensé que el deseo de sexo de mi esposo era exagerado. Pensé que estaba fuera de los límites. Pero ahora me doy cuenta de que no es diferente de los demás."

—*Victoria, 5 años de matrimonio, 2 niños*

Cuando se trata de sexo, las mujeres han ocupado el asiento del conductor la mayor parte de sus vidas. Durante todos los años que la mujer permanece soltera, determina con quién va a dormir y cuándo, y por cuánto tiempo. Si no lo quiere hacer, ahí se acaba todo. Si piensa que un hombre está exigiendo hacer el amor con demasiada frecuencia, puede pedirle amablemente que se baje del automóvil, dejarlo a un lado de la carretera y continuar su camino. No estamos habituadas a que los hombres hablen mucho, y menos a que puedan votar al respecto. Ahora que estamos casadas, sin embargo, nos preguntamos, "¿Tienen nuestros esposos derecho a voto?" ¿Es esto realmente "parte del trato" como lo expresara Larry? Después de oír lo que nos dijeron los hombres en la sección anterior, hemos decidido considerar al menos su punto de vista.

> "Tengo un patrón bastante predecible a este respecto. Si hace demasiado tiempo, más de una semana, empieza a ponerse de mal genio y un poco perverso y me doy cuenta de que lo necesita. Cada vez que esto ocurre me propongo firmemente no dejarlo llegar a ese punto, ¿pero qué pudo decir?"
> —*Samantha, 7 años de matrimonio, 2 niños*

El Arreglo de Cinco Minutos: Transforme su Matrimonio en Cinco Minutos a la Semana

De veras. Eso es todo lo que se requiere. Nos referimos a ese tan demeritado y subvalorado (por las mujeres, es decir) trabajo rápido. Puede ser el mejor amigo de una esposa. Es como cualquiera de esos otros "atajos," cosas que uno compra para ahorrarse un poco de tiempo y cordura—el cepillo desechable para el inodoro, el queso rayado, las zanahorias cortadas y las comidas listas para calentar en el microondas.

En serio, piénsenlo. (Piensen lo que significa para ustedes, aunque no sea por otra razón). Sólo toma cinco minutos y podrán disfrutar los beneficios de ese corto tiempo durante días. No tie-

nen que desvestirse. Su cuerpo no tiene que ser invadido. Ni siquiera tienen que hablar. Pueden volver a mirar televisión, pueden
seguir leyendo su libro o pueden revisar los catálogos para buscar
los regalos perfectos para las maestras de los niños en menos
tiempo del que se requiere para decir: "No quiero hacerlo porque
estoy tan excitada como un paquete de pan, y, a propósito, no has
podido portarte peor esta semana, ah, y además, hablando de pan,
compra un pollo asado cuando vengas del trabajo mañana porque
Danny tiene práctica de fútbol y no podré ir de compras cuando
yo salga del trabajo."

Piensen, además, lo que significa para su esposo. (Oh, sí, para
él). Se sorprenderá y quedará encantado. Dejará de sentirse rechazado y demeritado. En lugar de poner mala cara y discutir sobre a
quién le toca sacar la basura después de la comida, estará más que
dispuesto a ayudar a su Diosa en cualquier forma que pueda.

> "¡Santo cielo, eso transformaría mi matrimonio!"
> —*Ron, 5 años de matrimonio, 2 niños*

En cuanto al acto sexual en sí, éste requiere muy poco esfuerzo.
Mucho menos esfuerzo que el que requiere prepararse para hacer
realmente el amor cuando no se desea. *Y nosotras tres prometemos,
no, juramos, sobre el Código Universal de la Hermandad, que no
sugeriríamos esto si no hubiéramos comprobado que funciona.* Una
amiga nos lo dijo, y pueden creernos—al principio no nos interesó. De hecho, decir que "no nos interesó" es poco. No le creímos, (por no decir que nos mostramos escépticas). Pero lo
ensayamos, y debemos reconocer que ella estaba en lo cierto. Nos
sorprendieron tanto los resultados que desarrollamos el siguiente
análisis:

Costo	Beneficio
Renunciar a cinco minutos de alguna actividad recreativa como llamar a una amiga, leer una revista, dormir cinco minutos, ver cinco minutos del programa *Amas de Casa Desesperadas* o el programa de *Oprah* o el de *La Ley y el Orden* o el de *American Idol*, etc.	Su esposo pensará que usted es una diosa y la tratará como tal.
Renunciar a cinco minutos de tareas domésticas: sacar la vajilla del lavaplatos, doblar la ropa, picar los vegetales, pagar las cuentas, trapear el piso de la cocina, etc.	La mirará con expresión de amor, lujuria y admiración.
Algo de esfuerzo físico.	Él sonreirá durante muchos días.
Sentimientos leves de verse comprometida. Éstos serán transitorios.	Pensará que es un tipo muy afortunado y mirará con sentido de superioridad a esos pobres tontos que lo rodean. Cambiará el pañal la próxima vez que haya que hacerlo sin que se lo pida. Obtendrá un par de días o tal vez una semana de descanso.

Cinco Minutos Más Tarde

Salga de la Modalidad de Mamá: Recupere Su Sexualidad

Todo esto de la relación rápida está bien y es bueno. Funciona, pero, no se trata de eso. Es bueno para que no se abra más la brecha. Es como una curita. El problema de fondo es mucho más difícil. Señoras, todas nos merecemos una buena vida sexual, ¿no es cierto? ¿No deberíamos aspirar a tener unas relaciones sexuales *excelentes* en lugar de unas relaciones sexuales con el fin *de mantener el matrimonio*? O, por lo menos, ¿no deberíamos tener unas *excelentes* relaciones sexuales unas cuantas veces al año?

- ¿Qué la hace sentir sensual últimamente?

- ¿Qué la haría *realmente* sentirse así?

Las tres nos planteamos estas interrogantes y no las pudimos responder. Nos miramos unas a otras desconcertadas. Miramos al techo pensando que aquellas jóvenes que antes se sentían así nos eran totalmente desconocidas. Los hombres no pueden hacer milagros. Si no somos capaces de sentirnos mujeres y nos limitamos a entregarnos por completo a ser mamás, ¿cómo podemos esperar que ellos nos hagan sentir atractivas y deseables? Todas tenemos que distanciarnos lo suficiente de esa fuerza absorbente de ser mamás para recuperar al menos una parte de nuestras personalidades sexuales vitales.

Preguntamos a nuestras amigas qué hacen ellas para animarse a hacer el amor y las siguientes son algunas de sus recomendaciones:

> "Reservamos una habitación en un hotel. Tenemos unas relaciones sexuales excelentes y el servicio a la habitación es aun mejor."

> "Leo algún libro pornográfico o a veces inclusive *El Placer del Sexo* (lo que resulta aun mejor si se lee tomando una copa de vino) y marco las páginas que mi esposo debe leer."

> "Uso ropa interior sensual durante todo el día. No me detengo en gastos, cuando se trata de esto. Si lo vamos a hacer, no hay que ser tacañas, porque de lo contrario, cuando den las seis de la tarde nos sentiremos incómodas, no sensuales, y esa nueva ropa nos picará."

> "A veces me acuesto desnuda. A mi esposo le agrada la 'sorpresa' cuando se mete a la cama y me ayuda a excitarme más rápido."

> "Cuando estoy en el cambiador del gimnasio, miro atentamente a las demás mujeres. Así es como se ven las mujeres de verdad. No como esos insectos pegajosos de las revistas o de la televisión. Me doy cuenta de que me veo mejor que la mayoría de ellas."

"Me gusta que mi esposo actúe como si realmente me deseara—sobre todo cuando estamos en algún lugar público como un centro comercial, y no lo puede evitar. El brillo de sus ojos me despierta el deseo."

"Cuando vamos a fiestas, me gusta coquetear (siempre con distinción, claro está) con los demás hombres que haya allí. Me recuerda la mujer que fui antes, es agradable llamar un poco la atención. También me hace recordar la razón por la cual me gusta tanto mi esposo."

"Cielos, no se lo digan a nadie, pero miramos las películas de los canales pornográficos en nuestra alcoba, tarde en la noche. Sólo un par de minutos bastan para que las cosas se pongan interesantes, aunque antes no hubiera tenido ganas de hacerlo."

Hay que Aprovechar Mientras la Plancha (Oye, Esa Eres Tú, Querida) Está Caliente

"A veces soy yo quien toma la iniciativa de hacer el amor porque sé que él lo necesita. Diría que en promedio esto ocurre el 50 por ciento de las veces. Por lo general, si le lanzo la pelota, él corre tras ella."
—*Marianne, 12 años de matrimonio, 5 niños*

¿Cuántas veces ha tomado la iniciativa de hacer el amor en los últimos seis meses? Las mujeres, por lo general, no lo hacemos, pero si *tomamos* la iniciativa, tendremos relaciones sexuales en nuestros términos, cuando lo deseemos. No se sentirán como conejas atrapadas en una jaula, esperando a que su esposo tome la iniciativa. Se sentirán en control y su esposo se sentirá muy bien. Tomar la iniciativa puede tener un impacto muy positivo en el matrimonio.

Se requiere cierta práctica cuando uno no está acostumbrado

a hacerlo desde hace mucho tiempo. Hay que aprovechar cualquier pensamiento pasajero que nos venga a la mente a mitad del día. Hay que reservarlo para después. Llame a su esposo a la oficina y dígale que de pronto se está sintiendo muy cariñosa. Déle una mirada furtiva adicional a ese hombre buen mozo del gimnasio. Sobra decir que su esposo quedará encantado de que lo desee (a él, no al hombre del gimnasio) y se preguntará qué ha hecho para despertar su interés. Basta pensar de otra forma en el sexo—como una actividad de la que en un tiempo disfrutamos y que tal vez podamos volver a disfrutar, y no como una exigencia más que nos obliga a dar nuestro tiempo y nuestro cuerpo, así podremos empezar a interesarnos más.

> "Si experimento el menor indicio de una sensación—he aprendido a no actuar de inmediato, sólo por impulso."
> —*Janice, 5 años de matrimonio, 1 niño*

Las Mujeres Aburridas Tienen Vidas Inmaculadas

¡No me agradas, Martha Stewart! Una de las razones por las que tenemos menos tiempo y energía para el sexo, es porque dejamos que las minucias de las tareas domésticas y los compromisos sociales de nuestros hijos nos dejen agotadas. Las mamás perezosas hacen el amor con más frecuencia. Tienen más energía para hacerlo. Es posible que nosotras dediquemos demasiado tiempo en julio a buscar la tarjeta de Navidad perfecta (con una fotografía en donde toda la familia aparece luciendo abrigos de lana con figuras de renos), u ordenando las alacenas de la cocina colocando los recipientes por orden de tamaño, y descuidemos nuestras relaciones. A veces nos preocupamos más por los detalles pequeños que por mantener encendidos nuestros matrimonios. *Cuando se trata de las tareas del hogar, opten por "lo importante del caballero."* Pueden tener un hogar de apariencia respetable con mucho menos esfuerzo de lo que cualquier extraño pueda pensar. Aprendan a no dejarse atrapar por el trabajo doméstico. Ahorren algo de ustedes mismas.

Las Mujeres Aburridas Tienen Vidas Inmaculadas. En realidad, ¿quién quiere a una mujer aburrida? Si tienen que elegir entre preparar una cazuela o hacer el amor, tal vez haya momentos en los que podríamos optar por lo segundo. Hemos aprendido que tener una estrecha relación con nuestros maridos por lo general da mejores resultados que mantener limpio el piso de la cocina.

Si se siente agotada al final de la tarde, intente dejar la casa en el caos en el que se encuentre y limítese a sentarse al lado de su esposo a mirar televisión, o dese un baño. Porque si ya está cansada—con cada juguete que recoja y cada camiseta que doble, su disgusto hacia él será cada vez mayor. Para cuando llegue la hora de acostarse, querrá golpearlo, no besarlo. Intente no ser un ama de casa tan meticulosa, al menos unas cuantas veces al mes. Si su esposo se queja, explíquele por qué lo hace. Todavía no hemos oído que ningún hombre prefiera un cuarto de baño impecable a tener sexo con su esposa.

Sólo Háganlo

"Hasta donde yo sé, lo que los hombres esperan realmente del matrimonio es un suministro continuo de sexo. No sé si eso es mucho pedir, sobre todo si se considera que las mujeres necesitan un poco más de atención y que hay que llevar los niños a una gran cantidad de sitios. Estoy tratando de hacer un esfuerzo y de estar dispuesta a hacer el amor con más frecuencia."

—*Carla, 9 años de matrimonio, 2 niños*

Esto es lo que se conoce en otros términos como "prepárese y preséntese." En una situación ideal, o al menos en el mundo de las telenovelas y las películas románticas con las que todas crecimos,

el sexo siempre va precedido de sentimientos abrumadores de lu-
juria y amor hacia el marido y de una urgencia irresistible de dejarse llevar por un mar de pasiones tormentoso durante toda la
noche, en su compañía. Si estos sentimientos fueran un requisito
previo para el sexo, probablemente lo haríamos dos veces al año.
Pero, despierten, los astros no siempre están en perfecta alinea-
ción, la temperatura de la habitación no tiene que ser siempre
72° F, la iluminación no tiene que llegar justo a través de cortinas
de velo levemente agitadas por el viento, no tenemos que tener el
pelo limpio, ni tampoco un estómago totalmente plano, y los niños no tienen que estar donde nuestras madres.

¡Nota importante! Hablando de estómagos planos y de todo
ese aspecto de la imagen corporal, la mayoría de los hombres hicieron eco a lo que nos dijo nuestro amigo Tim: "Aunque sé que
Margot no está muy satisfecha con su cuerpo, yo la considero tan
atractiva como siempre."

Cuando las tres nos dimos cuenta de lo importante que era el
sexo para nuestros maridos y para el bienestar de nuestros matrimonios, decidimos seguir el consejo de nuestra amiga Carla. Aunque no siempre sintamos deseos de hacerlo, a veces tenemos que
hacerlo. Realmente es una lástima que nos parezca como una obligación, pero, a diferencia de lavar la ropa, tiene algunos beneficios
colaterales.

> "Entre más lo hago, más lo quiero hacer. Mi hijo menor
> tiene ya casi 3 años y estoy empezando a recuperar
> parte de mi antiguo impulso. Mientras tanto, hago lo
> mejor que puedo por mostrarme interesada."
> —*Nora, 10 años de matrimonio, 3 niños*

Cómo Pedirle Ayuda a Tu Esposo

Todas estuvimos mucho tiempo disgustadas con nuestros esposos
por no ayudarnos tanto como pensábamos que deberían hacerlo.

Lo que hemos podido ver es lo siguiente: los hombres necesitan nuevas metas que lograr. Mientras discuten a solas acerca de cuál debería ser la frecuencia de sus relaciones sexuales, pueden negociar un poco para que a cambio, presten más ayuda. Esta discusión debe combinarse con otra *específica* sobre la división del trabajo y determinar quién hará qué. Cuando él tenga una serie de metas que cumplir, todo estará bien. Él no entiende el enfoque de "lo que esperamos de él en general." Una vez que tenga una lista de verificación donde pueda ir tachando lo que ya ha hecho, logrará que le preste más ayuda y él se sentirá bien de haber cumplido con sus objetivos.

SOLUCIONES PARA LOS HOMBRES

Al hablar con los hombres, algunos nos dijeron que están muy deprimidos por falta de sexo. Señores, nosotras tres intentamos entender cómo se sienten. *Ahora lo entendemos, por lo tanto, tendrán que confiar en nosotras. Podemos ayudarlos a tener más sexo, pero tendrán que ayudar más en la casa.* Las malas noticias son que nuestra investigación pseudocientífica realmente confirmó la peor de sus pesadillas: hay hombres que tienen sexo con más frecuencia que ustedes. Pero no pierdan la esperanza, porque la misma investigación también nos reveló que hay muchas cosas que pueden hacer para elevar su promedio.

Ojalá pudiéramos resumírselo todo en una pequeña y sencilla fórmula, pero las mujeres son seres complejos (y por lo tanto fascinantes) que requieren un poco más de esfuerzo del que ustedes creyeron necesario cuando se casaron. Podemos darles una fórmula de $a + b = c$, pero no podemos darles estrategias de inversión a largo plazo que puedan poner en práctica. No queremos decir que vayan a lograrlo automáticamente cada noche que laven los platos o cada vez que lleven a su esposa a comer pizza, pero crearán un ambiente más positivo y, quizás, podrán encontrar una mayor recompensa al final.

- **Estrategia de Inversión #1:** Intenten aumentar sus responsabilidades domésticas en forma significativa. No con flojera, sino como si se tratara de una jugada de Babe Ruth. En forma realmente magistral. Partido tras partido. Las mujeres que nos dijeron que estaban más dispuestas a hacer el amor comentaron también que sus esposos realizaban una porción más equitativa de las tareas domésticas, como si se tratara de abrazarlas con un abrazo de oso. A esto lo llamamos redefinir el juego previo. Las mujeres se sienten respetadas. Tienen tiempo, energía y entusiasmo para sus esposos fieles y comprensivos.
- **Estrategia de Inversión #2:** Las mujeres quieren dejar de pensar como mamás y comenzar a pensar como mujeres. *Las atenciones románticas no deben evaporarse después de que lleguen los hijos.*

Esperen un minuto antes de que empiecen a quejarse y a decir, "Genial, más trabajo—otro día en la mina de carbón," piensen en esto: centrarse en el sexo significa más trabajo para su esposa. Aceptar hacerlo, sobre todo cuando no está de ánimo, le exige un gran esfuerzo. Este es un esfuerzo que usted podría hacer para ayudarla. Usted dice que lo que hace de tareas domésticas no parece ser *nunca suficiente.* ¡Podemos entenderlo! Nosotras sentimos que lo que hacemos en la cama no es *nunca suficiente* para ustedes.

Puesto que ninguno, ni siquiera su esposa con su incesante cantaleta y sus quejas, quiere hablar de las cosas rutinarias del oficio del hogar, dejemos ese tema para después y comencemos por el romance.

La Palabra con R

"El ritual del cortejo mejora la vida sexual. Me propuse arreglarlo todo para que mi esposa y yo podamos estar juntos, quiero estar con la mujer de quien me enamoré, lejos de la línea de ensamblaje nocturna de cuidar a los niños. Conozco a algunos a quienes no les gustaba el noviazgo y se sintieron muy bien una vez que se casaron. Pero a mí sí me gustaba. Creo que mucho de eso contribuye a una buena relación. Ahora salimos juntos, nos reímos, nos divertimos y ¿saben qué?, cuando llegamos a casa, por lo general terminamos haciendo el amor. Tenemos que reservar tiempo para estar el uno con el otro."

—*Scott, 8 años de matrimonio, 2 niños*

¿Recuerda en *Happy Days* cuando Fonzie no podía siquiera decir "lo siento?" "Lo sssssz-z-z." Después de que se casan, muchos esposos jubilan la palabra "romance" y la eliminan de su vocabulario. Una mujer que dejó de programar las noches que saldrían juntos, nos dijo que su esposo tardó un año y medio en darse cuenta de que no habían vuelto a salir. Sólo porque ella lo haya atrapado y haya tenido hijos, no significa que ya no quiere que usted le diga que es atractiva y que por ella vale la pena un pequeño esfuerzo.

Cuando se encuentra atareada en su papel poco romántico de "mamá" y "empleada" necesita que alguien le recuerde que también es "tierna" y "fabulosa." No hablamos de viajes de sorpresa a París (¡aunque no hay que descartarlos!), pero cuando se programa alguna actividad divertida, teniendo en consideración lo que a ella le gusta, de la que ambos puedan disfrutar, se sentirá especialmente apreciada. Sin embargo, cuando usted no se preocupa en lo más mínimo, el mensaje que ella recibe es que ya usted no se preocupa por ella o que su relación y su felicidad no tienen importancia para usted. *Puede sentirse rechazada y olvidada, como le ocurre a usted.*

"Mi esposa me ha venido diciendo desde hace 4 años que quiere que yo programe fechas y piense en cosas que podamos hacer juntos. ¿Por qué nunca lo he hecho? No sabría qué decir. Tal vez porque simplemente no me importa cuál de los dos haga los planes. Imagino que

ella lo ve desde otro punto de vista. Cuando eramos
novios, y después de que nos casamos, antes de tener los
niños, yo siempre lo hacía. Y además lo sabía hacer muy
bien. Creo que al fin me empiezo a dar cuenta de que
esto es importante para ella."

—*Nick, 7 años de matrimonio, 2 niños*

No Somos una Ecuación Matemática

Ayúdennos a ayudarlos. Para ustedes, es tan fácil como oprimir un
botón. Un vistazo a un muslo y una mano estratégicamente puesta
y ya están listos. Para nosotras, es algo así como manejar los controles de un 747. Necesitamos su ayuda para hacer la transición de
Mamá a Amante. Las antiguas estrategias, como prender de vez en
cuando una vela o poner un CD de Van Morrison, ya no dan resultado. Se requiere mucho más que una barrita de incienso para
que una mujer que ha pasado gran parte del día corriendo detrás
de niños de dos años, se sienta "en ambiente." Necesitamos que
nos notifiquen con anticipación. Tenemos que comenzar a desechar la piel de la maternidad, tanto literal como figurativamente,
con horas de anticipación al acto central. Desafortunadamente,
necesitamos que nos cortejen y que nos preparen. Necesitamos al
menos una hora para estar solas. Entonces tendremos tiempo de
afeitarnos las piernas, cepillarnos los dientes y no preocuparnos
por el fin del mundo que tiene lugar fuera de la alcoba, así podremos estar dispuestas, más fácilmente, para una noche romántica.

Algunos Trucos Bajo la Sábana

¿Está algo oxidado en el departamento del romance? ¿Ha pasado
mucho tiempo desde la última vez que la invitó a cenar? A continuación encontrará algunas actitudes realmente románticas que
los hombres nos cuentan que les han dado muy buenos resultados,
(truquitos, truquitos):

"La invito a salir periódicamente. No una salida a cenar de toda la familia, sino una invitación a salir como cuando eramos novios y yo me reía de todo lo que ella decía, intentaba emborracharla y fingía interesarme en cualquier libro que ella estuviera leyendo."

"Cuando ha pasado cierto tiempo, salgo y alquilo una película que no me interesa ver en lo más mínimo, pero que sé que a ella le encantará. Tal vez es simplemente el hecho de ver a todos esos actores apasionados, pero no me importa, porque, por lo general, tiene en ella el efecto que yo deseo."

"Siempre le escribo una tarjeta con una nota cariñosa… es algo que los hombres casi nunca hacen y que a las mujeres les encanta."

"Un masaje completo para los pies puede ser el mejor regalo que un hombre pueda hacerle a una mujer (en este momento de su vida). Después, no deben, en ninguna circunstancia, sugerirle ni pedirle que hagan el amor."

"Contratar una terapeuta masajista que venga a casa a darle un masaje sorpresa."

"Un día, me levanté junto con los niños y le dejé una nota indicándole que me los llevaría hasta por la tarde. Quedó encantada."

"Una vez, en su cumpleaños organicé una fiesta con todas sus amigas. Ella le dirá que no lo desea. Pero, puede confiar en mí, realmente le fascinará. Eso sí, usted debe ser el que la organice y limpie la casa después."

"A veces, contrato una niñera. Llegué a la conclusión de que no necesitamos un código especial para llamarlas. Contratar ocasionalmente (o regularmente, si pueden darse el lujo) una niñera, es una de las inversiones más productivas que se pueden hacer en un matrimonio. En una oportunidad, contraté una sólo para que tuviera tiempo para sí misma. ¡Eso la dejó fascinada!"

"Le digo que es atractiva. Y lo es. Es inteligente. Es hermosa. Aun me siento un hombre muy afortunado. A veces, pone cara de incredulidad, pero sé que aun le gusta que se lo diga. ¿Por qué lo sé? Porque los hechos son más elocuentes que las palabras, amigos."

"Todos necesitamos refuerzo positivo, en especial los hombres. Para fortuna nuestra, normalmente lo obtenemos en la oficina, en el hogar, etc. En la mayoría de los casos, las mamás que permanecen en la casa no lo reciben, y según he oído, puede ser devastador para sus psiquis. Por consiguiente, me encargo de dárselo. La hace feliz. Y ¿saben qué? No cuesta nada y produce grandes dividendos."

¡Deja de Darme Palmaditas en el Hombro!

Los oímos golpear, pero no pueden entrar. Los hombres nos dijeron que se han esforzado por explicar en todas las formas a sus esposas lo que significa para ellos hacer el amor, pero hay una forma de comunicación que suelen utilizar y es muy ineficiente. Cuando nos "piden" no con palabras, sino con *la Palmadita en el Hombro de las Diez de la Noche* e insisten en "pedirlo" una y otra vez, no les va a dar resultado. Las mujeres consideran esa actitud como un gesto impositivo, no como una expresión tácita de amor y ternura. Sería mejor encontrar las palabras correctas para expresarlo. Hablen con sus esposas y pregúntenles, con verdadero interés, qué tal fue su día. De lo contrario, estarán reduciendo el acto sexual a algo puramente físico. A las mujeres no les gusta que el sexo sea algo mecánico. (Mucho menos sentirlo como algo que tienen que hacer porque se les ordena que lo hagan veinticuatro horas después de que han dicho, "Esta noche no"). Sus esposas son mujeres inteligentes, interesantes, a quienes todavía vale la pena cortejar.

"Sólo Hágalo" para los Hombres

"Dividimos las tareas domésticas milimétricamente, mitad y mitad, porque mi esposa también trabaja tiempo completo. Me dice que puedo ser el amo en la alcoba porque soy también el amo en la cocina. Me encargo de preparar casi todas las comidas y comprar todas las provisiones. También me encargo de casi toda la limpieza. Recojo el reguero que dejan los niños y me encargo de las cosas cuando ella sale de viaje de negocios. No es gran cosa. ¿Y saben por qué? Porque aun hacemos el amor dos veces por semana, por eso. Pero también sé, por experiencia, que si ese equilibrio se pierde, lo mismo ocurrirá con nuestras relaciones sexuales. A veces la balanza se inclina a favor de ella, entonces yo entiendo cómo se siente cuando dice que está demasiado cansada para hacer el amor."
—*Greg, 10 años de matrimonio, 3 niños*

De todas las parejas con las que hablamos, aquellas en las que el esposo se encargaba habitualmente de dos o tres de las principales tareas domésticas, hacían el amor con más frecuencia. Con mucha más frecuencia, de hecho. Lo que es más, las mujeres se mostraban mucho más entusiastas al respecto. Como nuestra amiga Susan, cuyo esposo trabaja desde la casa y se encarga de cocinar para la familia, *además* de llevar todos los días los niños al colegio, y quién nos informó, "Digamos que ahí no tenemos ningún problema, si saben lo que quiero decir." ¿Oyen bien? ¿Se encarga de preparar casi todas las comidas? ¿Lleva todos los días los niños al colegio? Imagínenselo—ella tiene mucha más energía y entusiasmo para hacer el amor. Claro está que su esposo es sueco, pero tal vez esos suecos saben algo que nosotras ignoramos.

Hemos recomendado que las mujeres adopten la actitud de "simplemente hacerlo" cuando se trata de hacer el amor. Estar de ánimo para hacerlo no siempre debe ser un requisito previo para tener relaciones sexuales. De igual forma, los hombres deben adoptar una actitud similar en cuanto a algunas de las pesadas tareas domésticas que se han acostumbrado a que sus esposas realicen. Los niños que viven en esa casa son también suyos. La casa es también la suya. Si ayudan en la cocina obtendrán los beneficios en la alcoba.

Redefinir el Cortejo

El comportamiento previo al acto sexual en sí tiene que ver ahora, en su totalidad, con aligerar la carga del trabajo de su esposa. Ayudarla a conservar su energía para que tenga algo de reserva para usted. Preparar la comida. Bañar a los niños. Levantarse de vez en cuando en la noche. Sabemos que nada de esto es tan divertido como soplarle a ella la nuca, pero créannos, son actitudes mucho más efectivas. *La intención es lo que vale.* Cada vez que se preocupan por ayudar a su esposa con algunas de las tareas domésticas, *especialmente sin necesidad de que ella se lo pida*, hacen que les sea más fácil sentirse sensual y atractiva. *El resultado final es: colaboren, si quieren que sus esposas estén dispuestas.*

"¿Cómo le Ayudará esa Actitud en la Alcoba, Amigo?"

Cuando les sugerimos a los hombres la Nueva Definición del Cortejo como estrategia para hacer el amor con más frecuencia, pudimos ver como todos, incluso aquellos que realmente contribuyen en forma sustancial, comenzaron a fruncir el ceño y a hacer gestos. Algunos se precian de lo poco que trabajan en el hogar. Uno de ellos alardeaba de nunca haber cambiado un pañal sucio. Otro le dijo a su esposa, antes de que tuvieran hijos, que nunca se encargaría de cuidarlos ni de realizar las tareas del hogar, y que sólo podría tener hijos si ella aceptaba ese acuerdo. Pedir a algunos hombres que laven los platos es como pedirles que se hagan un tratamiento de conducto. Se quejan. Gimen. Empiezan a buscar a alguien a quien delegarle el trabajo. Y también hay otros que, cuando la esposa los deja solos con los hijos, se quejan de lo duro que es, pero luego, cuando su esposa vuelve a casa, le dicen que todo fue muy fácil.

A todos estos hombres, les decimos, "¿cómo le Ayudará esa Actitud en la Alcoba, Amigo?" ¿Qué pretenden en último término? Dejen de ser los machos grandes y malos. Si sus esposas se están esforzando por satisfacerlos en la alcoba, con todas sus artes, al menos ustedes pueden hacer un esfuerzo sincero por ayudarlas en la cocina horneando una carne. Los hombres que se casan con mami, pueden sorprenderse cuando, de pronto, se dan cuenta de que ya no *los* están cuidando, porque han tenido un hijo. Querido, Ahora Mami Tiene un Nuevo Bebé, y Mami Está Cansada.

Unas Palabras Sobre el Momento Adecuado: La Noche Puede no Ser el Momento Adecuado

No hay que subestimar la importancia del momento. Es posible que para algunas mujeres el final del día sea el momento perfecto. Para la mayoría no lo es. Están agotadas, en todo sentido, y sólo pensar en tener que reactivarse cuando lo único que quieren es descansar, es parte de la razón por la cual no están dispuestas a hacerlo. Algunas nos dijeron que les interesa mucho más el sexo en las primeras horas de la mañana, cuando aún no han entrado en la Modalidad de Mamá, antes de que sus mentes se vean invadidas por pensamientos relacionados con los niños. Es posible que apenas estén despertando de algún sueño interesante. Ensayen a poner el despertador media hora más temprano. A otras les gusta el placer de los sábados por la tarde, cuando los niños están ocupados con la niñera electrónica. Una de nuestras amigas nos dijo que le gusta que su esposo la despierte a medianoche. (Entre gustos no hay disgustos, pero sería mejor que le preguntara a su esposa si le agrada o no antes de intentar este último sistema. Interrumpir su precioso sueño podría proporcionarle un labio hinchado).

> "¿Cuál es el resultado? Sólo recuerde cómo eran las cosas cuando comenzaron a conocerse en esos primeros meses de noviazgo. Es algo imposible de repetir (y al mismo tiempo conservar el trabajo, criar una familia, etc.), pero no es tan difícil de imitar."
> —*Josh, 8 años de matrimonio, 3 niños*

La Misma Historia, el Mismo Planeta

La siguiente es la forma como esa escena entre Kevin y Janet se hubiera podido desarrollar, con unas pocas correcciones:

Kevin: "Pensaba en Janet mientras venía en el avión camino a casa. Últimamente he tenido que viajar mucho y nos hemos visto muy poco. Además, claro está, me pregunto si estará dispuesta para más tarde—después de todo, han pasado ocho días, cinco horas y veintiocho minutos desde la última vez que hicimos el amor. Cuando llegué a casa, me recibió con un gran abrazo, por lo que comencé a sentirme optimista. Pero, ni siquiera me había podido quitar la corbata cuando empezó a decirme la 'lista de cosas' que debía hacer: '¿Quieres bañar a los niños? ¿Te acordaste de llamar al banco? ¿Recogiste la ropa en la lavandería?' No fue la mejor de las bienvenidas, pero se veía agotada, por lo que simplemente llevé a los niños al segundo piso y me puse a trabajar."

Janet: "Para mí fue un alivio que Kevin volviera a casa.

¡Por fin, alguien me ayudaría! Llevó los niños al segundo piso, los bañó, los acostó y todo lo demás, mientras yo me dispuse a arreglar la cocina y lavar la loza de la cena. Podía oírlos reír y corretear allá arriba y entonces pensé 'La loza puede esperar' y subí a unirme a la diversión.' "

Kevin: "Estaba allí, jugando con los niños cuando de pronto apareció Janet. Me abrazó y me dijo, 'Eres un papá fantástico y te adoro.' Me sentí como un millón de dólares. Había tenido un día de trabajo horrendo. Esto es lo que hace que todo valga la pena. Más tarde, estoy allí, esperándola en la cama. Por último llega. Es como si, '¡Ah, llegó mi mujercita!' Pero tenía algo pegajoso en el pelo."

Janet: "Joey se mojó en sus pantaloncillos de niño grande tan pronto como lo acosté, y el bebé me vomitó—otra vez—después de tomar el biberón. Después de limpiar todo ese horror, no tuve fuerzas ni siquiera de cambiar mi blusa manchada y vomitada. Por último, me dejé caer en la cama y entonces Kevin empezó a molestar. Me dijo, 'Oye, amor, eres hermosa—pero, ¿qué es eso que tienes en el pelo?' Yo sé que es vomito—y no me siento ni mucho menos hermosa, pero me encanta que me lo diga de todas formas. También me fascinó que me hiciera reír después de un día como el que había tenido. Trató de acercárseme pero lo detuve antes de que iniciara la secuencia del lanzamiento. 'Sé que ha pasado algún tiempo. Por favor, te lo suplico, ¿podríamos esperar hasta que amaneciera? ¿A qué hora sale tu vuelo? Está bien, tenemos una cita. Pon el despertador.' Me enrosqué a su lado, cosa que, debo admitirlo, no había hecho en mucho tiempo, y me sentí muy bien."

Kevin: "Bueno, no es lo mejor, pero, está bien, vale la pena. Me pregunto si la podré llevar conmigo a Phoenix la próxima vez. No será necesario conseguir un Spank-o-Vision. O tal vez quiera inclusive verlo conmigo… *bow chicka wow wow…*"

CINCO

La Familia Política y Otros Parientes

Lo Bueno, lo Malo y lo Feo

"La felicidad es tener una familia grande, cariñosa, que se preocupe por nosotros, muy unida, que viva en otra ciudad."

—*George Burns*

¿Cuántas personas le hicieron el comentario "cuando te casas lo haces con la familia," antes de casarte? Cuando los planes para el matrimonio adquirieron vida propia, comenzaron a entender lo que eso significaba, ¿no es cierto? ¿Llegaron a pensar que la decisión de si debían sentar al Tío Walter al lado de la Prima Lola requería las habilidades diplomáticas del Secretario General de la ONU? Esperen y verán lo que se requiere para manejar la dinámica de todos los parientes cuando tengan un bebé.

Es una paradoja más de la paternidad. Por una parte, la paternidad nos impulsa a volver a nuestras familias. Podemos unirnos más y establecer una mejor relación con nuestros padres. Por otra parte, nos exige entrar de una vez por todas en la edad adulta y hacer que nuestra nueva familia sea la prioridad más importante. Por lo general, se trata de una transición poco sencilla.

Éste capítulo trata del profundo cambio que se produce en nuestras relaciones familiares con la llegada de un bebé y de cómo estos cambios, a su vez, afectan nuestros matrimonios. A veces son cambios maravillosos; a veces no lo son.

Los cambios pueden ser muy positivos. Pueden ser una verdadera Fiesta de Amor. Tener hijos nos permite desarrollar una relación más estrecha, no sólo con nuestras propias familias, sino con toda una serie de personas que desempeñan un papel importante en el desarrollo de una *niñez gozosa y feliz* para nuestros hijos. ¿Qué niño no se beneficia de contar con otro par de manos que aplaudan cada uno de sus nuevos logros, de tener otras rodillas sobre las cuales sentarse, otra persona que le cuente cuentos, otro adulto que lo adore?

> "Mis relaciones con mis padres han mejorado desde
> que tuve los niños. Siempre fueron buenas, pero ahora
> son aun más importantes para mí. Hablamos al menos
> una vez al día y siempre están dispuestos a ayudarme.
> Estoy muy agradecida con ellos y aprecio realmente la
> influencia positiva que tienen en las vidas de mis hijos.
>   —*Hope, 9 años de matrimonio, 2 niños*

> "No puedo creer que esté diciendo esto, después de que
> nació Ellie, cambió totalmente el concepto que tenía
> de mi suegra."
>   —*Bob, 5 años de matrimonio, 1 niño*

El Tira y Afloja Entre las Familias

Por otra parte, las cosas pueden ser peores. Como pareja, podemos encontrarnos en el centro de una de Guerra Entre Familias, en la que cada una de ellas quiere ser la protagonista mientras que los abuelos de lado y lado quieren controlarlo todo. Hasta la pareja más paciente puede terminar adoptando una actitud hostil—"Los niños pasan más tiempo con tus padres que con los míos"—ya sea porque queremos estar en paz con nuestros padres o porque realmente nos sintamos defraudadas porque nuestro cónyuge se ha unido a su familia para tirar de la cuerda.

> "Mi esposa quería vivir cerca de sus padres, por lo tanto, nos mudamos. Es muy bueno tenerlos cerca para que nos ayuden, pero aún no entiendo muy bien en que parte de la ecuación estoy yo. Cambié de trabajo, no tengo amigos. Vemos a su familia casi a diario mientras que a la mía la vemos sólo un par de veces al año. No soy el jefe del hogar. Soy sólo un amigo de su familia."
> —*William, 8 años de matrimonio, 2 niños*

A a las Cavernas... (De Nuevo)

Antes de analizar el impacto de nuestras familias políticas y parientes en nuestros matrimonios, hagamos una pausa y preguntémonos, *¿Por qué actuamos así cuando nace un bebé?* ¿Por qué tantos de nosotros nos acercamos de nuevo a nuestras familias? ¿Por qué tantos de nuestros padres, hermanos, parientes políticos y demás miembros de la familia parecen perder el control cuando aparece un bebé en escena?

Como pueden imaginar, atribuimos ese comportamiento menos que perfecto (el nuestro o el de los demás) a nuestra composición biológica. Como ya lo hemos dicho, tener hijos nos puede enviar rápidamente de vuelta a las cavernas. Y, ¿saben quiénes nos esperan allí? Todos los miembros de nuestras correspondientes familias. La raíz de toda esta tensión posbebé radica en el hecho

de que cada persona tiene un deseo innato de maximizar su influencia en el legado genético. Es una forma sofisticada de decir
que todo el mundo quiere reclamar su derecho sobre el bebé.

Piénsenlo. ¿Cuál es la pregunta más frecuente inmediatamente
después de que nace un bebé? (Después de preguntar "¿Cómo están todos?") Correcto. "*¿A quién se parece?*" Parece una pregunta
bastante inocente, pero es, en realidad, la pregunta más explosiva
de todas. ¿No es cierto que todos tenemos el deseo secreto (o no
tan secreto) de saber que es igual a nosotros? El marido de Cathy
es indio y ella quedó fascinada de ver que su hija había nacido con
un pequeño lunar, como una peca, en una de sus nalgas. En sus
propias palabras, Cathy dice que Kate llegó al mundo con el sello
de "irlandesa" estampado en su colita. Cada familia tiene su propia versión del juego de "¿Se parece a los O'Neill o a los Kadyan?"
Nuestra amiga alemana Carolyn nos dijo, "Mi suegra decía, 'Veo
ahí un poquito de café. Definitivamente, tendrá ojos café.' Mi hija
tiene ya dos años y sus ojos son azules como el cielo. Pero mi suegra cree que su lado italiano de la composición genética va a salir
victoriosa, en último término."

La forma como nos relacionemos con nuestros cónyuges o con
nuestras familias políticas depende también de la composición de
nuestro cableado interno. Como padres, solemos recurrir a nuestras familias en busca de consejo y apoyo emocional. En esta
época muchos desarrollamos una relación más estrecha y cariñosa
con nuestros padres y hermanos (a veces también con nuestras
familias políticas). Nos sentimos agradecidos, de una forma totalmente diferente, con nuestros padres y nos encanta compartir con
ellos los primeros años de vida de nuestros hijos.

Sin embargo, el lado negativo es que esto puede dar lugar a
una competencia entre marido y mujer. Queremos asegurarnos de
que nuestros hijos tengan el suficiente contacto con *nuestra* familia, y que *nuestra* familia (es decir, nuestros genes) tenga en ellos
una gran influencia, por no decir que una influencia mayor que la

de la familia de nuestro cónyuge. Además, queremos que quede
muy claro el orden de los afectos. Nos volvemos más protectores
en lo que se refiere a "lo nuestro"—nuestros hijos, nuestro cónyuge, nuestra forma de hacer las cosas—y luchamos desenfrena-
damente si vemos que esas posesiones nuestras están amenazadas.
Nos disgustamos sobremanera si nuestro esposo/esposa no ve las
cosas como las vemos nosotros/nosotras.

Aspectos Relacionados con la Pareja
(Lo que Todo esto Significa para Ustedes Dos)

Los cambios sutiles, y no tan sutiles, que se producen en la dinámica familiar pueden dar origen a una considerable tensión entre
marido y mujer. De hecho, *el principal problema no es que podamos
tener desacuerdos con nuestros padres o nuestros suegros; el problema
es que los parientes, de lado y lado, pueden hacer que la pareja tenga
desacuerdos.* Claro está que, como ocurre con todo en la vida, no
se trata de lo que nos ocurra, sino de cómo reaccionemos ante las
situaciones.

Casi todas las parejas con las que hemos hablado tenían uno o
dos desacuerdos vigentes y unas pocas parejas desafortunadas estaban pasando por desacuerdos cercanos al divorcio. La mayoría
de los conflictos (sí, lo admitimos, hemos tenido algunos) se cen-
tran en lo siguiente:

- El Orden de los Afectos

- La Interferencia

- La Capacidad de los Abuelos

- La Igualdad de Acceso

El Orden de los Afectos

"Mi esposa está casada con su madre. Es a ella a quien
le consulta en primer lugar todas las decisiones
importantes, y luego me notifica lo que hemos
decidido."

—*Duane, 11 años de matrimonio, 3 niños*

A nivel intelectual, sabemos que debemos poner en primer lugar
a nuestro cónyuge. (Hmmm. ¿No fue eso lo que prometimos
cuando nos casamos? Suena muy familiar). Todos queremos saber
que ocupamos el primer lugar en el corazón de nuestro cónyuge.
En muchos aspectos, establecer las prioridades de nuestra nueva
familia sobre la familia original es el último paso para entrar en
la vida adulta. Además, para la mayoría, es una decisión difícil.
No es fácil decirles a papá y a mamá que no intervengan, a pesar
de las veces que lo hayamos hecho (o qué hayamos querido hacerlo) en la adolescencia.

"Mi madre no sabe de límites. Siempre quiere venir a
visitarnos y no entiende que esto interfiere con
nuestro tiempo de familia los fines de semana, el
único tiempo que tenemos para estar juntos, dado que
trabajo tiempo completo. Esto ha creado un verdadero
problema entre mi esposo y yo. Él me dice, 'Debes
imponértele,' y yo intento hacerlo, pero no es fácil."

—*Anita, 9 años de matrimonio, 4 niños*

No se trata sólo de saber cuándo decir a nuestros padres (en forma
respetuosa) que nos dejen en paz. Se trata también de saber disponer de nuestro tiempo. Porque cuando nos convertimos en padres, el tiempo es nuestra posesión más preciada. El tiempo que
dediquemos a nuestras respectivas familias es una clara indica-
ción de quién ocupa el primer lugar. Nuestra amiga Hillary hizo
el siguiente comentario al respecto:

"Mi esposo ayuda a su padre a manejar su dinero, por
lo que suele hablar con él por teléfono todas las
noches. Tal vez yo no sea muy comprensiva pero,
realmente, me disgusta que le dedique tanto tiempo a
su padre cuando tenemos tan poco tiempo para estar
juntos. ¿Dónde quedamos las niñas y yo?"

Claro que hay momentos difíciles en la vida cuando nuestros
padres nos necesitan y merecen que les prestemos atención, en
especial si son ancianos o están enfermos, pero, por lo general,
si damos más importancia a nuestra "antigua" familia que a la
"nueva" será como decirle a nuestro cónyuge "No eres mi prioridad más importante. Ellos lo son." Aunque en la mayoría de los
casos no es eso lo que pretendemos, esto puede tener un efecto
devastador. Hay pocas cosas más dolorosas que pensar que la
persona con quien compartimos la vida no nos tiene en primer
lugar.

Interferencia

Los desacuerdos relacionados con los abuelos (o con el grupo de
parientes en general) con tendencias intervencionistas, están es-
trechamente relacionados con la aceptación del orden de importancia de los miembros de la familia. Los abuelos, en especial,
tienen un sentimiento especial de propiedad, creen tener un cierto
derecho de participación que los hace aferrarse al territorio de sus
hijos y nietos. Interfieren y, Dios no lo quiera, dan su opinión sin
que nadie se la pida:

"Mi suegra pensó que yo no había enviado lo
suficientemente pronto las notas de agradecimiento
por la primera fiesta de cumpleaños de mi hija y
decidió hacerlo por su cuenta. Las escribió todas a
mano y las firmó con el nombre de nuestra niña, puso

nuestra dirección en el remitente y condujo 20 kilómetros hasta el pueblo donde vivimos para que los sobres tuvieran el matasello postal de ese lugar—todo esto sin decirme ni una palabra, me enteré porque una amiga me lo comentó."

—*Tina, 8 años de matrimonio, 2 niños*

"Mis padres no están de acuerdo con mi decisión de trabajar tiempo completo. Mi papá dice, 'Para Jamie es muy duro que tú trabajes, me dice que realmente le hace falta su mamá.' "

—*Kristin, 6 años de matrimonio, 1 niño*

"Mi suegro no deja de mandarme por e-mail artículos sobre la obesidad de los niños. Piensa que nuestra hija de once meses está demasiado gorda. Es una bebé redondita y adorable."

—*Beatrice, 9 años de matrimonio, 2 niños*

Vivir y dejar vivir no es el lema de todos los abuelos. Por lo general, sus intenciones son buenas, pero dan consejos o, simplemente, proceden a hacer lo que piensan que es mejor. El problema de la pareja está en decidir qué ocurre cuando uno de ustedes está de acuerdo con el infractor y el otro no. Dado que la mayoría de nosotros tiene una capacidad de tolerancia mucho mayor cuando se trata del "mal comportamiento" de nuestros propios padres que el de nuestros suegros, son muchas las oportunidades para que surjan desacuerdos.

"Janet piensa que es fantástico que su madre ayude tanto. Y lo es. Pero no sabe cuándo dejar de hacerlo. Llama el sábado por la mañana y tiene ya todo el día programado, ir a cine con los niños, o lo que sea. Es difícil decirle que no, pero sólo quisiera que nos dejara tranquilos o que, al menos, primero nos preguntara si ya tenemos planes propios."

—*Kevin, 8 años de matrimonio, 3 niños*

También es un problema cuando la presencia de los suegros influye en el comportamiento del cónyuge:

> "Cuando sus padres vienen, me doy cuenta de que mi
> esposo cambia. Es más estricto con los niños, se
> asegura de que se comporten bien. Está mucho más
> tranquilo cuando estamos solos."
>
> —*Melanie, 9 años de matrimonio, 2 niños*

> "Cuando viene mi suegra a quedarse con nosotros,
> Danny se convierte en un perezoso absoluto. Permite
> que ella haga todo lo que supuestamente él debe hacer
> en la casa. Es ella quien lava la loza, recoge a los niños
> y les lava la ropa. Se convierte en el amo del hogar. Sé
> que le encanta que ella lo mime, pero me enfurece.
> Ahora es papá y tiene que dejar de comportarse como
> el bebé de su mamá."
>
> —*Mary, 5 años de matrimonio, 2 niños*

La Capacidad de los Abuelos

En algunos casos, uno de los cónyuges piensa que uno de los abuelos es perfectamente capaz de cuidar a los niños, mientras que el otro no le confiaría ni siquiera el cuidado de su mascota. Cuando hay diferencia en las normas de lo que los abuelos pueden o no pueden hacer, es inevitable que haya desacuerdos.

> "Creo que mis suegros son descuidados. Es un
> problema de seguridad. Mi suegro permite que los
> niños brinquen sobre la cama cuando el ventilador
> del techo está encendido y deja los cuchillos sobre
> el mesón de la cocina con los mangos hacia afuera.
> Mi esposo no entiende por qué me molesto tanto y
> no me apoya cuando le digo a mi suegro que eso
> es peligroso."
>
> —*Helen, 11 años de matrimonio, 3 niños*

La Pregunta de "¿Qué Pasaría Si...?"

Las discusiones sobre las capacidades de los abuelos (y de otros miembros de la familia) pueden llegar a ser muy acaloradas, por no decir explosivas, cuando se trata de decidir quién debería encargarse de los niños en el caso desafortunado de muerte intempestiva de los padres.

> "Mi esposa vetó a mis padres porque mi papá tiene pistolas en la casa y una actitud muy tranquila hacia todo, con el concepto de que 'Los niños siempre actuarán como niños.' Tampoco quiero que sus padres se encarguen de educarlos porque su mamá es una mujer gritona, estilo hippie. Siempre que hablamos de eso terminamos peleando."
>
> —*James, 9 años de matrimonio, 3 niños*

La Igualdad de Acceso

Todos amamos a nuestras familias y tenemos hacia ellas un sentido de obligación. Nuestro cónyuge siente el mismo amor y la misma responsabilidad hacia su familia. Encontrar el tiempo para satisfacer los deseos de cada uno de estar con sus respectivas familias es un gran reto. A veces, es imposible lograr el equilibro adecuado:

El Infierno de los Días de Fiesta

> "Desde que tenemos niños, mi esposa insiste en que pasemos la Navidad con su familia y que participemos en sus tradiciones 'especiales,' que consisten en cenar en un mal restaurante italiano, ir a la ceremonia religiosa en el gimnasio de un colegio y luego jugar póker y beber escocés hasta la medianoche, con la senil abuela, madrasta del cuñado de mi esposa. Genial."
>
> —*Bruce, 8 años de matrimonio, 2 niños*

Decidir dónde pasar las vacaciones puede ser, por decir lo menos, un problema. Todo el mundo pretende que las pasemos con ellos. Ese valioso y corto tiempo de vacaciones tiene que repartirse para que todos queden contentos. La mayoría procuramos rotar las visitas, en teoría, suena sencillo, pero en la práctica puede ser muy complicado.

> "Antes procurábamos repartir el tiempo entre las dos familias cuando íbamos a visitar a nuestros padres a Chicago, pero eso significaba pasar tres días con mis suegros y tres días con mis padres. Cuando llegaba el momento de irnos, mamá decía 'Ay, ¿no se pueden quedar un par de horas más para ver a la tía fulana?,' entonces, nos sentíamos mal, y comenzábamos mirar el reloj, sabiendo que tendrímos problemas con la familia de mi esposa. Se llega a un punto en el que ya no queremos volver."
> —*Thomas, 11 años de matrimonio, 1 niño*

Y si los padres de alguno de los dos están divorciados y hay padres adoptivos en el plan, es posible que las vacaciones tengan que repartirse por horas, en un esfuerzo por tenerlos contentos a todos.

> "Desde que mis padres se divorciaron, Ed y yo tenemos que ir a tres lugares distintos cada Navidad—en Nochebuena, en la mañana de Navidad, y en la noche de Navidad—para asegurarnos de cubrir todas las bases."
> —*Janice, 5 años de matrimonio, 1 niño*

La Rivalidad Entre los Abuelos o La Lucha Entre las Abuelas
El problema de igualdad de accesos empeora cuando hay competencia entre los abuelos. Claro está que la mayoría de ellos se entienden a la maravilla y crean amistades profundamente arraigadas, con base en el amor que sienten por sus nietos. Pero algunos ven a la otra pareja de abuelos como "la oposición." De hecho, quieren

ser los *Abuelos Alpha*. Quieren tener mayor influencia que los otros sobre los nietos. Como resultado, algunos no saben, o no quieren, compartir y comienza la batalla por el estrellato.

El Campeonato por el Título

A veces la batalla comienza inclusive antes de que nazca el bebé. Nuestra amiga Tina nos contó que su madre reclamó los derechos exclusivos sobre el título de "Abuelita," cuando el bebé estaba todavía *in utero*. La abuela paterna aceptó generosamente y dijo que el bebé la podía llamar "Tita o Nana," pero sólo mi mamá podía recibir el título de "Abuelita."

La Batalla por el Espacio de Pared y de Piso

¿Alguna vez ha hecho una auditoría de abuelos en su hogar? ¿Ha contado cuántos regalos ha recibido de cada pareja de abuelos o el número de fotografías en los que aparecen? No, claro que no. Tiene otras cosas más importantes que atender. Pero muchos abuelos sí lo hacen. Saben exactamente cuánto espacio de pared y de piso ocupan. Se nos ha dicho, de primera mano, que hay abuelas que envían por correo elegantes fotografías de ellos mismos a sus nietecitos. Sandy nos dijo que en una oportunidad volvió del trabajo a casa un día para encontrarse con que su suegra había cambiado algunas de las fotografías de sus padres por fotografías de ella. Y no se trata sólo de las fotografías de los abuelos. Según nos dijo George, "Hay que asegurarse de que los abuelos tengan las mismas fotografías de los niños, o de lo contrario, comenzarán los reclamos, 'Oye, ¿por qué tienen ellos esa fotografía que nosotros no tenemos?' "

La rivalidad por las fotografías es sólo comparable a la antigua y respetada tradición de *Los Regalos Esporádicos de los Abuelos*. "Si mi mamá viene y ve que la mamá de Brad ha comprado una Barbie para las niñas, viene al día siguiente con vestidos para cada una de ellas. Es absurdo. En la casa ya no caben más juguetes," dice nuestra amiga Kyra.

La Lucha entre las Abuelas

La Batalla por Estar con los Niños

La competencia de regalos y fotografías es algo que, en la mayoría de los casos, se puede resolver fácilmente. Si los abuelos quieren gastarse toda su pensión contratando fotógrafos y comprando juguetes, allá ellos. La batalla por estar con los nietos es mucho peor:

"Lo que no puedo soportar es la 'pesca.' Detesto cuando mis suegros, que están divorciados, empiezan su 'pesca' para ver si la ex, o el ex, según sea el caso, pasa más tiempo con nuestros niños. Es otro juego de mico en el centro, y adivinen quién termina siendo el mico…¡yo!"

—*Alicia, 8 años de matrimonio, 2 niños*

Prepárense: Una Abuela Descontrolada

"Mi suegra, Bárbara, se pone muy celosa cuando mi mamá está con nuestra hija. Bárbara vive en la misma ciudad por lo que ve a Kaitlyn todo el tiempo. Mi mamá no. Cuando viene de visita, Bárbara llega como una exhalación. No permite que mamá esté un momento a solas con su nieta. La última vez que vino mamá a nuestra casa, oí que Bárbara decía, 'Si la vuelve a alzar una maldita vez más...' Perdón, ¿qué dijo? En otra oportunidad, mamá entró y encontró a Bárbara con Kaitlyn sobre sus rodillas, acariciándole el pelo como si estuviera acariciando un perro. Es todo un problema de propiedad. Como si estuviera marcando su territorio. Mi mamá tiene el mismo derecho que ella a ver a su nieta. Le he dicho a mi esposa que le diga que se distancie un poco...o yo lo haré."

—*Bobby, 7 años de matrimonio, 1 niña*

Acceso Exclusivo

Esa pequeña historia de horror deja en claro un punto, que se aplica a todos los que somos un poco más racionales. Los abuelos siempre quieren tener "tiempo" para estar con sus nietos. Es, sin duda, un deseo muy razonable y comprensible. Pero algunos abuelos no respetan ese tiempo de estar solos con los niños al que también tienen derecho los otros abuelos, lo que da origen a muchos dolores de cabeza para la pareja, que se ve atrapada en medio del conflicto. Danielle nos dijo lo difícil que había sido explicarles eso a sus suegros. "No es que no quieran estar con mis suegros en ningún momento. Son en realidad maravillosos. Es sólo que mis padres quisieran poder pasar algún tiempo sólo con los niños. Tengo miedo de decir cualquier cosa porque temo que mis suegros lo puedan malinterpretar."

CÓMO SE SIENTEN LAS MUJERES

Cuando las mujeres se casan e inician una familia, imaginan una relación de adultos, amorosa y respetuosa, con sus esposos, con sus padres, con sus suegros y con la familia en general. Para muchos de nosotros, es así como suceden las cosas. Tenemos grandes sentimientos de gratitud y aprecio por su ayuda, y nos agrada la influencia positiva que tienen en nuestros niños.

Pero, cuando hay problemas, estos pueden ser muy graves. En una oportunidad, Stacie mencionó de paso el tema en una actividad del colegio. Mientras sonaba la música de fondo, con la canción de "Las Ruedas del Autobús," varias mamás dejaron a sus niños a un lado para compartir sus historias familiares. Para las mujeres, éste es un tema muy importante. Pensamos que nuestra amiga Lisa dio en el clavo cuando dijo, "Sólo quiero saber que yo soy la número uno. Quiero saber que lo primero es nuestra familia. ¿Cómo puedo hacer para que me entiendan sin parecer antipática?"

La Leona y la Ley de la Jungla

Ya hemos escrito sobre los marcados instintos que acompañan la maternidad—lo que hemos llamado el *Efecto de la Leona*. La mayoría de las mujeres gozan al mostrar a su nuevo retoño a todos los demás con un gran sentimiento de orgullo. Sin embargo, los instintos de proteger y preservar el bienestar de los bebés también nos convierte en personas prevenidas, posesivas y, en una cierta forma, autoritarias, más propias del reino animal. *Esos bebés son nuestros.* En último término, la naturaleza nos ha encargado a nosotras, a nadie más, de velar por su seguridad, su cuidado y su supervivencia.

Ley Número Uno: Es MI Bebé

Las mujeres están totalmente dispuestas a permitir que todo el mundo participe en las actividades relacionadas con el bebé siempre que comprendan que, en último término, somos las mamás las que decidimos lo que hay que hacer. No porque nos guste mandar a todo el mundo a nuestro alrededor (está bien, a algunas sí nos gusta). Es porque, junto con nuestro esposo, somos los encargados de la paternidad. Tenemos la última palabra por lo tanto somos la máxima autoridad.

Efecto de la Leona

Por lo general, las tensiones que se producen después de que nace el bebé tienen sus raíces en la percepción de la nueva mamá, justificada o no, de que la abuela o el abuelo están invadiendo su territorio. Por mucho que amemos a nuestras familias, queremos que reconozcan el orden de los afectos. La mayoría de los abuelos sólo quieren ayudar (y, naturalmente, tomar en sus brazos al bebé). Desafortunadamente, su deseo de ayudar (y de tomar al bebé en brazos), por lo general, va en contra de nuestro deseo de hacerlo todo solas. Podemos percibir las más consideradas ofertas de ayuda como una amenaza a nuestra autoridad.

La Batalla por el Territorio

Claro está que algunas de las quejas de las mujeres son muy validas. Hay muchos miembros de la familia que traspasan los límites. Por ejemplo, la suegra de nuestra amiga Gretchen creía que todos los bebés debían haber aprendido a ir al baño para cuando tenían dos años. No dejaba de sermonear a Gretchen porque su niño de tres años seguía usando pañales. Una cosa es expresar una opinión, otra es dar un sermón cada vez que visitan. Invadir el territorio de una mujer es algo que, por lo general, nunca es bien aceptado.

> "Mi mamá compró la ropa de cama para el cuarto del bebé. Realmente yo lo quería decorar personalmente. Es mi bebé, mi pichón, mi nido. ¡No quiero que otros pájaros entren con materiales extraños al lugar donde depositaré mi huevo!"
> —*Alma, 7 años de matrimonio, 1 niño*

> "Mi suegra reorganizó toda mi cocina, inclusive puso rótulos en los frascos de los condimentos y los organizó por orden alfabético. ¿Cómo? ¿No es ésta mi casa? Creo que podría mudarme a otro lugar y ella podría mudarse aquí. Tal vez eso sería satisfactorio."
> —*Helen, 11 años de matrimonio, 3 niños*

Ley Número Dos: Yo Soy la Número Uno

Toda mujer, me refiero al menos a cada una de las que entrevistamos, quiere sentir que la familia que ha formado con su esposo sea la prioridad número uno. Cuando tenemos hijos, es indispensable que los hombres tengan esto muy claro. Esa necesidad se agudiza aun más cuando tenemos un bebé recién nacido. Por lo tanto, pocas cosas desagradan más a una mujer que ver que su esposo decida "mantener la paz" con sus padres en vez de apoyarla durante la monumental transición a la maternidad.

Prepárense: Viene Otra Historia de Horror

"Cuando tuve a mi primera bebé, mis padres esperaban fuera de la sala de maternidad. Yo quería que vieran de inmediato a Isabelle y quería, ante todo, ver a mi mamá. Pero mi suegra estaba a un par de horas de distancia del hospital cuando nació la bebé y mi esposo, Jason, decidió que nadie podía verla hasta que llegara su mamá. Hizo esperar a mis padres. Estaban furiosos con él. Yo estaba tan ocupada intentando amamantar a mi niña que no me di cuenta de lo que ocurría. Su mamá llegó y todos entraron al mismo tiempo a la habitación. Jason le entregó la niña primero a su madre. Mi mamá nunca se lo ha perdonado y a mi me tomó mucho tiempo poder hacerlo."

—*Candace, 11 años de matrimonio, 2 niños*

La historia de Candace es un caso extremo. Afortunadamente, no abundan los hombres como Jason. Pero la hemos incluido a modo de advertencia para demostrar los peligros de no reconocer el orden de los afectos.

Algo que hace que las mujeres levanten una ceja es que los maridos digan, "Bueno, mi mamá lo hacía así." La implicación es que nosotras deberíamos hacerlo igual. Esto sugiere que deberíamos practicar la "maternidad" como lo hacía su madre y nos hace sentir como si nuestro esposo no aceptara nuestra autoridad. Nuestra amiga Melissa dijo, "John dice cosas como 'Cuando era niño fui a la guardería, comí dulces, mi mamá siempre trabajó. Y no me pasó nada.' Cierto, no le pasó nada, pero eso no necesariamente significa que sea la conducta que yo deba adoptar con nuestros hijos."

También es importante para nosotras que nuestros *padres y suegros* reconozcan que lo primero es nuestro matrimonio. Algunas mujeres, como Anita, cuya madre no respetaba límites, nos contó cómo sus propios padres querían acaparar gran parte del tiempo de la familia. Otras nos dijeron que creían que sus suegros no se daban cuenta de lo importantes que eran ellas en la vida de su hijo. "*Soy su esposa*," es algo que las mujeres sienten con frecuencia que tienen que hacer entender a sus suegros, ya sea con delicadeza o golpeándolos en la cabeza con una viga de 2 x 4.

La Leona en Acción: La Dinámica Femenina

Aunque puede haber una considerable tensión a veces entre los hombres de la familia, parece, según los comentarios que recogimos, que gran parte de la tensión se desarrolla entre las mujeres y sus madres o sus suegras ¿Por qué? *La leona nunca deja de serlo.* El instinto maternal nunca muere. Con frecuencia las abuelas se sienten autorizadas a comentar acerca del cuidado del niño y el manejo de la casa porque en una época, ese fue su dominio. Sólo porque su hija o su hijo se hayan convertido ahora en padres no quiere decir que dejen de ser sus madres.

> "El día que llegamos a casa del hospital, le dije a mi esposo que fuera a la cocina a traerme una botella de agua. Mi madre me lanzó una mirada acusadora y dijo, '¿Sabes? Él también está cansado.' "
>
> —*Jill, 3 años de matrimonio, 1 niño*

Las Relaciones de Mi Esposo con Su Familia

Basta de Llamar al Regimiento de Caballería

"Pasar el tiempo con el abuelo no es lo mismo que
pasar el tiempo con papá. He discutido con mi esposo
al respecto. Su padre es su apoderado para desempeñar
las funciones de paternidad que le corresponden a mi
esposo."

—*Linda, 4 años de matrimonio, 1 niño*

Algunas mujeres se quejaron de que sus esposos no están muy
dispuestos a hacerse cargo de los niños sin los abuelos. "Mi esposo
tiene el número de teléfono de su madre siempre a mano. Si lo
dejo solo con los niños por más de una hora, su mamá viene como
un rayo," dice Charlotte. Algunas mujeres piensan que esto es
abusar de los abuelos. Otras temen que promueva un exceso de
intervención. Otras lo llaman *simplemente pereza*.

CÓMO SE SIENTEN LOS HOMBRES

"¿Qué cuál es el secreto de un matrimonio feliz? Qué
les parece esto: ¡mucho sexo y pocos suegros!"

—*Alan, 9 años de matrimonio, 3 niños*

"Mi papá dijo dos cosas acerca del matrimonio: 'Si
compras una casa, que esté lo más lejos posible de la
familia. Entonces, asegúrate de que tenga un
automóvil que funcione para que pueda viajar
constantemente en ambos sentidos.' "

—*Jay, 10 años de matrimonio, 2 niños*

La Ayuda es Ayuda

Los hombres están ansiosos de ayudar a sus esposas con el cuidado de los hijos o, para ser más exactos, *de encontrar ayuda* para

sus esposas. Con frecuencia no se dan cuenta de que su elección de ayuda es un problema y es muy común que no se preocupen por las tensiones potenciales. Nuestro amigo Tim nos dijo lo siguiente, "Pensé que se pondría feliz de que mi mamá la ayudara a cocinar y a limpiar. No sabía que eso la pondría tan disgustada." Por lo general, no se identifican realmente con la batalla territorial que se desarrolla entre las mujeres. Con mucha frecuencia, ni siquiera saben lo que está pasando, a menos que alguien se lo diga y les pida sus "buenos oficios" como pacificadores/mediadores.

Entre la Espada y la Pared

"Sólo quiero que todos estén contentos. ¿Qué impide que todos puedan estarlo?"
—*Brian, 6 años de matrimonio, 2 niños*

El papel de mediador no es uno que muchos hombres disfruten. Muchos nos dijeron que se sienten como si estuvieran entre la espada y la pared. Quieren satisfacer los deseos de sus padres de pasar algún tiempo con los niños, pero no quieren disgustar a una esposa que considera que sus suegros son un "reto." A medida que la malla de relaciones familiares se va enredando cada vez más, los hombres pueden frustrarse por la dificultad de negociar cada movimiento por pequeño que sea.

"Soy hijo único y mi padre murió hace un par de años, por lo que siento una enorme responsabilidad con respecto a mi madre. Cuando tuvimos nuestro primer hijo, mi esposa, Andrea, quería que pasáramos la Navidad en casa. Mi madre se negó a venir. Simplemente insistió en que pasáramos la Navidad sentados 'a su mesa,' como siempre lo habíamos hecho. Tratamos de llegar a un acuerdo: el desayuno en casa de mamá y la cena en nuestra casa. Durante todo el desayuno, mamá se lamentó de que iba a pasar esa

noche sola y que tendría que cenar sin ninguna
compañía. Luego, mientras regresábamos a casa,
Andrea se puso furiosa conmigo porque no le dije a
mi mamá que dejara de quejarse y que a cenar con
nosotros, sin crear tanto problema."
—*Daniel, 11 años de matrimonio, 3 niños*

Se Trata del Control
(¿Qué les Parece?)

La Versión Masculina de la Batalla por el Territorio

Sin embargo, siempre que haya tensión, surge el eterno problema:
"¿Quién manda aquí?" Al igual que las mujeres (quizás más aun,
dada toda esa testosterona), los hombres necesitan saber que también ellos son el número uno en el orden de los afectos. Algunos
dicen que se sienten inservibles, especialmente durante la etapa
neonatal, donde la mujer toma el control del hogar y comienza a
dar instrucciones. Como nuestro amigo David, quien dijo, "Nadie
parecía interesado en conocer mi opinión acerca de lo que pensaba que deberíamos hacer con el bebé."

Pisotean Mi Hombría

Si bien el papá no va a sentir que su autoridad está amenazada
cuando el abuelo sugiere que los niños necesitan un corte de pelo
(la mamá, por otra parte, se preguntará si está sugiriendo que
ella los ha descuidado), hay ciertas áreas en las que los hombres
quieren mantener el control o, al menos, su derecho a ser consul-
tados.

"Mi suegra le compró a nuestros hijos su primera
bicicleta, y eso fue simplemente pisar mi hombría. Hay
ciertas cosas que el hombre quiere hacer."
—*Anton, 9 años de matrimonio, 2 niños*

"Tiene que ser cosa de hombres...uno de mis hermanos
le iba a enseñar a Charlie a jugar ajedrez y mi esposo
se puso furioso. Le dije, '¿Qué tiene de malo? ¡Tú ni
siquiera sabes jugar ajedrez!' Bien, ¿saben qué hizo?
Fue y aprendió a jugar ajedrez y luego le enseñó a
nuestro hijo."

—*Gwen, 11 años de matrimonio, 3 niños*

Es cosa de hombres...no lo entendíamos, pero nuestros esposos
estuvieron todos de acuerdo y supieron exactamente de qué habla-
ban estos hombres. Evidentemente, los hombres tienen muy claro
lo que debe hacer un padre y es mejor que todos los demás nos
hagamos a un lado. Para algunos se trata de saber jugar ajedrez,
para otros, será el primer partido de béisbol, o ser el entrenador
de un equipo de fútbol. Cada uno tiene su propia lista de lo que
cree que debe ser prerrogativa del papá.

SECCIÓN ADICIONAL:
LO QUE SIENTEN LOS ABUELOS

"Todos deberían poder simplemente pasar por alto esa
etapa de crisis de la paternidad. De lo que realmente se
trata es de llegar a ser abuelos."

—*Stan, 30 años de matrimonio, 3 hijos, 5 nietos*

Adoramos Esos Niños

"El día más feliz de mi vida fue el día que nació Kate, el
día que me convertí en abuela."

—*Krishna, suegra de Cathy, 38 años de*
matrimonio, 2 hijos, 2 nietos

"Cuando los nietos nos abrazan, son completamente
sinceros—uno lo sabe. Es de verdad. El amor que

recibimos de los nietos es uno de los amores más
puros que existen. Es incondicional."
—Lou y Julie, padres de Julia, 42 años de
matrimonio, 2 hijos, 3 nietos

Adoran esos niños. Quien iba a saber que (nosotras tres y todas
ustedes) estamos criando la generación más inteligente, más hermosa, más talentosa en la historia del mundo) al menos, eso sería
lo que pensaríamos si habláramos con cualquier abuela o con
cualquier abuelo acerca de sus nietos. Nuestros propios padres y
nuestros suegros se vuelven locos por nuestros niños. No esperan
nada (excepto unas pocas destrezas). Lo único que hay es un de-
rroche de amor.

Además de estar locamente enamorados, los abuelos tienen el
profundo deseo de la inmortalidad, el deseo de dejar una marca
en su legado genético. Como lo expresara la madre de Megan:

"Cuando nos hacemos viejos, y vemos a los nietos y
sabemos que, Dios mediante, seguirán viviendo por
mucho tiempo después de que hayamos muerto,
sentimos que son el medio por el cual podemos dejar
una huella de nuestro paso por la tierra. Queremos
dejar en ellos una impresión que los haga recordarnos
para siempre. Es algo casi imperativo."

Por lo tanto, quieren estar con sus nietos. Quieren trasmitir las
tradiciones familiares. (En el caso de la familia de Julia, "tradición" significa una obsesión por el equipo de fútbol de la Universidad de Texas). Quieren tener la mayor influencia posible en el
desarrollo del niño.

Algunos abuelos nos dijeron que ser abuelos les da la oportunidad que nunca tuvieron la primera vez de dedicar tiempo de
calidad a la familia:

"Cuando nos convertimos en padres y formamos
nuestra propia familia, nuestra primera experiencia es

de shock, y sólo ocasionalmente podemos darnos
cuenta de esa valiosa sensación de asombro. Durante
diez años, tuve tres empleos y soporté una carrera tan
inestable como la de ser piloto de Eastern Airlines. En
esa época, se trataba de sobrevivir y prepararse para
dos matrículas universitarias. No pude dedicar mucho
tiempo a mi familia. Me perdí de muchas cosas. Sin
embargo, convertirse en abuelo es algo maravilloso.
Podemos ver todo el panorama. Siento como si tuviera
una segunda oportunidad."

> —*Richard, padre de Stacie, 41 años de
> matrimonio, 2 hijos, 5 nietos*

El Zarpazo de la Abuela

El zarpazo de la abuela es una fuerza que la impulsa a ser recono-
cida como tal (y, en ocasiones, a mantener un control vigilante).
La bisabuela del esposo de Cathy subió a un avión por primera vez
a los 83 años, y también por primera vez en su vida dejó la India
para poder ver y sostener en sus brazos a su primer bisnieto. Fueron tantas las personas que nos hablaron de la forma como sus
madres o suegras simplemente les arrancaban al bebé a cualquiera
que lo tuviera en sus brazos, que decidimos que valía la pena darle
un nombre a esta reacción. La llamamos *El Zarpazo de la Abuela*—
un impulso involuntario e incontrolable de adueñarse del bebé.
Las abuelas primero toman en brazos al bebé y después hacen preguntas y que Dios ayude a cualquier hombre, mujer o bestia que
se atraviese en su camino.

Realmente, Lo Único que Queremos Es Ayudar

Ninguno de los abuelos con los que hablamos tenía la menor intención de usurpar la función de los padres y manejar todos los
aspectos relacionados con la crianza del bebé. Su único deseo era

ayudar. Ven lo difícil que es para nosotros todo el trabajo y quieren aliviarnos la carga. Muchos piensan, sin embargo, que sus hijos son demasiado susceptibles y que se ofenden por nada. Como lo expresara Jocelyn, "Le dije a mi hija que me encantaría encargarme del bebé por un par de días para que pudiera descansar. No quiso ni siquiera pensarlo. Realmente, sólo quería ayudarla para que pudiera dormir un poco."

¿Quién Es el Prepotente?

Muchos de los abuelos con los que hablamos nos dijeron que en su opinión, sus hijos eran demasiado dados a controlarlo todo. Miriam lo expresó así, "Cuando me quedo a cuidar el bebé, recibo instrucciones detalladas hasta el punto de que me indican que no debo ponerle un abrigo al bebé si la temperatura exterior es de 95° F. Me tratan como si fuera una idiota." Otros dicen que sus hijos no están dispuestos a darles autonomía en cuanto al cuidado del niño. ("Me dicen exactamente qué debo darle de comer a Taylor.") Lo que hace sentir a las abuelas como si fueran niñeras contratadas y no miembros de la familia.

> "Me siento como una intrusa, no como la suegra."
> —*Bonnie, 37 años de matrimonio, 4 hijos, 8 nietos*

Muchos piensan que sus hijos no deberían preocuparse tanto por su función de padres. En su opinión, se toman demasiado en serio su papel. Yvonne y Donald comentaron que su nuera les envió una lista de lecturas que debían hacer para prepararse antes de venir a visitarlos y a conocer el nuevo bebé. Yvonne y Donald tienen seis hijos. Todos son universitarios y hay entre ellos un ingeniero, un abogado y un médico.

Otros se sorprenden de que constantemente los estén enviando a la perrera. Siempre infringen algún precepto estricto que nadie les comunicó. Según lo expresó Betty:

"La última vez que fui a visitar a Sophie, le llevé un
precioso libro de cuentos de hadas—*La Cenicienta, La
Bella Durmiente*, los cuentos clásicos. Se me informó,
perentoriamente, que Sophie no debe escuchar ningún
'material relacionado con princesas'—que esto le
transmitiría mensajes erróneos sobre los hombres y las
mujeres. Cualquiera diría que había traído
contrabando a su casa."

Con frecuencia, los abuelos pueden sentirse como si caminaran
sobre huevos, obligados a moverse en puntas de pie alrededor de
sus nietos. Como nos lo dijera Edie, "Aprendí a la brava que no
debía dar consejos, a menos que me los pidieran."

La Brecha Generacional

La enorme diferencia entre nuestras vidas y las de nuestros padres
hace que a veces sea difícil comunicarnos y relacionarnos unos
con otros.

"Tuve mi primer hijo a los 21 años. Mi hija tuvo su
primer hijo a los 31. Estaba mucho más ansiosa
respecto a todo. Leyó libros, asistió a clases de yoga
e incluso hizo una selección de centros preescolares
antes de que el bebé naciera. Nosotros simplemente
aceptamos las cosas como iban viniendo. Además,
la mayoría del tiempo, tal vez porque éramos más
jóvenes, hacíamos caso a lo que nuestras madres
nos decían. Reconocíamos que necesitábamos ayuda.
Mi hija desprecia la mayoría de las sugerencias que
le hago. Estoy pasada de moda. No he leído los
últimos libros."

—*Dorothy, 42 años de matrimonio, 3 hijos,
7 nietos*

Saludos desde la Perrera

Un Nuevo Respeto

A pesar de que a veces consideran que los nuevos padres somos un poco controladores, los abuelos nos dijeron que sienten un enorme respeto y orgullo cuando ven a sus hijos convertirse en padres.

> "Qué maravilloso es ver que el bebé que *uno* trajo al mundo sostiene en sus brazos su propio bebé. Ver cómo los hijos aceptan la responsabilidad de la paternidad y recordar cómo fue cuando nos convertimos en padres es algo que nos llena de deseos de amarlos y apoyarlos lo más que podamos."
>
> —*Lloyd, 38 años de matrimonio, 2 hijos, 6 nietos*

El sentido de respeto puede abarcar (a veces por primera vez) a la nuera o al yerno. Sin embargo, una vez más, nuestra constitución, es decir, nuestro "cableado" desempeña un papel. Los abuelos admiten que tanto la madre como el padre son esenciales para el éxito de sus nietos (es decir, son su legado genético), y actúan de acuerdo con ese concepto.

Falta de Respeto

Una pequeña pero desafortunada minoría de abuelos nos dijeron que se sienten utilizados. Ellos se adaptan y van a ayudar con los niños, pero no reciben agradecimiento ni aprecio. Como nos lo explicara Ken, uno de los abuelos, "Lizzie y Mack suponen que estaremos aquí cuando nos necesiten, y así es. Pero Margaret y yo sentimos que simplemente creen que debemos estar allí porque así debe ser. Sería muy bueno recibir una mínima expresión de gratitud de parte de ellos." Otro abuelo, Ralph, dijo "Es peor que eso, los padres de mi nuera son recibidos con alfombra roja porque viven en otra ciudad. Yo vivo cerca y soy simplemente un caballo de carga. Me llaman cuando mi hijo necesita ayuda para cargar leños en su camión y no me invitan a un partido de béisbol con los niños."

SOLUCIONES PARA AMBOS

Cuando tenemos hijos, entendemos que ya no se trata de nosotros únicamente. Por mucho que nos saquen de las casillas nuestras familias políticas, también enriquecen de forma incalculable tanto nuestras vidas como las de nuestros hijos. En último término, depende de los "nuevos adultos" (esos somos nosotros) mantener bajo control las relaciones y las expectativas de las familias políticas. Mantener unas buenas relaciones es algo que beneficia a todos: nos beneficia a nosotros, a nuestros hijos y a nuestras respectivas familias. Pero esto es algo más fácil de decir que de hacer, de eso somos conscientes. Las tres desarrollamos el siguiente *Plan de Manejo Familiar de Proteja su Matrimonio* para que nos ayude con la parte "práctica." Esperamos que nos dé un marco de referencia para limar algunas de las asperezas de la dinámica familiar que surgieron después del nacimiento de nuestros bebés.

Plan de Manejo de la Familia
que les Ofrece Este Libro

"Intentamos desarrollar una nueva política sobre una 'relación simbiótica perfecta' que beneficie a todos. El plan consiste en que mi mamá pasará una noche con los niños cada dos meses. Tendrá tiempo de estar a solas con ellos, y mi esposo y yo tendremos tiempo libre para estar juntos."
—*Anita, 9 años de matrimonio, 4 niños*

I. Establecer el Orden de los Afectos

Cuando ponemos a nuestro cónyuge en primer lugar, todo lo demás cae donde corresponde.

Si la raíz de la mayoría de los desacuerdos en el manejo familiar radica en la falta de reconocimiento, la solución es muy sencilla: que quede claro para todos los interesados (a veces nos incluimos en este grupo) que el cónyuge y la nueva familia, sin excepción, son lo primero.

El Orden de los Afectos

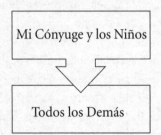

La mayor parte del tiempo no hay que repartir organigramas. Lo ideal es que nuestro comportamiento señale obviamente las prioridades. A veces, sin embargo, se requiere una mano un poco más dura, y puede ser necesario decirles a los padres que "no se metan," si no hay otra opción.

"Mi mamá vino a quedarse con nosotros cuando nació nuestro primer hijo. Comenzó a quejarse de que mi esposo no estaba atendiendo lo suficiente al bebé. Le dije que a ella no le correspondía criticar a mi esposo y que si decía o hacía algo que dañara mi matrimonio, tendría que irse. Tal vez fui demasiado dura, pero fue una reacción hormonal. De cualquier forma, eso fue hace cinco años y nunca ha dicho nada malo acerca de Drew desde entonces."

—*Michelle, 7 años de matrimonio, 2 niños*

Si usted es un Hijo de Mami o una Hija de Papi (o un Hijo de Papi y una Hija de Mami) es hora de *Cortar el Cordón Umbilical*. De hecho, debió haberlo cortado hace diez o quince años, pero más vale tarde que nunca. Por si le queda alguna duda, la ceremonia de corte de cordón ha debido realizarse hace mucho tiempo:

• Si no puede hacer nada sin consultar a uno de sus padres o a los dos.

Cortar el Cordón Umbilical

- Si hace lo que le dijeron sus padres después de consultar con ellos, pero no pide la opinión de su cónyuge.

- Si hace "su santa voluntad" cuando se trata de conservar las tradiciones familiares. Si más del 10 por ciento de sus frases comienzan con "Mi mamá/mi papá siempre decía…"

- Si hace comparaciones cónyuge/padre/madre desfavorables (es decir, "Mi padre arreglaba el jardín todos los sábados, ¿no lo podrías hacer una vez al mes?" o "Mi madre hacía lasaña todos los domingos.")

Otra forma de resolver los problemas del orden de los afectos es preguntarse: *"¿Qué es lo mejor para los niños?"* Con excepción de unos pocos casos, esta pregunta puede responderse con otra, *"¿Qué es lo mejor para nuestro matrimonio?"* En el caso de Julia, poner su familia en primer lugar significó mudarse al otro extremo del país por cuenta del trabajo de Gordon, a pesar de que esto la distanciaba 2,000 kilómetros de sus amados padres. Hubo muchas lágrimas durante el proceso (y durante mucho tiempo después), pero plantearse los interrogantes correctos hizo que la respuesta fuera obvia, aunque dolorosa.

A nadie le gusta decirles a los papás lo que deben hacer y/o hacer algo (o, en el caso de Julia, mudarse a algún lugar) que les cause dolor. Seguimos siendo sus hijos, por muchos niños y canas que tengamos. Pero, si no establecemos el orden de los afectos con cada una de nuestras familias, a veces los resultados no son agradables. Si pretendemos tener a todo el mundo contento, nadie lo estará, y ustedes menos que nadie.

2. Buenas Cercas Crean Buenos Suegros: Los Límites

"Tengo suegros espontáneos, pero a mí no me gustan
las cosas no programadas. Podemos estar sentados
tranquilamente en el sofá cuando, de pronto, aparecen

mis suegros sin avisar. Eso no es bueno. Los quiero
mucho, pero me gusta saber cuándo van a venir."
        —*Suzanne, 10 años de matrimonio, 3 niños*

La vida es mucho más fácil para todos si sabemos qué comportamiento es aceptable y cuál no lo es, por lo que es importante establecer expectativas y límites. Esto requiere, a) que nos pongamos de acuerdo sobre los límites adecuados, y b) que comuniquemos esos límites a nuestras respectivas familias.

Por ejemplo, cuando Suzanne le dijo a su esposo que no le gustaban las visitas que llegaban de sorpresa, él les dijo a sus padres que tenían que llamar antes de venir. Suzanne nos indica que no ha habido más visitas intempestivas.

3. Ahuyentar la Interferencia

Tenemos que respaldarnos mutuamente. *Si nuestra familia es la parte ofensora, nosotros debemos resolverlo.* De lo contrario, estaremos traspasando esa carga de manejo a nuestro cónyuge, que no es la persona adecuada para encargarse de eso.

"Tengo una excelente relación con mis suegros y esto se
debe en gran parte a mi esposo. Si alguna vez me causan
algún disgusto, él lo maneja de inmediato a su manera, y
lo hace parecer como si fuera él, y no yo, el disgustado."
        —*Emily, 5 años de matrimonio, 1 niño*

No es justo enviar a nuestro cónyuge a pelear nuestras batallas. Todos podemos decir a nuestras familias lo que deben dejar de hacer. Nuestros padres tienen que querernos y aceptarnos aunque a veces los disgustemos y los ofendamos. Lo más probable es que ya estén habituados a esa situación. Pero no podemos decirles a nuestros suegros todo lo que pensamos con la misma franqueza. Podríamos ofenderlos de modo irremediable si dijéramos "Prohibidas las galletas después de las 6:00 p.m.," y la relación podría no recuperarse jamás.

4. Iniciar Nuestras Propias Tradiciones

A medida que nuestras nuevas familias crecen, tenemos que establecer nuestras propias tradiciones. Esto requiere, en parte, elaborar un mapa del nuevo territorio: "De ahora en adelante, celebraremos la Navidad en nuestra casa," y en parte realizar un acto de equilibrismo: "El año entrante, vendrán tus padres y el próximo vendrán los míos." También es importante tener en cuenta lo más importante para su esposo en cuanto a su legado familiar. Por ejemplo, Julia incluye el dominio del arte de preparar repollo agrio (uno de los platos favoritos de la familia de Gordon) entre sus metas de vida (a largo plazo).

El Zen y el Arte de Mantener la Familia: La Tolerancia y el Respeto

"Hay que tener los niños mientras nuestros padres
están aún jóvenes para cuidarlos."
—*Rita Rudner, Comediante*

Es simplemente un acto de equilibrismo con las familias políticas. Mientras formamos nuestra propia familia, cada uno confía en el apoyo y la orientación de su propia familia. Todos tenemos que abrir campo en nuestras vidas para la familia política. Es parte de nuestra familia y nuestros niños son parte de ella. No está conformada por enemigos, está bien, casi todos son una bendición, y nos agrada tenerlos en nuestras vidas. Son parte de ese pequeño grupo de personas que quieren a nuestros hijos tanto como los queremos nosotros. No son perfectos, pero ¿quién lo es?

"Uno acepta las idiosincrasias de su propia familia, ya
que con ella crecimos. Con el tiempo, aprendimos a
manejarla. Conocemos todas sus peculiaridades. La
familia política aparece de pronto. No tenemos ningún
marco de referencia para sus peculiaridades.

Simplemente hay que aceptar sus cosas, en la misma forma que aceptamos las de nuestra propia familia."
—*Lisa, 5 años de matrimonio, 1 niño*

"Mis padres realmente se interesan y ayudan. Esperaba que fuera lo mismo con mis suegros. Cuando por fin me di cuenta de que no era justo esperar que tuvieran la misma actitud, todo fue más fácil. Son distintos. He aprendido a tratarlos. Ahora, organizo actividades distintas para crear un ambiente más tranquilo cuando vienen de visita, en lugar de buscarlos como ayuda para cuidar los niños. No espero que ayuden como ayudan mis padres."
—*Melanie, 9 años de matrimonio, 2 niños*

Aprecio

Aunque ser abuelos es ya una recompensa, todos los abuelos (y para ese efecto, cualquier otra persona) quieren saber que los apreciamos. Después de tener a su primera hija, Stacie envió a sus padres una tarjeta de San Valentín en la que escribió *ya lo entiendo*. Aun si no somos tan comprensivos como Stacie (o aunque lo fuéramos, si sólo pudiéramos encontrar tiempo para escribir tarjetas), en cierta forma, todos "lo entendemos" desde el comienzo, y debemos proponernos expresarlo.

No se Olviden de los Hermanos

Nuestros hermanos y hermanas tienen una función muy importante que desempeñar en nuestras vidas después de que nacen los niños. El cableado de todo este asunto se diseñó teniendo en cuenta la supervivencia a fin de que pudiéramos cuidarnos unos a otros si nuestros padres llegaran a faltar. En la actualidad, formamos una red de apoyo mutuo para nosotros y para nuestros hijos. Limitar, o inclusive excluir, a los hermanos de nuestro cónyuge de sus vidas puede ser nocivo para todos. Sheila describió el impacto de un cónyuge que secuestró la vida de la familia del otro:

> "Mi hermano y yo nos llevamos ocho meses. Siempre fuimos muy unidos. Inclusive fuimos a la misma universidad. Pero él se casó con una mujer que puso fin a nuestra relación. Básicamente viví un duelo por la pérdida de mi hermano. Ahora hay un vacío en mi vida y es probable que en la suya también."

A la Vista de lo que nos Espera

Lo más probable es que, un día, dentro de mucho tiempo, nos convirtamos también en abuelos. ¿Cómo van a saber nuestros hijos que los abuelos son importantes si no se lo enseñamos? ¿Cómo podemos esperar que sean personas capaces de tener empatía y de ser responsables; personas que respeten a los mayores, si no actuamos nosotros así? Nuestra amiga Katie, madre de dos niños, insiste en que su esposo llame a su madre todos los domingos por la noche. "Para él sería muy cómodo que yo llamara y hablara con ella una vez al mes. No quiero que mis hijos vean eso. Quiero que vean que la mamá siempre debe ser una prioridad para sus hijos."

Preguntas Duras, Amor Duro

Existe Alguna Forma Fácil y Libre de Conflictos para Abordar la Pregunta: "¿Qué pasaría si...?"
En pocas palabras, no. A menos que no fuera necesario pensar mucho para saber quiénes serían los guardianes potenciales, este es un problema difícil de resolver. Lo único que podemos hacer, amigos, es plantearnos la pregunta correcta. ¿Qué es mejor para los niños?

Contraventores Flagrantes

Si hemos establecido límites claros, si hemos expresado advertencias y hemos manejado nuestro organigrama, y a pesar de todo esto hay todavía un contraventor reincidente en la familia, podemos intentar declarar un receso. Podemos dejar de ver a esa persona durante tres meses. Si dicha persona no capta el mensaje, el problema será de ella. Hay demasiado en juego para permitir que el mal comportamiento de un pariente afecte nuestra familia, especialmente a nuestros hijos.

El Punto Muerto

¿Qué ocurre si no logramos llegar a un acuerdo aceptable? ¿Qué pasaría si la modalidad de practicar Zen no pone fin al conflicto y uno de nosotros no puede soportar a su familia política?

Hay dos estrategias posibles:

1. *Dividir para vencer.* Piense en darle una tregua a su cónyuge, mientras usted va con los niños a visitar a su familia. Su cónyuge siempre podrá utilizar ese tiempo para estar solo o sola.

2. *Puntos y Recompensas.* Cuando no es posible aplicar la estrategia descrita para arriba (digamos, cuando hay que viajar al otro lado del país para el Día de Acción de Gracias) el cónyuge que tiene que soportar la situación tiene derecho a una recompensa mutuamente acordada, ya se trate de un fin de semana que la pareja pasará sola o algún favor sexual que no puede mencionarse.

Ciegos al Orden de los Afectos

Si su cónyuge, después de repetidos intentos de indicarle todo lo que se discute en este capítulo y tratar de que comprenda lo que usted siente, sigue prefiriendo a su

familia por encima de usted y de los niños—probablemente
es hora de obtener alguna ayuda professional.

SOLUCIONES PARA LAS MUJERES

Despreocúpense

"Las mujeres han aprendido a renunciar al control
cuando se trata de la familia política y a limitarse a
dejar que los suegros ayuden. Sí, los niños comerán
los alimentos que no deberían comer, y, no, no les
obedecerán a ustedes, pero está bien permitirles que
lo hagan por una semana mientras ustedes y sus
cónyuges se toman un descanso."

—*Kimberly, 12 años de matrimonio, 2 niños*

Todas tendemos a ser más protectoras de nuestro territorio que
nuestros esposos cuando se trata de los niños y de nuestro hogar.
Es como si nuestras antenas de mamás se tornaran más sensibles
para detectar la menor de las críticas y la más mínima invasión de
nuestro territorio. Nuestro "cableado de mamás" nos obligará a
rechazar la ayuda que tanto necesitamos.

Si tanto nuestros padres como nuestros suegros son buenas
personas, es probable que lo que interpretemos como crítica e interferencia sea, más que todo, un intento por ayudar. Debemos
tener cuidado de no confundir el "compartir la experiencia" con
una crítica y una intromisión. Nosotras tres nos equivocamos en
esto con nuestros padres y nuestros suegros cuando tuvimos nuestros primeros hijos; ahora, estamos dispuestas a admitirlo y a dis-
culparnos públicamente. Nuestra suegra dice, sin ninguna mala
intención, "Todos mis hijos durmieron boca abajo," y nosotras ponemos los ojos en blanco y pensamos, "Está diciendo que no debería acostar boca arriba al bebé. ¿Cuántos días faltan… para que se
vaya?" Si nuestros parientes realmente sobrepasan los límites, lo

hacen sin proponérselo. Es necesario darles el beneficio de la duda, procurar suponer que su intención no es mala y ver qué ocurre.

> "Comencé el trabajo de parto de forma inesperada, por lo que mi mamá me llevó las cosas al hospital. Se quedó allí, en la sala de parto, dando vueltas de un lado a otro, y después de cruzar varias miradas con mi esposo, tuve que terminar diciéndole, con mucha delicadeza, que esperara afuera. *No se había dado cuenta de que importunaba. A veces nuestros padres simplemente no entienden.*"
>
> —*Robin, 3 años de matrimonio, 1 niño*

Está bien aceptar algunos ofrecimientos de ayuda. En el hogar hay cupo para todos. Dejar que la abuela intervenga no afecta nuestra supremacía de Abeja Reina.

Diviértanse un Poco, ¿Quieren?

De vez en cuando, está bien relajar un poco las normas. No hay por qué convertirse en maniáticas del control las 24 horas del día los 7 días a la semana. Si nuestros suegros/padres se encargan de cuidar los niños y, en lugar de acostarlos a las 8:00 p.m., lo hacen a las 9:00 p.m., está bien. A la abuela le encanta llevar los niños a comer helado, deje que lo haga de vez en cuando. Si el abuelo quiere sacar lombrices en el jardín y todo el mundo se embarra en el proceso, déjelos tranquilos y déles después un baño sin ponerse furiosa. Un poquito de helado y de barro pueden ser benéficos, también para nosotras, de vez en cuando. Sentémonos un rato, levantemos los pies y dejémoslos disfrutar unos de otros.

A Veces la Leona Tiene que Rugir

Claro está, que a veces algún familiar puede traspasar el límite de nuestra buena voluntad y tolerancia recién descubiertas y/o la leona en nosotras puede levantar la cabeza, por una u otra razón, sobre todo cuando se trata de la salud y la seguridad de los cachorros en cuestión. (Es curioso que, algunas mujeres que se controlan y no dicen nada ante la actitud dominante de algún familiar, de pronto descubren que no les importa hablar cuando tienen un bebé). A veces el rugido está plenamente justificado. Sin embargo, en otras ocasiones, la leona puede reaccionar en forma exagerada y responder mal a una supuesta violación de su territorio ¿Qué ocurre entonces?

- Si se trata de una infracción menor, procure ignorarla, de ser posible, limítese a reírse al respecto.

- Promueva una comunicación respetuosa entre los familiares que comentan la ofensa (y la parte ofendida) con la esperanza de que la situación pueda arreglarse.

SOLUCIONES PARA LOS HOMBRES
Sean Nuestros Aliados

Señores, cuando hay tensiones en la familia o cuando su mamá esté haciendo las cosas 'a su manera,' los necesitamos de nuestro lado; los necesitamos para *manejar la interferencia*. Aun cuando no haya tensiones y todos los miembros de la familia comiencen a comportarse como si la casa estuviera en llamas, también necesitamos que nos *respalden*.

Comunicación

Otra de esas famosas palabras que comienzan por C… pero pensamos que esto es realmente importante—una idea revolucionaria—hay que hablar. Específicamente, hay que hablar con la esposa sobre lo siguiente:

Definir qué es "razonable." ¿Cuánto tiempo creen que es razonable dedicarle a la familia? (Nota: No se trata de cuánto tiempo queramos pasar con la familia, sino de cuánto tiempo pensemos que sea un compromiso justo). Si no desean que los niños pasen tanto tiempo con los suegros, está bien. Pero deben darse cuenta de que de vez en cuando tendrán que ayudar a su esposa para que ella tenga el descanso que tendría si pudiera dejar los niños con los abuelos. Si no está dispuesto a hacerlo, entonces ceda un poco en cuanto a su deseo de control. No puede pretender tener la torta y también comerla.

El dominio de papá. Si hay ciertas cosas que son importantes para usted, y *sólo para usted*, dígaselo a su esposa (ella se lo dirá a sus padres) y a tus padres. Marque su territorio. Nadie quiere entrometerse en su hombría. Y aun si algún pariente lo hace, su esposa manejará esa interferencia por usted durante todo el día para apoyarlo y permitir que pase tiempo de calidad con los niños montando en bicicleta, jugando en el jardín o jugando ajedrez.

No Deje de Participar

No hay sustituto para el producto genuino. Y lo genuino es *usted*. Por fabuloso que sea su padre, *no es* el papá de sus hijos. No puede simplemente reclutar a sus padres para que cuiden a sus hijos cada tercer fin de semana y luego pensar que el tiempo que la familia pasa con los abuelos es el único tiempo de calidad que los niños requieren. Lo necesitan a usted también.

Llame a su mamá. Varias esposas nos dijeron que se sentían frustradas de tener que ser ellas las que se hicieran responsables de ocuparse de todos los cumpleaños, aniversarios y fechas importantes de su familia política. Su esposa no quiere ser la encargada de las relaciones de las dos familias. Tener en cuenta a todos es muy difícil y no debe ser responsabilidad de una sola persona.

> "Cada Día de la Madre soy la que tiene que asegurarse
> de que los niños llamen a su abuela paterna. Lo mismo
> con los cumpleaños. ¿Cómo terminé haciéndome
> cargo de todo esto?"
> —*Ruth, 11 años de matrimonio, 2 niños*

No se trata sólo de lo que sienta su esposa. Por mucho que la quieran sus suegros y cuñados, no es su reemplazo. Su familia quiere seguir teniendo relaciones directas con usted también.

SECCIÓN ADICIONAL: SOLUCIONES PARA LOS ABUELOS

Abuelos, queremos que entiendan: ahora que somos papás, reverenciamos el suelo que ustedes pisan. A pesar de todas las quejas y protestas descritas en las páginas anteriores, en el fondo de nuestro corazón, les agradecemos su amorosa presencia a lo largo de todas nuestras vidas—sobre todo, después de soportarnos durante todos estos años.

Sin embargo, como habrán visto, por lo que han leído, el cableado eléctrico de la familia a veces entra en crisis. Nos damos cuenta que esto no es un problema exclusivo de nuestra generación. Nuestros padres tuvieron que enfrentar retos con sus familias políticas y lo mismo ocurrió con nuestros abuelos. Es muy probable que ustedes tengan una o dos historias que contar acerca de alguien que trató de imponerse en su recién establecido hogar. Por lo tanto, esperamos que entiendan por lo que hemos pasado.

Tal vez se pregunten, "¿Podría ser yo? ¿Seré yo el suegro al que le temen? ¿Seré el tonto del pueblo?" Lo más probable es que ese no sea el caso en absoluto. Recuerden que sólo estamos tratando de entender todo esto a medida que avanzamos en la redacción de este libro. Sea como sea, a continuación presentamos un resumen de lo que las parejas nos han dicho que quisieran que sus suegros entendieran. Además, hemos incluido algunos ejemplos de cosas que pueden hacer que los llevarían de inmediato a la cima del estrellato de los abuelos rockeros y harían que sus hijos les rogaran que vinieran.

Cómo Llegar a Ser una Estrella de Rock: Haciendo lo que es Mejor para *Sus* Familias

> "Soy muy afortunada. Mis papás me entienden perfectamente. Nunca me han presionado en el sentido de que deba organizar nuestras vacaciones teniéndolos en cuenta a ellos. Sólo dicen, 'Avísennos lo que quieren hacer y nosotros nos acomodaremos a sus planes.' Y eso hacen."
> —*Emily, 6 años de matrimonio, 1 niño*

Dennos Ánimo… Desde las Líneas Laterales

Los matrimonios de nuestros padres son el pivote sobre el que gira toda la familia. Cuando la nueva pareja prospera, prospera toda la familia. Si su comportamiento produce tensión en la pareja, los están perjudicando y posiblemente están perjudicando también a sus nietos.

> "Tengo una suegra maravillosa. Apoya nuestro matrimonio por encima de sus propios deseos de estar con nosotros. Le dice a mi esposa, 'Tienes que estar con tu esposo. Iremos a verlos cuando sea posible.' "
> —*Frank, 7 años de matrimonio, 2 niños*

Su Ayuda es Maná del Cielo

Tal vez esto sea evidente, pero por si acaso, más que cualquier otra cosa, los padres de niños pequeños necesitan ayuda directa.

Como mamás de preescolares, podemos decir que nada hay más maravilloso que oír las palabras, "Hola, aquí estoy. ¿En qué puedo ayudar?"

> "Mi suegro es una persona muy tranquila y absolutamente servicial. Siempre que está en nuestra casa tiene a uno de los niños en brazos. Siempre está cambiando un pañal, bateando una pelota o dándole de comer a alguno. No descansa. ¡Quisiera tener algo de esa energía!"
> —*Sabrina, 7 años de matrimonio, 2 niños*

Siga al Líder

Valoramos mucho su ayuda y su apoyo. Sinceramente, nuestra intención no es la de hacerlos sentir como si estuvieran caminando sobre huevos. Pero a veces parecería como si no respetaran nuestra función dentro de la familia y, en último término, nuestra autoridad. Parecería que estuvieran diciendo como Alexander Haig, "Yo mando aquí"—usurpando, equivocadamente, una función que no les corresponde. Un comentario inocente acerca de si los niños están desarrollando demasiadas actividades puede resultarnos muy molesto, tal vez más de lo que debería. La mejor estrategia es simplemente no decir nada y dejar que las cosas sigan su curso (o de lo contrario, podrían ser abucheados y se verían obligados a abandonar la escena).

> "Me encanta que mis suegros me consulten antes de hacer las cosas. Me preguntan qué clase de juguetes quieren los niños para sus cumpleaños o qué libros podrían ser los más adecuados para regalarles. Saber que me respetan hace que confíe en ellos de inmediato."
> —*Tonya, 10 años de matrimonio, 3 niños*

Algunos abuelos simplemente enloquecen a sus hijos hasta el punto de la desesperación por su deseo de "estar a solas" con sus

nietos. Este problema se resuelve fácilmente. Siempre que comprendan y se comprometan a cumplir los deseos de los padres,
estaremos más que satisfechos de dejar los niños a su cargo. ¡No
se sorprendan si encuentran que los pueden estar cuidando con
más frecuencia de lo que esperaban!

Ya Ustedes Son Campeones en Nuestros Corazones

Ser abuelo no es un deporte olímpico. No se reciben medallas de
oro por regalar a los nietos cosas cada vez más grandes y costosas
en los cumpleaños. El mejor abuelo es el que está presente, no el
que reparte regalos a diestra y siniestra. Tranquilos. Los niños tienen amor de sobra para todos.

Además, Por Favor, Dejen el Equipo de Pesca en Casa. Sabemos
exactamente qué es lo que quieren saber cuando preguntan de
dónde salió un regalo en especial o con qué frecuencia viene el
otro abuelo. Para aquellos de ustedes que compiten con su cónyuge, recuerden que "la oposición" tiene el mismo derecho que
usted a amar y ser amado por esos niños. Déjelo tranquilo y per-
mítale que sea su turno también. Cada pareja de abuelos tiene
derecho a acceso exclusivo. ¡Lo justo es justo!

> "Mis padres viven en la misma ciudad que nosotros.
> Mis suegros viven en otro estado. Siempre que vienen
> a quedarse, mi mamá deja de venir para que ellos
> puedan estar con los niños. Todo el tiempo les habla
> a los niños de Bill y Mary (los padres de mi esposo).
> Y las dos parejas de abuelos se invitan mutuamente a
> sus casas para las fiestas, de modo que todos puedan
> gozar de los niños."
> —*Renee, 8 años de matrimonio, 2 niños*

Eviten el "Síndrome del Recipiente"

Muchos nos comentaron que sus propios padres parecen olvidarse por completo de ellos cuando llegan los nietos. Nos encanta que estén tan fascinados con los niños, pero, oigan, no se olviden de nosotros, ¿bueno? También los necesitamos. Garry dijo, "He llegado tan abajo en la lista de mis padres que ya ni siquiera me preguntan cómo estoy."

> "Mi madre adora a los niños, pero sin embargo, todavía
> se preocupa también de mí. Me pregunta si estoy
> durmiendo lo suficiente, si salgo a hacer ejercicio, etc.
> Tal vez ya sea una mamá, pero sigue siendo muy
> agradable saber que piensa en mí y que se preocupa."
> —*Valerie, 7 años de matrimonio, 2 niños*

Varias mujeres dijeron sentirse como si fueran poco más que un medio para alcanzar un fin (es decir, los nietos) cuando estaban embarazadas. Nuestra amiga, Hillary, comentó, "Me sentía como si fuera sólo un recipiente para producir nietos. Un útero. Ella me llamaba casi a diario para preguntarme qué había comido." Las mamás embarazadas también tienen sentimientos, ¿saben?

¿Por Qué No Podemos Llevarnos Todos Bien?

¿Quiénes son los verdaderos niños de su familia y quién está actuando como si lo fuera? A veces es difícil saber qué está pasando. Compartamos todos los baldes y las palas y juguemos tranquilos unos con otros en la arenera familiar.

Crece la Familia y Nos Entregamos

Más Niños, Más Caos

"Ya tenía a todos los cuatro niños vestidos y arreglados para la fiesta, y de hecho llegamos a tiempo al cumpleaños. Me sentía como la supermamá. Entonces volteé a mirar y vi a Ashley en el rodadero. Me había olvidado de cambiarle los calzones. ¡Pensé que lo tenía todo bajo control!"

—*Marilyn, 11 años de matrimonio, 4 niños*

"La evolución del papá: con el primer hijo, Ross siguió jugando golf casi todos los fines de semana. Con el segundo, se quedaba en casa, ayudándome. Con el tercero, *me* dijo un día que *se* nos estaba acabando el aserrín para la caja del gato. Le dije que lo amaba."

—*Stacie, 9 años de matrimonio, 3 niños*

¿En Qué Estás *Pensando*?

¡Oye, ya sé! ¡Tengamos otro niño! Justo cuando comenzamos a entender cómo funciona todo esto de ser padres, decidimos tener otro bebé. *¿Qué tan difícil puede ser?*, nos preguntamos. *Ya hemos*

*hecho la mayor transición—la de convertirnos en padres, en primer
lugar. ¿Que más da tener otro bebé?*

¿Que qué más da tener otro bebé? ¿Pueden adivinar lo que
vamos a decir?

*¿No tengan más niños porque es demasiado trabajo y van a
arruinar su matrimonio?* No.

¿Será el fin absoluto de su vida? No. (Bueno, tal vez).

*Tener más hijos es una interrogante que nos ubica frente a otra
paradoja, significa que, por una parte, tendremos más trabajo y menos tiempo para cada uno de nosotros y para estar juntos; pero, por
otra parte, ¿no será la forma de dar paso a un nuevo equilibrio entre
la pareja que se enfrenta al caos y aprende a trabajar en equipo?*
Bingo.

Claro que es más difícil. Con cada niño, aumenta mil veces el
amor y la felicidad en nuestro hogar, pero también aumenta el
barullo general. Hay más ruido, más caos, más trabajo. Por necesidad, tenemos cada vez menos tiempo para estar juntos porque
tenemos atender a los niños. "Nuestro tiempo" se incorpora al
"tiempo de la familia" y podemos comenzar a perder el sentido de
ser pareja.

Sin embargo, a la vez que se hace más difícil, en cierta forma
se hace también más fácil. Nos damos cuenta de que la lucha por
volver a nuestro "estado normal" de antes de tener los niños es
inútil. Esta vida caótica y ruidosa es la vida en la que estamos involucrados. Damos un paso adelante y la aceptamos, y de esa manera nos rendimos a la locura. Ambos padres quedan atrapados en
una prensa de niños de tamaño real. Compartimos cada vez más
el trabajo y cada vez más la felicidad de estar juntos. Este equilibrio en el campo de ser padres puede llevar a nuestro matrimonio
a un estado mucho más firme.

Una Advertencia Para Quienes Tienen
un solo Hijo

No es nuestra intención sugerir en este capítulo que
una familia con un solo hijo no sea completa o que
no implique trabajo. Aunque sigamos diciendo "más
hijos," no muevan ese dial! La mayoría de las ideas
y soluciones de este capítulo se aplicarán también
a ustedes.

Impacto Incremental:
Los Pasos del Estilo de
Vida Complejo

Con un hijo (que va creciendo y va volviéndose más autosuficiente
cada vez), la mayoría de las parejas pueden mantener una vida
similar a la que llevaban antes: los padres son la mayoría, los
miembros de la familia compiten por los privilegios de cuidar al
niño, el niño puede llevarse de un lugar a otro, la casa o el apartamento son lo suficientemente grandes como para acomodar
toda la parafernalia, por lo general, hemos vuelto a dormir y a
pasar buenas noches, es posible que encontremos inclusive energía
suficiente para hacer el amor y la capacidad mental que nos permita recordar el día de San Valentín. Sin embargo, a medida que
van llegando otros hijos, nos preguntamos por qué todo nos parecía tan difícil y recordamos esos días en los que *éramos sólo tres,
contando el bebé*, con gran afecto y sentimientos de amor.

Con cada niño, la vida se hace más compleja. Es algo así:

Número de Hijos	1	2
Método de Defensa Paterna	En equipo, por turnos	hombre a hombre
Nivel de Participación de los Abuelos	Abrumador	El 50 por ciento
Tiempo Libre	30 por ciento del que teníamos antes	Llega a cero
Minutos Necesarios para Salir de Casa	5	10
Número de Citas (médicas/odontológicas, etc.) por Año	6	12
Número de Fiestas de Cumpleaños por Mes=X (X es también igual al número de veces que vamos a Toys "R" Us a comprar un regalo antes de salir para Chuck E. Cheese)	X	2X
Número de Nombres de Niños, Amigos, Padres que hay que Recordar (Suponiendo A = tamaño de la clase de preescolar, B. = amigos de vecindario y C = otros amigos)	$2(A + B + C)$	$2(A + B + C)^x$
Nivel de Decibeles de la Rivalidad Entre Hermanos	0	3
Galones de Leche por Semana	2	4
Tamaño de la Mesa en un Restaurante	Mesa para dos más una silla de bebé	Mesa para cuatro
Cosas para Tener en Cuenta si Vamos a Viajar	3 tiquetes de avión, 1 habitación de hotel, 1 taxi pequeño, 1 carro de alquiler	4 tiquetes de avión, 1 habitación de hotel, 1 taxi grande, 1 carro de alquiler
Salidas de Fin de Semana de los Dos Solos	Una vez cada 3 meses	Dos veces al año

3	4	5 ó Más (sí, hay familias así)
Zona	Rezar	Fuerza Bruta
Se hacen cargo de un niño a la vez.	Se hacen cargo de un niño a la vez.	Se hacen cargo de un niño a la vez.
¡Ja!	N/A	Negativo—uno sueña hasta con ir a trabajar.
20	¿Quién sabe? Se nos perdió el reloj.	Medio día
18	36	A menos que su cónyuge sea un profesional médico, llegado este momento uno considera separarse para casarse con un médico.
3X	4X	Empezamos a oír la canción de feliz cumpleaños en sueños.
$2(A + B + C)^y$	$2[(A + B)^x (C^y)]^n$	Cuando uno se encuentra con alguien, mueve la cabeza y actúa como si los conociera.
11 (como en *Esta es Una Punción Lumbar*)	Quedamos sordos y necesitamos audífonos.	Apagamos los audífonos.
6	8	Pensamos en invertir en ganado lechero.
Hay que esperar a que haya una mesa más grande disponible.	Hay que esperar a que haya una mesa más grande disponible.	No salimos a comer.
5 tiquetes de avión, 1 habitación de hotel muy apretada, 2 taxis, 1 miniván de alquiler	6 tiquetes de avión, 2 habitaciones de hotel, 2 taxis... tiempo para alquilar un autobús	Estamos quebrados porque gastamos todo el dinero en las últimas vacaciones.
Hay que sobornar el esposo	Sólo para bodas y funerales	Nunca

Pasar de Uno a Dos: Uno Siempre Está en Movimiento

Visto en retrospectiva, cuidar un niño era un pasatiempo. La mayoría de las personas dijeron que la transición de uno a dos hijos había sido muy difícil. Todo se convertía repentinamente en un proceso de producción: vestirlos y sacarlos de casa es una locura; organizar las fiestas, las horas de las comidas y las horas de juego requiere que ambos padres estén "alerta" todo el tiempo; y el tiempo libre simplemente se evapora.

> "Pasar de uno a dos hijos no fue tanto un shock cultural porque ya habíamos tenido un niño antes. Fue más bien una disolución de cualquier organización que hubiéramos podido lograr, la desaparición total de cualquier tiempo restante/ tiempo para estar solos, y la desaparición casi completa de la comunicación con nuestro cónyuge. Cuando llegó el segundo hijo, me sentí como robada de mis últimos vestigios de cordura o de mis recursos para permanecer en mis cabales."
> —*Margot, 7 años de matrimonio, 2 niños*

> "Siempre estamos de guardia. Dos niños requieren dos pares de manos. Uno de nosotros alimenta al bebé mientras el otro entretiene al que ya camina. Llega un momento en el que el bebé que ya camina deja la siesta de la tarde y quiere reemplazarla con un concurso de consumo de golosinas."
> —*Tina, 8 años de matrimonio, 2 niños*

(Nota de las Autoras: Una significativa minoría, como Julia, opinaron que tener dos hijos era una experiencia más fácil y agradable de lo que habían imaginado. ¿El espaciamiento será un factor? La primera niña de Julia tenía tres años cuando tuvo el segundo. Stacie y Cathy tuvieron bebés que se llevaban muy poco tiempo. Lo que podemos deducir es que lo más difícil es cuando los dos aún usan pañales.)

Pasar de Dos a Tres: Bienvenidos a la Jungla

"¡Ja!," dicen los que tienen tres o más hijos al leer la última sección. *No tienen la menor idea de lo que significa el término "transición dolorosa" hasta que no hayan tenido el tercer hijo.* Es algo totalmente distinto, una especie de anarquía tipo isla de la jungla o *el Señor de las Moscas*, que resulta de ser superados en número por una banda salvaje de gente pequeña. Stacie y Ross, que tienen tres niños menores de cinco años, dicen que se sienten como Jane y Tarzán, volando de liana en liana por su casa, apagando incendios: al chiquito que le están saliendo los dientes hay que consentirlo, la obra de arte que acaba de pintar el niño de dos años en la pared, hay que lavarla y el niño de cuatro años necesita que lo ayuden a ir al baño. Es imposible imaginarlo hasta que no se viva. La vida con tres niños es un *Caos de Código Rojo*, y viene también con una saludable dosis de exilio social, por si acaso.

¡Alerta! Caos Total

"Cuando tenía sólo dos niños, pensé que quienes tenían
tres o más parecían haber perdido el control. Una de
mis amigas siempre decía que tenía que meter a los
tres niños en el automóvil y salir a dar vueltas sólo
para poder descansar. Ahora que tengo tres niños, sólo
digamos que compro mucha gasolina."
— *Suzanne, 10 años de matrimonio, 3 niños*

"Mi esposo y yo estamos constantemente cambiando
pañales, buscando el chupo, llevando mantas y
biberones de un lado al otro y de un piso a otro de la
casa. Para nosotros, la paternidad se ha convertido en
un deporte extremo."
— *Diane, 9 años de matrimonio, 3 niños*

Continuar Hacia el Punto de la Quiebra:
Al Infinito y Más Allá…

Por el momento, ninguna de nosotras ha tenido el suficiente valor
(?) para buscar el cuarto hijo, o aun más, por lo que no estamos
capacitadas para nada fuera de consultar con los expertos, "¿Cómo
es?" Normalmente sonríen en actitud estoica y dicen, "Es un caos,
pero es una maravilla. No lo cambiaríamos por nada del mundo,"
mientras sacan de la boca del bebé un carrito de juguete, retiran
al bebé de una toma eléctrica y gritan a los otros dos que dejen de
pelear. Claro, maravilloso.

"Yo vengo de una familia de cuatro hijos, y recuerdo
claramente haber ido al colegio sin calzones."
— *Cathy, 7 años de matrimonio, 2 niños*

"Siempre que digo cuántos hijos tengo—son seis—
obtengo una de dos reacciones. Me miran como si
fuera algún tipo de fanática religiosa o como si
hubiera dividido el átomo. Quieren saber cómo lo
hacemos, qué clase de automóvil tenemos, si trabajo o
no, las edades de los niños, es gracioso."
— *Maura, 15 años de matrimonio, 6 niños*

La Vida en el Circo Familiar

Entre más niños haya, mayor será la producción. Hay que tener más comida en la nevera, hay que cambiar más pañales, hay que lavar más biberones, para no mencionar que hay que tener más células cerebrales para seguir el ritmo de los niños, llevar la cuenta de las siestas, y todo lo demás.

> "La semana pasada me olvidé que nuestra hija tenía un juego de fútbol y se me pasó la fecha límite para entregar el formulario de matricula del preescolar. Cuando fui a explicar lo que me había ocurrido, me miraron como si fuera un tren descarrilado."
> —*Annalisa, 12 años de matrimonio, 4 niños*

> "Con tres hijos, cada hora cuenta—programamos hasta la hora de juego que pasamos con el más pequeño. Necesitamos una hoja electrónica de tres páginas para asegurarnos que todo lo que hay que hacer se haga a tiempo. Solía ser muy estricta, tipo nazi, con las siestas de los niños, y exigía que cada cual durmiera en su propia cama. Ya no lo puedo hacer."
> —*Marie, 9 años de matrimonio, 3 niños*

Dos en Pañales

> "Nunca olvidaré los días que tenía que sentarme en el frío piso del baño para tratar de bañar a Peter mientras amamantaba a Ally. Nada nos puede preparar para semejante cosa."
> —*Naomi, 5 años de matrimonio, 2 niños*

El enorme volumen de trabajo es especialmente difícil para las parejas que, después de esperar hasta los 30 años para tener su primer hijo, tienen el segundo muy poco tiempo después. Esta descripción concuerda con cerca del 70 por ciento de nuestros amigos y con dos de nosotras. Si el primer bebé es como una granada que lanzaran contra un matrimonio, un recién nacido y un niño que apenas camina se comparan a un asalto frontal, que incluye ametralladoras, misiles autodirigidos y bombarderos fantasma.

> "Una noche, llegué a casa y mi esposa todavía estaba en pijama, con un bebé en un brazo y el otro que ya caminaba en el otro, llorando histérica, '¿Por qué me casé y por qué tuvimos que tener hijos?'"
> —*Dan, 9 años de matrimonio, 2 niños*

Niños Múltiples: La Aldea Instantánea

Son una creciente faceta de nuestra época moderna en América, y hay quienes nos miran con desdén cuando nos quejamos de tener dos o menos hijos en pañales. Hace poco, Julia y Gordon sacaron la cuenta. Conocen trece parejas que tienen mellizos y cinco que tienen trillizos.

> "Sólo hay un idea que me impide perder la cordura cuando he tenido un mal día: un kindergarten de tiempo completo."
> —*Verónica, 9 años de matrimonio, 4 niños (3 de ellos trillizos)*

> "Cuando llegaron los mellizos pasó mucho tiempo antes de que pudiera siquiera sostener una conversación. Cualquier pensamiento adulto en mi cabeza durante los primeros años de los bebés quedaba pendiente. Permanecía en un estado constante de agotamiento."
> —*Sonja, 9 años de matrimonio, 4 niños (¡mellizos y otros dos!)*

> "Es como un pequeño ejército, un pequeño campo de reclutas. Mi esposo prepara los almuerzos, sirve los

tazones de cereal y alista la ropa para el colegio al día siguiente. Yo lavo siete cargas de ropa sucia por día. Todos necesitan ropa para el colegio, ropa para jugar, ropa deportiva lavada con clorox y lista para usar."
—*Marianne, 12 años de matrimonio, 5 niños*

Oigan, ¿Adónde se Fueron Todos?

Es irónico que la carga de trabajo y el caos aumenten mientras crece también nuestra necesidad de ayuda, los recursos se agotan (bien, los recursos gratuitos se agotan también de todas formas). La presencia del abuelo que en una época de nuestras vidas fue abrumadora cesa súbitamente. Nadie quiere cuidar a dos niños porque es demasiado trabajo. Nuestra amiga Kim, que tiene tres niños, nos dijo lo siguiente:

"Nos fuimos por un día y una noche y mis padres se quedaron a cuidar los niños. Cuando llegamos a casa, estaban sentados en el sofá *con los abrigos puestos* y no veían la hora de irse. Nunca volvieron a ofrecernos que se quedarían de nuevo una noche."

Ostracismo Social

Stacie y Ross se dieron cuenta de que su vida social cayó en picada después de la llegada de su tercer hijo. Stacie dice, "Tus amigos no quieren que llegues con tu caos a su casa, por lo que dejan de invitarte. El teléfono simplemente deja de sonar."

Aunque la libreta de números telefónicos engorda considerablemente con cada niño (el calendario social de un niño de tres años puede ser sorprendente), no salimos con la frecuencia con que lo hacíamos antes, ni como familia ni como pareja. Es relativamente fácil salir de casa cuando se tienen dos niños. Pero cuando el número de hijos supera el número de padres ya no es tan fácil.

"Cuando estaba esperando mi cuarto hijo, me esforzaba por empujar el caminador por entre un supermercado mientras perseguía a mis mellizos que corrían por todas partes. La vendedora, de 25 años, talla cero, me echó *esa mirada*, como si se muriera de ganas de que nos fuéramos de allí. Pensé para mis adentros, 'Espera y lo verás, querida, ya te llegará el turno.' "

—*Selena, 11 años de matrimonio, 4 niños*

Tiempo Libre: ¿Y Yo Qué?

"Cuando nació nuestra hija, todavía tenía un par de noches a la semana para mí. Cuando llegó nuestro hijo, eso se acabó. Desaparecieron los últimos rastros de mi libertad."

—*Robert, 12 años de matrimonio, 2 niños*

"El Club del Libro parece ahora un lujo inalcanzable que rara vez puedo darme el gusto de tener. Trabajo tiempo completo, por lo que cualquier rato que me quede libre y que no lo dedique a mis hijos lo considero como un extra que debo recortar."

—*Melanie, 9 años de matrimonio, 2 niños*

Cuando sólo tenemos un niño, uno de los dos se encarga de cuidarlo mientras que el otro se dedica a sus cosas. Con las exigencias adicionales de más hijos, la situación se hace más difícil y no podemos destinar tiempo para "nosotros." Para muchos, no tener tiempo de recuperar fuerzas y recobrar el sentido de ser persona es el verdadero reto de ajustarse a tener más hijos:

"Una amiga me escribió hace poco un correo electrónico en el que me decía que estaba molesta, que todo se le olvidaba y que se sentía muy disgustada porque su bebé ya no dormía la siesta al mismo

tiempo que la de tres años. Le respondí que, en
retrospectiva, me daba cuenta que había pasado por
un duelo al perder ese último residuo de libertad. El
tiempo personal es como la búsqueda de la Fuente de
la Juventud o de las Siete Ciudades de Oro. Es como
ganarse la lotería. Si lo encuentro, me siento muy
afortunada."

—*Ellen, 9 años de matrimonio, 2 niños*

La pérdida de estas actividades que "son la alegría de vivir" puede
también representar un problema para nuestro matrimonio. Sin
ellas, quedamos emocional y físicamente agotados. Por lo general,
lo poco que nos queda de tiempo lo dedicamos en primer lugar a
los niños. Cuando nuestras reservas internas se están acabando,
disminuye también peligrosamente nuestro arsenal para manejar
las peculiaridades de nuestro cónyuge, que a veces nos resultan
molestas. A veces, rondamos uno en torno al otro, como lobos
listos a disputarse las últimas sobras de tiempo libre.

"Realmente quería ir a correr el sábado pasado. Siento
que me estoy volviendo viejo y gordo. Le dije a mi
esposa que regresaría en una hora y me lanzó una
mirada furibunda. '¿Cuándo me queda tiempo a mí de
salir a correr?,' me dijo. No me fui, y quedamos los
dos disgustados. Nadie gana."

—*Edward, 10 años de matrimonio, 3 niños*

Tiempo Para la Pareja: ¿Y Nosotros Qué?

Por lo general, la pareja recibe otro golpe con la llegada de un
nuevo hijo. Claro está que hay un enorme sentido de satisfacción
por el pequeño imperio que estamos construyendo juntos, pero el
tiempo y la energía necesarios para trabajar, cuidar la casa y atender a la prole significa que nuestro cónyuge termina con poco más
que las sobras.

"Considero la forma como celebramos nuestro
aniversario como si fuera la medida de lo que nos
ocurre. Antes lo programábamos con una semana
de anticipación. Después de que nació Jake, lo
programábamos la víspera. Después sólo salíamos
a cenar. Para cuando nació Parker, simplemente
intercambiábamos las tarjetas que habíamos
comprado ese mismo día con una pequeña nota
escrita a toda prisa en el estacionamiento."

—*Andrew, 9 años de matrimonio, 2 niños*

"Ya no puedo ni siquiera recordar el horario de mi
esposo. La semana pasada, esperaba que llegara a la
hora habitual. Después supe que estaba en Boston por
negocios."

—*Elle, 9 años de matrimonio, 2 niños*

Nuestra amiga Sarah comentó que lo que realmente se había visto
afectado después de su segundo hijo había sido la comunicación
entre ella y su esposo:

"Debido a que ya no teníamos tiempo libre y estábamos
más cansados al final del día, simplemente vegetábamos,
tratábamos de terminar de hacer lo que aún faltaba o
simplemente nos dormíamos. Siempre, cada uno por su
lado. Lo último que queríamos hacer era precisamente
hablar sobre las cosas que nos estaban abrumando."

Todos sabemos que la comunicación es esencial, pero después de
que aumenta la familia con uno o dos niños más, incluso la conversación se convierte en un reto. Aun si estamos los dos en la
misma habitación, es difícil poder oírnos debido al bullicio.

Cuando realmente podemos hablar, el 90 por ciento del tiempo
hablamos de los niños. Aunque esas conversaciones son necesa-
rias, intercambiar ideas únicamente sobre los hijos, hace que resulte muy difícil mantener viva la chispa. Cualquier conversación
para decidir cuál es el mejor programa preescolar para ese "pa-

quete de energía" no es, ni mucho menos, algo que nos incite a una noche de amor.

Además, claro está, el sexo puede llegar a detenerse (lo siento) por completo, cuando el cansancio es general. Personalmente, no conocemos ni hemos oído de ninguna pareja que haya aumentado el número de veces que hace el amor después del nacimiento de cada uno de sus hijos. Si hay alguna por ahí háganoslo saber. En realidad, pensándolo bien, no nos lo hagan saber. Sería demasiado deprimente.

Terminamos Cediendo a la Locura

"Es inútil resistirse. Terminaremos por ser asimilados."
—*El Borg en La Guerra de las Galaxias*

Cuando nos enfrentamos a más hijos, tenemos una de dos alternativas: rendirnos o morir luchando.

Tener más de un hijo nos obliga, casi a todos, en especial a los hombres, a poner a nuestra familia en primer lugar. Con un solo hijo, no es necesario hacerlo. Para expresarlo en términos más precisos, podemos llegar a quedar atrapados entre lo que éramos y lo que tenemos que ser. Durante la tercera y la cuarta década de la vida nos dedicamos a desarrollar nuestra identidad personal y profesional. Cuando tenemos más niños, la identidad que hemos alcanzado en el campo profesional, así como en lo personal, tiende a encogerse y adaptarse a las nuevas funciones de Mamá o Papá.

Entregarse es algo que pocos sabemos hacer. Somos luchadores, ¿no es cierto? Por lo general, esa entrega está precedida de una importante lucha, durante la que nos quejamos y sentimos que lo que nos está sucediendo no es justo. Nos lamentamos, "¿Qué pasó con mi (encierre en un círculo las cosas que se aplican a usted): cintura, tiempo libre, rutina de gimnasia (o si en realidad sentimos autocompasión,) vida?" Sin embargo, eventualmente, la gran mayoría cedemos ante la paternidad. Los signos son evidentes y están en todas partes:

- Compramos un miniván (algunos hombres, si su capacidad económica lo permite, compran un convertible o una motocicleta para contrarrestar el efecto del miniván).

- Nos inscribimos en el Club de Sam o en Costco, a Nivel Ejecutivo.

- Son tantas las cosas de niños que llenan la casa, que llegamos a pensar que las oímos respirar en la noche.

- Nos mudamos o pensamos en mudarnos a los suburbios.

- Las mujeres nos cortamos el pelo… bien corto.

- Los hombres empiezan a perder el pelo.

- Aumentamos quince libras porque no podemos ir al gimnasio.

- Desarrollamos una leve joroba por alzar niños de treinta libras.

- Compramos libros que nos enseñan a administrar el tiempo y a equilibrar nuestras vidas, aunque jamás los leemos. Seguimos esperando que alguien, en alguna parte, haya resuelto para nosotros todos estos dilemas.

> "Por algún tiempo me sentí furiosa con el mundo,
> después de que nacieron nuestros hijos. Pero, como le
> dije a una amiga cuyos niños dejaron de dormir la
> siesta al mismo tiempo, uno entra de inmediato en la
> zona de confort, con esas mismas cosas que nos
> hicieron sentir incómodas al principio, y simplemente
> se acostumbra a ellas. Ahora atesoro los momentos en
> los que puedo estar sola con sólo uno de mis hijos.
> Esto no quiere decir que no me encantaría que todos
> durmieran la siesta al mismo tiempo."
> —*Ellen, 9 años de matrimonio, 2 niños*

El Enfoque de los Equipos:
Los Adultos vs. Los Rugrats

"Se trata de un llamado de 'Todos a Cubierta' porque
así tiene que ser."
—Cindy, 9 años de matrimonio, 3 niños

"Siento que con cada hijo que llega, nuestro
matrimonio se fortalece, los lazos de unión son más
profundos, nos entendemos todos mejor."
—Ruth, 11 años de matrimonio, 2 niños

En la mayoría de los casos, a medida que crecen las familias, es
evidente que muy pronto, nos guste o no, la pareja se verá obligada
a trabajar junta si quiere que todo se mantenga en orden. Si se
trata de un partido de *Los Adultos vs. Los Rugrats*, el esposo y la
esposa se necesitarán mutuamente si quieren ganar. Es algo que
uno de los dos solo no puede lograr. Se producen simultáneamente dos interesantes fenómenos que nos obligan a aprender
muy rápido a fin de poder manejar una máquina bien aceitada: *El
Papá Colabora Más y la Mamá se Tranquiliza.*

   ¿Cómo va ese antiguo adagio? *El primer hijo convierte al hombre en padre. El segundo lo convierte en papá.* Muchos de los hombres con quienes hablamos estuvieron de acuerdo que con el
segundo o tercer hijo se habían alistado de lleno en su papel de
papás. "Cuando nació el segundo de nuestros hijos, fue como si
hubieran llamado a la reserva a prestar servicio ocasional para trabajo de refuerzo. Pero cuando llegamos al tercero, cielos, estoy de
servicio todo el tiempo," dijo nuestro amigo Sean, ex marino. En
ese momento, los hombres simplemente se ven obligados a interve-
nir, por la carga de trabajo. Su participación se da por hecho.

   Cuando las cosas empiezan a salirse de control, la mamá se da
cuenta, de repente, que tiene que ceder en sus normas estrictas (ya
no es importante que lo que los niños se pongan combine bien).
Además, puede llegar a decidir que su esposo, por despistado que

estuviera en un determinado momento, ahora está absolutamente
capacitado para alimentar, bañar y vestir a los niños. "Ya no podría hacerlo sola de ninguna manera," dice nuestra decidida y tra-
bajadora amiga abogada, Gail.

Sobra decir que no siempre alcanzamos una plena armonía
sincronizada (si es que alguna vez lo logramos) y, a veces, pensamos que nuestra carga de trabajo es mayor que la de nuestro compañero de equipo. A algunos jugadores les toma más tiempo que
a otros llegar a dominar la técnica, pero, eventualmente, empezamos a ver signos de que ya trabajamos en equipo:

> "Al mirar hacia atrás, no recuerdo en qué momento
> cambiaron las cosas, ni tampoco que hayamos hablado
> al respecto, pero ahora hemos llegado al acuerdo de
> que, cuando los niños están despiertos, ambos padres
> están de servicio. Así, mientras uno prepara la cena, el
> otro hace las tareas, baña los niños o juega fútbol en el
> patio de atrás."
>
> —*Anton, 9 años de matrimonio, 2 niños*

Cómo Divertirse con las Matemáticas de la Familia

El Juego de los Números

La *sola mención* de la posibilidad de tener más hijos
puede desencadenar desacuerdos maritales. Muchos
discutimos constantemente "cuántos hijos deberíamos
tener." Según una encuesta de babycenter.com, 21 por
ciento de las parejas no están de acuerdo en el número
ideal de hijos para su familia ("Sí, si quiere puede tener
otro, ¡pero no será conmigo!"), mientras que el 43 por
ciento "cree" estar de acuerdo.[1]

Algunas parejas convierten el juego de los números en
una compleja ecuación matemática, con cada nueva

variable (hijo) que requeriría un análisis financiero que dejaría orgulloso a Alan Greenspan. Todo por una pregunta que aparentemente lo único que requiere es una simple respuesta numérica.

> "Estamos pensando en tener un tercer hijo. Hay días en que nos miramos y decimos, 'Hoy es un día de dos hijos.' "
> —*Ramón, 10 años de matrimonio, 2 niños*

Repetir los Cálculos
Muchas parejas reducen su número ideal de hijos con cada nuevo bebé. Por ejemplo, cuando se casaron, Mike le dijo a Cathy que quería seis hijos. Después del primero, el número bajó a cinco, después del segundo, él concluyó que tres sería perfecto, muchas gracias.

El Juego del Espacio
¿Qué hacer si uno de los dos quiere acortar lo más posible la época de cambiar pañales mientras que el otro quiere que haya un intervalo de tres años entre cada hijo?

> "Cada año que esperamos para tener el tercer hijo, significa otro año más atrapados en la época de criar nuestra familia. A este paso, vamos a estar asistiendo a las reuniones de padres de familia cuando tengamos sesenta años."
> —*Dennos, 10 años de matrimonio, 2 niños*

El Juego de las Lágrimas:
Cómo se Resuelve la Discusión
La suma del juego es cero. Alguien sale perdiendo.

> *Análisis del Impacto a Corto Plazo:*

> "Aunque no quería otro hijo, el encanto de hacer el amor con mucha frecuencia fue suficiente para convencerme."
> —*Alan, 9 años de matrimonio, 3 niños*

Análisis del Impacto a Largo Plazo:

"Él quería sólo dos, y ganó. Creo que hay algunos
aspectos en los que siempre gana el no. Este fue uno
de ellos. Me tomó unas cuantas semanas aceptar el
hecho de que no tendríamos un tercer hijo. Sin
embargo, pensando en lo difícil que sería, yo tampoco
estaba 100 por ciento convencida; la decisión fue
simple."

    —*Vivian, 6 años de matrimonio, 2 niños*

**El 99 por ciento de las veces, el voto de la mujer es el
decisivo. En realidad, hasta cuando los hombres puedan
embarazarse y amamantar, eso nos parece justo. Sin
embargo, varias parejas nos dijeron que utilizaban un
sistema de negociación de altos intereses para ponerse
de acuerdo. Laura nunca tendría que volver a preparar la
cena. Mike obtuvo de su esposa la promesa de que
harían el amor una vez por semana a cambio de un
cuarto hijo.**

**Ah, sí, cuidado con lo que desean. Conocemos unas
cuantas parejas que, al decidir que tendrían un segundo
o un tercer hijo, tuvieron mellizos...**

Aunque a medida que aumenta el número de hijos aumentan también el caos, el trabajo y la presión financiera en nuestras vidas,
estos nos dan, instantáneamente, una mayor claridad y orientación. En especial esta última razon nos obliga sin demora a cerrar
el libro de nuestra vida pasada y dejar de intentar "que las cosas
vuelvan a ser como antes de tener hijos." Aceptamos nuestra nueva
realidad. Y salimos ganando.

Sección Adicional:
Unas Vacaciones en Familia No Son Vacaciones

Ahhh, vacaciones en familia. ¿Sol y diversión? Definitivamente sí. ¿Algo de tiempo para descansar? No exactamente. Unas vacaciones en familia no son vacaciones. Trabajamos lo mismo o inclusive más que cuando estamos en casa; aunque en otro lugar. Con frecuencia, regresamos a casa exhaustos, habiendo dejado atrás la preciosa manta sin la que el pequeño no puede dormir, y a veces prácticamente sin hablarnos con nuestro cónyuge. ¿Por qué?

> "La solución de cinco minutos nunca dio resultado o la esposa perdió medio día buscando por todo Disney uno de los zapatos tenis del niño menor porque era un par de zapatos muy lindo, o ambas cosas."
> —(Está bien, lo admitimos. Esa fue una de nosotras tres.)

¿Recuerdan los días en los que las vacaciones comenzaban cuando abordaban el avión (o inclusive cuando salían para el aeropuerto)? Sin zapatos, leyendo una revista, recostados en el asiento... relajados. Ahora, llegar al lugar donde pasaremos las vacaciones es la parte más traumática del viaje.

Azafatas Desatentas

Cuando uno viaja en avión con niños pequeños, nadie quiere prestarle atención, menos aún las azafatas. En su primer viaje sola con un bebé, Julia intentaba cerrar el cochecito con una mano mientras sostenía al bebé con la otra. (Ahora ya es una experta, después de tanta práctica que se adquiere hoy en día en el aspecto de la seguridad). Mientras tanto, tres azafatas permanecían allí de pie, mirándola con los brazos cruzados. "Les pregunté si podrían ayudarme y me dijeron, en tono muy amable, que no les era permitido alzar a los niños. No se por qué eso les impedía también ayudarme a cerrar el coche. La fila de pasajeros era ya tan larga, que, por último, *el capitán* del avión salió de la cabina y tomó en sus brazos a Theo. Seguramente se estaría preguntando cómo haría para despegar sin permitir que un bebé le quitara las gafas. Yo estaba contrariada. Y furiosa."

Pasajeros Horrorizados

Cathy viajó a Irlanda la pasada Navidad con un niño que empezaba a caminar y un bebé. Viajó sola (no duda en reconocer que fue una de las cosas más absurdas que jamás haya hecho). "Podía oler el miedo cuando subí al avión. Todos los pasajeros estaban aterrados de pensar que se verían obligados a cuidar niños a 30 mil pies de altura. Todos se concentraron con enorme interés en sus libros y en el contenido de sus maletines de mano. Diez horas más tarde, cuando aterrizamos en Dublín (después de que de mis dos asientos de avión no dejaron de salir gritos y llantos), se me acercó un hombre que me preguntó cuándo volvería a casa. Quería asegurarse de no viajar en el mismo avión."

En otro vuelo, la pequeña de diez meses de Stacie lloró sin parar, a pleno pulmón, durante una hora. A las miradas asesinas que le llegaban de todos lados, ella respondió levantando la bebé en el aire y diciéndoles "Lo he intentado todo: el biberón, la comida, el chupo, los libros… he hecho lo mejor que he podido," luego se disculpó y se sentó de nuevo.

El Baño del Aeropuerto

Cuando Stacie tenía siete meses de embarazo viajó sola con su hija de tres años y su hijo de un año. Sí, de acuerdo, estaba loca. Jamás olvidará su experiencia en ese cubículo de un metro cuadrado del baño del aeropuerto: "Mi hija me dijo que tenía que ir al baño, pero le daba mucho miedo la taza del inodoro que descarga automáticamente el agua con gran estruendo. Me impacienté porque estábamos a punto de abordar. Mientras sostenía en un brazo a mi hijo de un año, que pesa 25 libras, y recuerden que estaba ya bien avanzado mi embarazo, me senté en ese inodoro malvado y la puse frente a mí animándola a que hiciera. Pero estaba demasiado asustada. No había nadie en el cuarto de baño de manera que la alcé y la senté en el lavamanos. Naturalmente, entraron unas mujeres y me descubrieron. Sí, había llegado a otro punto muy bajo en mi vida. Pero no me importó. ¡No estaba dispuesta a emprender un vuelo de dos horas con una niña mojada!"

Un Llamado a Quienes Viajan en Avión

Cuando uno viaja solo en avión con niños, sucede una de dos cosas. O queda uno con la impresión de que la raza humana está perdida o recobra la fe en la humanidad.

Por lo general, una mujer que viaje sola con sus niños se siente como el peor ser humano del planeta. Todos suspiran honda y ruidosamente y hacen ademán con las manos de torcerle el pescuezo, cuando usted no los está mirando, porque tienen que esperar otros dos minutos para abordar el avión, o se sientan junto a usted con rostros inexpresivos tratando de no tener en cuenta a sus adorables niños ni sus intentos de arrancarles el reloj. Sabemos que es molesto. No hace mucho estábamos de ese lado.

Nos ha conmovido también casi hasta las lágrimas la enorme bondad humana de incontables extraños que se han ofrecido a llevarnos una maleta, a sostener al bebé o inclusive a jugar a las escondidas por encima del espaldar del asiento durante toda una hora con un niño de un año. Todas hemos dependido en un momento dado de la bondad de los extraños y estamos más agradecidas de lo que pueden imaginar.

De manera que les pedimos, por favor, que si no quieren (o físicamente no pueden) ayudarnos a llevar una maleta o a doblar un cochecito (lo cierto es que nadie espera que vayan a tomar en brazos a un bebé), sean pacientes. Tal vez reaccionen con una débil sonrisa de comprensión. Eso no es mucho pedir, ¿o sí?

CÓMO SE SIENTEN LAS MUJERES

"A medida que aumentan los hijos, vamos despertando a la realidad. Esta es la vida real y hay que hacer que funcione para la familia."
—*Melanie, 9 años de matrimonio, 2 niños*

En el fondo de nuestro corazón, sabíamos que teníamos amor suficiente para todos nuestros hijos. ¿Quién hubiera pensado que tendríamos suficientes reservas de fuerza y fortaleza interna para cuidarlos a todos (además de cuidar a nuestro esposo y de cuidarnos, tal vez, nosotras mismas)? A veces nos sorprendemos de lo que hacemos. Justo cuando pensamos que no seremos capaces de levantarnos una vez más en la noche, o que no tendremos fuerzas para terminar el día sin caernos de cansancio y quedarnos dormidas sobre el escritorio, de alguna forma lo logramos. Tal vez no lo hagamos a la perfección, pero lo logramos. Se trata simplemente de preguntarse, "Bien, cielos, ¿cómo voy a hacer todo esto?"

La Dura Realidad

"Sin duda me he vuelto menos estricta con el tiempo en muchos aspectos. He tenido que ceder y aceptar que muchas cosas se me salen de las manos y que debo simplemente seguir la corriente."
—*Leslie, 8 años de matrimonio, 3 niños*

"He leído acerca de todas esas mamás que se deprimen. Yo no tengo tiempo de deprimirme—estoy demasiado

ocupada intentando sobrevivir. Ni siquiera tengo
tiempo de pensar en deprimirme."

—*Erin, 11 años de matrimonio, 3 niños*

Sin duda, una de las formas en las que logramos que todo funcione es dejar de ser tan estrictas. En realidad, cuidar y alimentar a los niños que llegan después del primero es diez veces más fácil. A menos que, como Kelly, tengamos un hijo que nos haga decir, "Si el segundo hubiera sido el primero, nunca habría tenido otro hijo," ese hijo insoportable que llega de segundo, nos hace respirar profundamente y pensar que el niño sobrevivirá bajo nuestro cuidado, sólo así nos tranquilizaremos. Dejamos que nuestras normas sean un poco menos rígidas. Las siguientes historias lo demuestran:

Stacie: "Era muy estricta con el horario en el que le daba el biberón a mi hija y en saber cuántas onzas tomaba. Con el segundo y el tercero de mis hijos, cada vez que lloraban, les daba el biberón. Pensaba que tenían hambre. Lo sabía por la forma como lloraban."

Julia: "Cuando mi hijo menor se golpeó la cabeza por primera vez contra la mesa de centro de la sala, sin inmutarme lo llevé a urgencias para que lo cosieran, como si se tratara de ir a llevar la ropa a una lavandería un poco más distante. Acepto que sangró muy poco, pero no me angustié. Claro que me dio mucha lástima, pero si hubiera sido con la primera, me hubiera culpado por lo ocurrido durante toda una semana."

Cathy: "Mi hermana me llamó un día cuando el bebé tenía tres meses y me preguntó, con horror fingido, si lo que escuchaba en el trasfondo era la televisión. Evidentemente, en una época había afirmado categóricamente que mis niños no verían televisión hasta cuando cumplieran tres años. Tuve que admitir que el de dos años estaba mirando *Buscando a Nemo*—por segunda vez ese día.

A veces, logramos tranquilizarnos hasta el punto de disfrutarlo...

> "Creo que disfruté mucho más de mi segundo hijo.
> Con el primero, siempre decía, 'No veo la hora de que
> gatee. No veo la hora de que camine.' Con el segundo,
> simplemente disfruto cada nueva etapa porque sé que
> no va a durar mucho tiempo."
>
> —*Allison, 7 años de matrimonio, 2 niños*

La Etapa Romántica

Cuando tenemos el segundo hijo, muchas pensamos en
el pasado e idealizamos esos días. No recordamos las
granadas. Stacie dejó de mecerse en las lianas el tiempo
suficiente para recordar lo que ella llama *La Etapa
Romántica*:

> "Tener un solo hijo—en retrospectiva, es como ver una
> película: estamos ahí, en la playa, viendo el atardecer,
> cuando la bebé descubre su primera concha de mar.
> Los dos nos miramos, sonreímos y pensamos en ese
> momento. Cuando se tienen dos o más hijos, la escena
> es totalmente distinta: Jaclyn corre hacia el océano y
> James y el pequeño Ross se dirigen hacia las dunas
> mientras nosotros, en equipo, no dejamos de aplicar
> casi constantemente el filtro solar, de construir
> castillos de arena y de cambiar pañales. No tenemos
> tiempo de darnos cuenta del atardecer. Hay que estar
> realmente atentos para captar 'esos momentos.'"

Cuando sólo somos tres, ninguno se distrae—hay tiempo,
energía y capacidad mental suficiente para retener esos
momentos especiales. Si agregamos uno o dos hijos más,
todo es muy borroso. En especial la etapa romántica. Esta
pasa en un segundo y en un instante desaparece.

No Tan Tranquila

Aunque aflojemos un poco las normas de la mamá (*¿Será que chuparse la tapa del tubo de dentífrico equivale a cepillarse los dientes?*), queremos estar seguras de que no se nos escape nada. Respondemos a los múltiples caos producidos por los niños con un esfuerzo por controlarlos. Compramos la ropa de otoño a comienzos del verano, almacenamos montañas de pañales y alimento para bebé como si estuviera cerca el Harmagedón, programamos las citas médicas y odontológicas con anticipación y nos sentimos tremendamente culpables cuando no alcanzamos a hacerlo todo, o cuando no hacemos nada de esto.

> "Nuestro segundo hijo tiene seis meses y creo que escasamente puedo mantenerlo todo en orden. Se me escapan muchas cosas que quedan sin hacer: se me olvidan las citas médicas, hay períodos de siesta que no se cumplen, mi hijo mayor va al preescolar con la ropa sucia y hace cinco noches que no baño al bebé. El primer hijo, como es obvio, exigió una gran adaptación, pero el segundo me ha desorganizado por completo todos los planes que tenía establecidos. Ahora todo parece tan...desordenado."
> —*Bethany, 6 años de matrimonio, 2 niños*

El Gran Acto de Malabarismo

> "Creo que hacer malabarismo con las tareas de ser madre, esposa y profesional es algo que cambia de una semana a la otra. Algunas semanas todo sale bien. Otras son un desastre."
> —*Gwen, 11 años de matrimonio, 3 niños*

Todas las madres, ya sea que trabajen fuera de casa o no, están en constante movimiento. Si trabajamos fuera de casa, la hora del almuerzo se nos va en hacer mandados para no estar totalmente extenuadas los fines de semana; si permanecemos en casa, nunca tenemos una hora libre para el almuerzo. Es el mayor de los actos de malabarismo. Tenemos que seguir con el balón de voleibol (el hijo más pequeño), con la naranja (el esposo) y con un bate de béisbol (manejar la oficina y/o el hogar) en el aire, todo mientras montamos un monociclo y atravesamos un aro de fuego, luciendo fabulosas en todo momento.

La Torta de Mamá

"Todos quieren un pedazo de la torta de mamá."
—*Vicki, 5 años de matrimonio, 2 niños*

Cuando tenemos más hijos, cada uno recibe una porción menor de la *Torta de Mamá*. Como lo describiera Michelle, nuestro amigo el banquero, "Es como una especie de efecto dilusor en una inversión si llegan nuevos inversionistas." (Gracias, Michelle.) Entonces, naturalmente, se acelera nuestro *Circuito de Culpabilidad*. "No le estoy dedicando el tiempo suficiente a William. Megan estaba llorando cuando salí esta mañana para el trabajo. No están comiendo suficientes verduras."

Todos Quieren un Pedazo de la Torta de Mamá

Y, claro está, tenemos también en casa a esa persona grande que ronda por ahí buscando también su porción de torta. Un domingo por la mañana, Cathy, que tenía a los dos niños gritando "Mamá" y estirándole los brazos, dijo a Mike, "Cielos, tengo que dividirme en dos." "No," respondió él, "en tres."

Después de un largo día en el circo, hay dos cosas entre las que puedo elegir: hacer el amor o dormir. ¿Será necesario terminar esta frase? Nos decimos que las cosas van a mejorar cuando todos los niños duerman la noche entera, o durante el preescolar, o tal vez cuando estén en quinto de primaria, y que entonces tendremos de nuevo tiempo para nuestros esposos.

Algo Tiene que Ceder

Con tantas cosas que hacer, algo tiene que ceder. Para la gran mayoría de nosotras, ese algo es nuestro tiempo libre, nuestras aficiones y a veces, inclusive, nuestras amigas. Cuando tenemos más hijos, se trata de que todo lo demás quepa, también—nuestras aspiraciones profesionales, nuestras amistades, nuestras aficiones, el ejercicio y el matrimonio—eso es muy difícil.

Casi todas las mamás que trabajan quieren maximizar el tiempo que tienen para "ser mamás" sacrificando, por consiguiente, todo su tiempo libre. Cuando no están ocupadas, rara vez dejan los niños a cargo del papá para darse un respiro.

> "Trabajo tiempo completo y considero que eso cuenta
> como 'mi tiempo.' Después de trabajar todo el día, no
> puedo pensar que sea justo ir a clase de Pilates o a
> alguna otra actividad por la noche. He estado
> demasiado tiempo lejos de los niños."
> —*Hillary, 7 años de matrimonio, 2 niños*

Algunas mamás que permanecen en casa se sienten aisladas después de tener más hijos. Deben hacer de recreacionistas de sus hijos, ellas solas, durante todo el día, pero la alternativa—es decir, sacar a todos los niños de la casa y llevarlos a donde los amigos a jugar—es a veces más agotador. "¿Preparar todo lo que se necesita para sacar de la casa a dos niños? Eso requiere una maleta con ruedas, sólo para salir a comprar pancakes," dice Renee. Cuando estas mamás no tienen contacto con otros adultos, y no cuentan con su estímulo, sienten que las paredes las están aprisionando. Pero si pagan a una niñera para poder descansar, muchas se preguntan, "¿Cómo puedo justificar pagarle a alguien para que haga mi trabajo si no estoy contribuyendo al ingreso familiar?" No hay respuestas fáciles.

> "Ya no hablo casi nunca con mis amigas. Sólo converso por unos minutos con las demás mamás en el paradero del bus escolar. Son amables, pero no las conozco muy bien. Simplemente ya no tengo tiempo de ver a nadie."
> —*Sara, 5 años de matrimonio, 2 niños*

Reconsiderando Posibles Carreras Profesionales

> "Cuando estaba esperando a mi tercer hijo, pensé, 'Es hora de dejar mi trabajo y olvidarme de todo esto.' "
> —*Colleen, 7 años de matrimonio, 3 niños*

El aumento de la carga de trabajo y el deseo de encontrar más "tiempo para ser mamá" lleva a muchas mujeres a reprogramar su horario de trabajo. Algunos estudios indican que hasta el 50 por ciento de las madres que trabajan tiempo completo cambian a un trabajo de medio tiempo o piden una licencia cuando tienen un segundo hijo.[2]

La decisión de permanecer en casa o trabajar medio tiempo resulta fácil para algunas, pero para otras es un enorme dilema.

> "Simplemente no veía cómo podría seguir como estaba después de que nació mi segundo hijo. Tenía un trabajo realmente exigente como abogada y mi esposo viaja por negocios todo el tiempo. Nadie realmente se

ocupaba de la casa y los niños pasaban de los centros
de atención diurna a las niñeras y de nuevo al centro
de atención. Entonces decidimos que era lógico que
me quedara en casa. Para mí fue muy difícil. El
trabajo es parte importante de lo que soy, y creo que
realmente me deprimí por un tiempo y sé que me
desquité con mi esposo."

—*Mary, 5 años de matrimonio, 2 niños*

Qué Sentimos por Nuestros Esposos

Ver la forma como nuestros esposos asumen su paternidad nos da
la más absoluta seguridad de que todo está bien en el mundo. Nos
hace sentir felices y nos produce un enorme bienestar. Cuando los
niños juegan y comparten sus juegos con nosotros diciendo, "miren lo que hicimos" y se ríen con el papá, sería imposible imaginar
una mayor felicidad. Y cuando él juega con los niños, en ese momento nos sentimos orgullosas como un pavo real.

Julia: "Gordon está disfrutando su paternidad como un
cerdito en el lodo. Lleva a los niños a la guardería, los
lleva a comprar plantas para el jardín y se pasa con ellos
todo el sábado en el patio. Le está enseñando a Theo a
montar en bicicleta y a Henry a hacer construcciones
con sus cubos. Él se encarga de bañarlos y acostarlos,
como todo un profesional. Aquí estoy yo, escribiendo
este libro, pero no tengo palabras para explicar la
felicidad de ver la unión que tenemos como familia, de
saber que él también está feliz con su vida de hogar."

Stacie: "Cuidar a tres niños menores de cinco años no
es un paseo. Al final de un agitado fin de semana, Ross
no ve la hora de salir de nuevo en viaje de negocios
para escapar de la locura. Pero cuando llega a 35 mil
pies de altura, no ve la hora de volver a estar con
Jaclyn, James y el pequeño Ross. Cuando llega a casa,

pasa corriendo por la cocina para saludar a su club de ruidosos aficionados. Lo tratan como si fuera una verdadera estrella de rock. A veces, me emociono hasta las lágrimas al verlos."

Cathy: "Hace un par de semanas dejamos las niñas con mis suegros, para que pasaran la noche allá. El sábado por la mañana, Mike me dijo 'Vamos a traerlas. En realidad quiero estar con ellas.' Me sentí absolutamente feliz de que quisiera hacerlo—de que no quisiera ir de pesca, ni quedarse durmiendo, o mirando televisión, o poniéndose al día con el trabajo—sólo estar con ellas."

Sin embargo, no debe sorprendernos que aún queramos lo mismo que siempre hemos querido recibir de nuestros esposos: ayuda y reconocimiento.

Ayuda y Reconocimiento, etc., etc.

"El otro día, Eric dijo, 'Sólo pensar en ir al supermercado con los dos niños es bastante desalentador. Si fuera uno sólo no sería problema.' Entonces le dije, '¿Recuerdas cuando nació Emily y te pregunté como me las iba a arreglar ahora?' Tu respuesta fue, 'Las mujeres lo han venido haciendo durante miles de años, ya te las arreglarás.' ¿Lo recuerdas? *Ahora*, ¿entiendes de qué te hablaba?' Y él me respondió, 'Oh, hmmm, sí, eso creo.' "
—*Brandy, 8 años de matrimonio, 2 niños*

Seguimos con la misma cantaleta, eso es lo que nosotras las mujeres hacemos. (Lo sentimos, señores, ¿empezamos a sonar como la maestra de *Charlie Brown*?) Realmente es la única forma de establecer una verdadera sociedad entre padre y madre: *Uno no lo entiende, hasta que lo hace.*

Por Fin lo Entienden

¡Hurra!

Algunas mujeres nos dijeron que a medida que sus familias crecían, sus esposos *por fin* "entendían."

> "Cuando tuvimos nuestro segundo hijo me sorprendió la forma como mi esposo me ayudó. Siento como si con el primero hubiera dado sólo el 50 por ciento, pero con el segundo colaboró el 90 por ciento. Su compromiso y participación aumentaron realmente con el segundo hijo".
> —*Marilyn, 11 años de matrimonio, 4 niños*

Otros no lo "entendieron" tanto y fue necesario obligarlos a "caer en la cuenta."

> "No fue como si Tom al ver a su segundo hijo hubiera dicho, 'Cielos, será mejor arremangarme y empezar a trabajar en casa.' Creo que fue cuando empecé a girar cheques sin fondo que se dio cuenta de que tenía demasiadas cosas entre manos."
> —*Joanne, 6 años de matrimonio, 2 niños*

¿Alguna Vez lo Entenderá?

Otras se quejaron de que sus esposos aún no lo entienden y nunca lo entenderán.

> "Durante el primer año, después de nuestro segundo hijo, mi esposo se acostaba simplemente en el sofá y refunfuñaba. Se quejaba constantemente de todo lo que teníamos que hacer y lo cansados que estábamos. *¿Estábamos?* Lo repito, se limitaba a acostarse en el sofá y refunfuñar. No movía ni un dedo."
> —*Cheryl, 12 años de matrimonio, 2 niños*

"Mi esposo realmente dijo lo siguiente: '¿Por qué no agradeces que trato de ayudar a facilitarte las cosas? ¿No te das cuenta que soy yo el que trabajo para que puedas comprar buenas cosas y quedarte en casa con los niños? Tú no tienes que trabajar.' Créanme que no logró convencerme de hacer el amor durante casi un mes."

—*Rebecca, 11 años de matrimonio, 3 niños*

Sí, nuestros esposos "lo entendieron" pero, naturalmente, todavía pueden mejorar mucho más. Por ejemplo, en primer lugar, en sus dramáticos y molestos comportamientos para negociar su libertad.

Los Fugitivos

Así como nuestros esposos incrementaron su participación en las tareas domésticas con la llegada de cada hijo, también incrementaron sus intentos por escapar, llegando a grandes extremos en su desesperación por abandonar la prisión. Piensen en Steve McQueen en *El Gran Escape*, tratando de saltar la cerca en su motocicleta para entrar a Suiza.

Sólo al comentar esta sección nos dimos cuenta de que cada uno de nuestros esposos ha incrementado cada vez más la afición por un pasatiempo o ha declarado una pasión nunca antes confesada que había albergado toda su vida y de la que no teníamos la menor idea:

- Mike comenzó a salir de pesca en los últimos meses del segundo embarazo de Cathy. (Aparentemente, no es posible salir de pesca por menos de cinco horas cada vez.)

- Gordon anunció que pensaba matricularse en un evento amateur de ciclismo en Los Alpes, lo que coincidió con el nacimiento del segundo hijo de Julia. (Siempre había practicado el ciclismo, de pronto, una escalada alpina se convirtió en un imperativo.)

- Ross entrenó todas las mañanas durante meses y corrió la maratón durante el segundo embarazo de Stacie.

Y no somos las únicas:

> "Unas pocas semanas después de que naciera nuestro
> tercer hijo, mi esposo me dijo que empezaría a
> trabajar en la campaña de John Kerry, reclutando
> personal para los centros de información telefónica y
> registro de electores. Pensé que se había vuelto
> totalmente loco. Le dije algo como, '¿Quién te necesita
> más? ¿El Sr. John Kerry o yo?' "
> —*Maggie, 7 años de matrimonio, 3 niños*

Cuando las mujeres enfrentan el reto de perder su tiempo libre,
dicen, "Algo tiene que ceder." Cuando los hombres enfrentan esta
realidad dicen, "Tiene que haber alguna forma de salir de esta situación.' Nosotras estamos contribuyendo de nuevo a incrementar la familia mientras que ustedes agregan actividades de alto
gasto de energía a sus cronogramas. ¿Es eso realmente justo?

Lo que una mujer entiende: perder la libertad y el deseo perfectamente razonable de alcanzar ciertas metas antes de llegar a
los cuarenta. Con eso nos podemos identificar. Cuando salen a

Los Fugitivos

batear cuando crece la familia, nos sentimos realmente motivadas a asegurarnos de dejarlos en libertad tanto como sea posible. Lo que no podemos entender como mujeres, es que propongan desarrollar una actividad solos, los fines de semana, que los aleja del hogar por varias horas consecutivas. Eso hace que nos resulte muy difícil ser magnánimas y decir, "Váyanse y diviértanse."

¿Quién Soy Yo? ¿La Carcelera?

Hay otro pequeño problema con estos intentos por escapar: terminamos desempeñando el papel de carceleras. No siempre queremos ser el personaje malvado. Nos molestan cuando dicen cosas como, "La esposa de John aún le permite jugar golf todos los sábados, ¿por qué no puedo hacer yo lo mismo?" o "Oye, los muchachos van a reunirse esta noche a jugar póker. ¿Me puedes dar permiso?" ¿Qué somos, el director de la escuela que distribuye permisos y da méritos? ¿Debemos programar las actividades domésticas y la hora del refrigerio, además del recreo?

Queremos ser la socias en esta creciente empresa, y utilizar sus sólidas y masculinas razones para determinar cómo y cuándo utilizar su tiempo libre. En realidad no nos interesa convertirnos en sus carceleras.

CÓMO SE SIENTEN LOS HOMBRES

"Ya es oficial. Soy uno de esos pobres diablos del aeropuerto que arrastran a dos niños en un coche doble, con un bebé colgado a la espalda y quince piezas de equipaje. Soy la mula de carga."
—*Dean, 8 años de matrimonio, 3 niños*

"Cada niño es diferente. Son como imanes con fuerzas opuestas. Cuando uno está contento, el otro está triste. Cuando uno llora, el otro quiere jugar. Cuando uno

tiene hambre, el otro no quiere comer. Cuando uno
voltea a la derecha, el otro voltea a la izquierda. Hacen
que la cabeza me dé vueltas."
        —*Rubén, 8 años de matrimonio, 2 niños.*

Orgulloso como un pavo real ante la evidencia risueña y juguetona
de sus proezas masculinas, los hombres se van involucrando más
en la vida de sus familias en pleno crecimiento. También ayuda el
hecho de que los hijos mayores están creciendo y, por consiguiente,
son mucho más interesantes para los hombres (sin decir que son
también más fáciles de cuidar). La relación que establecen con sus
hijos les produce una gran satisfacción y por lo general descubren
que mejora también su relación con su esposa. Hasta que al mismo
tiempo se dan cuenta inevitablemente de que su tajada de torta se
achica cada vez más y de que su tiempo libre ha desaparecido vir-
tualmente. Con la creciente presión de proveer para el hogar y una
vida que la mayoría de las veces parece estar fuera de su control,
pueden sentirse agotados por el doble trabajo (en la oficina y en el
hogar) en el que se ha convertido su existencia.

La Mula de Carga

Acostumbrarse al Trabajo de Ser Papá

> "Las buenas noticias son que con el segundo hijo uno
> tiene más experiencia. Uno hace las cosas mejor, más
> rápido, y de forma más inteligente. Uno sabe qué
> atajos puede tomar."
>
> —*Greg, 10 años de matrimonio, 3 niños*

¡Uy! ¡Siempre tomando atajos! Pero oigan, tal vez tienen razón, después de todo...

> "Me divierto mucho con Catherine, nuestra hija de
> cuatro años; me hace reír con sus ocurrencias. Se ha
> convertido en toda una personita. Los bebés son
> lindos, pero no es muy divertido estar con ellos. Uno
> se siente como si estuviera cumpliendo con un deber,
> yo ya no me siento así con Catherine."
>
> —*Howard, 7 años de matrimonio, 2 niños*

Al igual que sus esposas, los hombres también adquieren perspectiva en lo que se refiere al proceso y son capaces de adaptar debidamente sus expectativas. Saben, por ejemplo, que la *Zona Subliminal* no *dura* eternamente—que en un tiempo volverán a dormir y que sus esposas eventualmente regresarán a una versión bastante reconocible de lo que eran antes.

> "Recuerdo que cuando nació Luke, compré unas
> tarjetas con las letras del alfabeto y las pegué en el
> techo sobre la mesa de cambiarle el pañal, pensando
> que para cuando tuviera dos años ya supiera leer su
> nombre. Ahora con este bebé soy un poco más realista
> en cuanto a las cosas y me limito a procurar
> divertirme jugando con él."
>
> —*Scott, 8 años de matrimonio, 2 niños*

¡Ajá!

"Parece que la mayor parte del tiempo que pasamos en
casa se 'centra en los niños' cuando tenemos dos o
más. Ya sea que uno esté preparando el almuerzo o la
cena, cambiando pañales, jugando, alistándolos para
dormir la siesta o bañándolos, parece que siempre hay
algún tipo de actividad en proceso. Al fin me di
cuenta, 'Demonios, esto es trabajo duro.' "
    —*Curt, 5 años de matrimonio, 3 niños*

"¡El paraíso es cuidar a un niño!"
    —*Andy, 5 años de matrimonio, 3 niños*

Una vez que se involucran más en el trabajo (especialmente
durante los fines de semana), hemos podido darnos cuenta que
la mayoría de los hombres, al fin "lo entienden." *Lo hacen, por lo
tanto, entienden.* Naturalmente que unos pocos hombres ilumina-
dos lo entendieron desde la primera vez, aunque, a la mayoría,
sólo se le enciende el el bombillo cuando nace el segundo hijo.
Esta comprensión se traduce en empatía, aprecio y deseos de ayudar. Cuando mamá amamanta al bebé, y el pequeño que comienza
a caminar está a punto de saltar al piso desde el mostrador de la
cocina, pueden darse cuenta de lo importante que es su participación. Comprenden que su esposa no puede "luchar contra dos co-
codrilos" (cambiar dos pañales) a la vez.

"Con tres niños, vi que necesitaba prestarles más
    atención a cada uno de ellos, invertir ese tiempo. Mi
esposa es una gran mamá, pero no puede leerle a
Jenny, hacer torres de cubos con John y Katie, y cargar
la loza en el lavaplatos a la misma vez."
    —*Jeremy, 7 años de matrimonio, 3 niños*

¿Qué Paso con Mi Vida?

"A los hombres los persiguen los fantasmas de su vida pasada. Recuerdan ese tipo que solía salir después del trabajo a tomarse un par de tragos. Recuerdan (o imaginan) los días de mujeres de vida alegre y sexo salvaje. Recuerdan los tiempos en que eran libres y podían pasarse todo el sábado sentados viendo deportes. A medida que tienen más hijos, sin embargo, terminan por darse cuenta que de que tiene que matar esos fantasmas".

—*Alan, 9 años de matrimonio, 3 niños*

Como dijo nuestra amiga Pat, "Tener el primer hijo fue muy fácil, pero el segundo fue una colisión." No es la única que piensa así. Es casi como si los hombres necesitaran uno o dos hijos más para darse cuenta de lo que sus esposas ya saben desde hace tiempo. Su mundo dio un vuelco desde la primera vez; mientras que el de él simplemente se sacudió. Para él, los otros hijos equivalen a un terremoto. ¿Por qué?

Con un hijo, los hombres pueden seguir dedicando tiempo a sus intereses extracurriculares—auque con menor frecuencia— pero tienen tiempo para hacerlo. Como nos lo dijera nuestro amigo Gary, "Cuando nació nuestro primer hijo, me di cuenta de que mi obsesión por correr en motocicleta los fines de semana tenía que convertirse en un pasatiempo. Y así fue. Pero ahora, con el segundo hijo, prácticamente tuve que renunciar a esta afición. Me va bien si puedo montar en motocicleta una vez al mes." De nuevo todo tiene que ver con *la libertad*. La reciente pérdida de libertad o de tiempo libre va acumulándose y agota al hombre— más de lo que realmente se cree. Algunos sienten que sus vidas se han convertido en sólo una serie de "tengo que." "Tengo que cumplir en el trabajo. Tengo que cumplir y rendir en el hogar."

El primer instinto de Julia fue titular esta sección "Pobrecito, Pobrecitico, Pobrecito yo," pero Cathy y Stacie se mostraron mucho más compasivas con el "infortunio" masculino y la convencieron de abandonar el sarcasmo. Después de todo, sabemos de dónde proviene. Nosotras también necesitamos un poco de libertad. Sin embargo, algunos hombres pueden perder de vista el hecho de que se trata de un sacrificio relativo y llevan las cosas hasta un punto realmente dramático:

> "Para un hombre, la vida doméstica puede ser el fin. Cuando no hay esperanzas de escapar y las oportunidades de hacer el amor con la esposa al final del día son mínimas, es algo que equivale prácticamente a castrar al hombre. Niños que bañar, hora de dormir la siesta, castigos… todo va totalmente en contra de nuestro impulso biológico, y si no encontramos respiro de todo esto, podemos terminar subiéndonos por las paredes."
>
> —*Sam, 9 años de matrimonio, 2 niños*

(Julia dice, "Pobre llorón, vas a crear un mar de lágrimas." Pero en aras de un buen entendimiento mutuo, ella se esfuerza al máximo.)

Bestias de Carga

El comediante Bill Maher trata el tema del hombre domesticado: "Yo soy como el último soltero de mi grupo de amigos. Y a sus esposas, no les gusta que anden conmigo. Soy como el esclavo prófugo. Les traigo noticias de la libertad." Acepta el argumento de que los hombres casados viven más que los solteros y comenta, "Ah, sí, y también un gato doméstico vive más tiempo. Es una bola de pelo con un espíritu quebrantado que sólo puede ver por la ventana un mundo del que nunca disfrutará. Pero, desde el punto de vista técnico, vive más tiempo."

¿Por qué, si las cosas son *tan malas* para los casados, cuando por fin se escapan, vuelven por más? La tasa de reincidencia es sorprendente. La mayoría de los viudos/ divorciados se vuelve a casar en el término de tres años.[3] Más aun, los casados hacen el amor con el doble de frecuencia que los solteros.[4] Sabemos que eso no es suficiente para la mayoría pero, si están casados, lo más probable es que tengan relaciones sexuales con más frecuencia que sus compañeros solteros, sin importar lo que estos digan.

Para que veas, Bill, medítalo y asimílalo.

Cómo se Sienten Ellos en Cuanto a Sus Esposas

No Tan Desquiciadas

Casi todos los hombres con los que hablamos estuvieron de acuerdo: después de tener el segundo hijo, sus esposas se relajaron.

> "Cuando sólo hay un hijo, ese niño siempre está en la mira, los padres lo tienen enfocado con una mirilla láser. Cuando hay dos, hay dos objetivos móviles. Mi esposa ya no puede hipercontrolarlo todo y eso es un gran alivio. Nos sentimos más equilibrados, ahora que su obsesión no es tan intensa—nos sentimos más como una familia."
>
> —*Ryan, 8 años de matrimonio, 2 niños*

La mayoría de las mujeres dejan de actuar como fanáticas del control. Algunas aprenden inclusive a permitir que sus esposos desempeñen un papel más importante, tal vez inclusive el papel protagónico. Una mamá más tranquila significa buenas noticias para todos. Permite que los hombres tengan un poco de tranquilidad. Ahora, si visten al bebé con la ropa al revés, lo de adelante para atrás, mamá no se va a quejar. Se sentirá feliz de saber que el bebé está ya vestido.

Pero, No Obstante...

Según muchos hombres, aunque sus mujeres se mostraron más tranquilas en cuanto a permitirles cuidar a los niños, a veces se volvieron más estrictas en cuanto al manejo de la casa y de la familia.

> "Mi esposa construyó el nido. Mi esposa maneja el
> nido. Yo sólo duermo ahí"
> —*Paul, 9 años de matrimonio, 2 niños*

El hombre puede entender que la organización es esencial en una casa donde hay varios niños, pero no le gusta que su esposa, la nueva autonombrada *Gerente General de la Familia*, comience a tratarlo como si fuera un empleado. Ella toma las decisiones y controla la vida familiar. Él simplemente obedece órdenes. Si ella quiere que cuelgue las cortinas en la habitación de Joey, él cuelga las cortinas en la habitación de Joey. Si ella quiere que la familia vaya los sábados a visitar a la abuela, todos van los sábados a visitar a la abuela.

¿Dónde Está Mi Pedazo?

> "Siento como si ya no tuviera esposa. Todo lo que
> obtengo, si tengo suerte, son diez minutos por noche.
> A veces ni siquiera me dice hasta mañana. Estoy ahí,
> viendo televisión, y, cuando menos lo pienso, ya no
> hay luz en la cocina y ella se ha ido a dormir."
> —*Jared, 7 años de matrimonio, 2 niños*

Con frecuencia, otro niño significa que el marido baja un nivel más en el tótem de la familia. Para nadie es divertido ocupar el último lugar, esperando las sobras. Pero cuando hay más niños en la escena, el esposo puede al menos comenzar a entender por qué a su esposa le resulta más difícil encontrar tiempo para él. Mientras no quede totalmente olvidado, puede ajustar sus expectativas y sobrevivir bastante bien con una porción más pequeña de la torta de su esposa.

> "No sé si es aceptación, resignación o ambas cosas, pero en términos de sexo, he aceptado que lo hacemos cuando podamos—mientras un niño ve una película y el otro duerme la siesta—hay que aprovechar lo que sea. Por así decirlo, depende del momento."
> —*Ian, 7 años de matrimonio, 2 niños*

Algunos tienen inclusive la suficiente visión hacia el futuro como para darse cuenta de que esta situación es transitoria y que, aunque no les entusiasma, pueden interiorizar el hecho de que, algún día, en una galaxia, muy, muy remota, los niños crecerán y ellos recuperarán parte de su antigua gloria.

SOLUCIONES PARA AMBOS

> "Después del segundo hijo, nuestra antigua vida se termina, *definitivamente*."
> —*Brian, 6 años de matrimonio, 2 niños (Nota de las Autoras: Él lo dijo, no nosotras)*

Brian tiene razón. La vida que teníamos antes *se termina*. Pero, de eso se trata. ¿O no? Convertirse en padres es una forma de vida totalmente nueva. En muchos aspectos, nuestras vidas apenas comienzan. La mayoría de las parejas con las que hablamos recalcaron este sentimiento al indicarnos que a medida que sus familias iban creciendo e iba aumentando simultáneamente la carga de trabajo, habían adquirido realmente una perspectiva más clara de lo que de verdad era importante. Pudieron apreciar lo que estaban ganando y preocuparse menos por lo que estaban perdiendo.

Nadie niega que criar hijos es difícil. ¿Cuántas veces no ha intercambiado miradas de simpatía con otro padre frustrado que lucha con un niño de dos años que grita a todo pulmón en el carrito del supermercado? Todos estamos colgando de un hilo. (Y los que parecen tenerlo todo bajo control están drogados. Sabemos que lo están). Pero tratar de evadirlo y mirar con nostalgia al otro lado de la cerca (o por la ventana, para todos ustedes que son gatos domesticados) de nada sirve.

Una vez que tenemos hijos, ahí nos vamos a quedar. Hemos ingresado a una nueva realidad. Tenemos entonces que preguntarnos, como alguien lo dijera anteriormente en este capítulo, *¿Cómo lograremos que todo esto funcione para nosotros y nuestra familia?*

De dos formas: aceptándolo y pensando como un equipo. (Nota de las Autoras: Estamos todas muy a favor de promover el Espíritu de Equipo, como lo hemos venido repitiendo en este capítulo, por lo tanto, esta sección de soluciones está dirigida a los dos miembros de ese equipo. Aunque algunas recomendaciones estén dirigidas específicamente a los hombres o a las mujeres, ambos se beneficiarán).

Entréguense de una Vez por Todas

Si todavía no se *han* entregado, ya es hora. Quienes están más satisfechos con sus vidas, ya han dado ese paso, se han comprometido con sus familias y se han entregado a la locura. ¿No están seguros de cómo hacerlo? Tenemos un Plan de Entrega de Cuatro Pasos. Claro que no está plenamente garantizado contra fallas, habrá altibajos. Esa *persona que usted solía ser* no desaparecerá por completo; por ejemplo, mientras redactamos este capítulo, Gordon quitó las rejas protectoras que teníamos en la casa "porque se ve mejor sin ellas."

En una oportunidad, en la adolescencia, Julia estuvo a punto de ahogarse en el Río Guadalupe. El salvavidas que la sacó del agua le dijo más tarde, "Quedó atrapada entre dos corrientes opuestas, una ascendente y otra descendente. Si esto le vuelve a ocurrir, déjese hundir hasta el fondo y permita que la corriente descendente la aleje de los rápidos antes de intentar salir a tomar aire." ¡Ah!—la metáfora perfecta para la tarea de ser padres: déjense hundir, para no ahogarse.

Primer Paso: Cambien de Actitud

> "Gran parte de nuestra felicidad depende de nuestra
> actitud, no de las circunstancias."
> —*Martha Washington*

Es hora de enfrentarlo y hacernos a la idea. Entregarse es una decisión consciente. Es una *elección* que hacemos acerca de la actitud que adoptaremos. Manejar una casa llena de gente y conservar un trabajo en un cargo importante puede agotar a cualquiera. Es más fácil adoptar una actitud negativa. El problema radica en que una mala actitud no resuelve nada; sólo nos deja más insatisfechos. Si se empeña en seguir pensando "lo dura que es mi vida," no podrá disfrutar de todas las cosas buenas que la vida le ofrece.

> "Cuando se tiene una casa llena de niños, ésta puede
> ser una locura realmente divertida o puede ser un
> infierno. Que sea una u otra cosa, depende de usted.
> Puede intentar reírse o puede maldecir y quejarse
> durante los primeros años."
> —*William, 8 años de matrimonio, 2 niños*

Ejemplo A: Veamos, por ejemplo, a Stacie. Después de unas cuantas semanas de acomodar niños en el automóvil para llevarlos al preescolar, Stacie recuerda haber pensado que bien podría haber barras de prisión alrededor de su SUV.

> "Me sentía como si estuviera en la celda de una cárcel.
> Un día me di cuenta de que estaba diciendo… '¿la
> celda de una cárcel?' Entonces decidí abandonar esa

actitud. Reflexioné sobre la situación. Sabía que mis
hijos necesitaban educarse y, puesto que la opción de
educarlos en el hogar no era factible (¡impensable!),
había que llevarlos a la escuela y volverlos a traer a
casa. Desde entonces comencé a considerar este viaje
como algo valioso e importante que hacía por mis
hijos, en lugar de pensar que era otra obligación más."

Ejemplo B: A nuestro amigo Jim lo aterraba la idea de llevar a los
niños a Home Depot.

"Me desesperaba pensar que me tomaría al menos dos
horas ir y volver. Entonces, lo entendí. No estaba
simplemente haciendo un mandado, estaba pasando un
rato con mis niños, y si tenía que responder sus preguntas
sobre las podadoras de césped, eso estaba bien."

Cambió su actitud y, de un momento a otro, comenzó a disfrutarlo.

Ejemplo C: Ross podrá decirnos que cualquiera que quiera tener
tres hijos debería ir al psiquiatra. (Stacie lo convenció de que
tuvieran el tercero). Por lo tanto, si se siente frustrado por su
vida caótica, reflexione, tome otra actitud y vea todo el panorama:

"Cuando tenga ochenta, ¿me arrepentiré de haber
tenido el tercer hijo? ¿Desearé haber podido tener más
tiempo de jugar golf o haber dedicado más tiempo a
jugar con mis hijos? ¿Desearé haber trabajado más o
haber pasado más tiempo con mi familia? Creo que la
respuesta es evidente."

Nada que valga la pena es fácil. Pero, ¿hay algún esfuerzo que
valga más la pena que ser el mejor padre y esposo posible? Son
precisamente esas cosas de las que podríamos tender a quejar-
nos—cuánto nos sacrificamos y lo duro que trabajamos—las que

nos permiten vivir una vida plena. Ser padres y tener una familia requiere todo lo que podamos dar y aun más. Pero todos sabemos que cosechamos lo que *sembramos*. Invertimos en nuestros hijos y en nuestra pareja y todo produce recompensas que nos llegan en formas que no podemos imaginar.

Paso Dos: Cambien la Forma de Administrar el Hogar

"Ahora con dos hijos, nos entregamos un poco más al caos. Me siento como si ya lo tuviera todo claro, pero Bruce, todavía no lo ha logrado, o no quiere entenderlo. Estoy dispuesta a hacer uso de mi sentido del humor, a dejar que las cosas pasen y a aceptar muchas cosas, mientras que él aún se siente verdaderamente frustrado. Creo que está cambiando, pero únicamente el tiempo lo dirá. Me he podido dar cuenta de que todavía no ha aceptado que tiene que cambiar."

—*Katherine, 8 años de matrimonio, 2 niños*

Para la mayoría, el cambio no es ni mucho menos fácil. Basta pensar en los millones de dólares que se gastan cada año en publicidad, sólo para lograr que cambiemos de marca de dentífrico. Desempolvamos algunos de los antiguos textos de la facultad de administración de negocios de Julia y de Stacie para verificar la forma como las empresas manejan el cambio. En resumen: cuando una empresa tiene que hacer un cambio, necesita un *plan* para maximizar su comprensión y vender la idea a los empleados, minimizando así el riesgo de que las personas rechacen y/o abandonen el cambio. Los administradores profesionales lo llaman Administración del Cambio.

A medida que la familia aumenta, deben considerarse dos elementos en la administración del cambio:

• Convertirse en padres por segunda o tercera vez tal vez no sea tan traumático como la primera vez, pero, de todas formas, representa un gran cambio. No se trata simplemente de que haya un nuevo miembro de la familia—nuestro horario, nuestra actitud y nuestras expectativas también deben cambiar. Para muchos eso es muy difícil.

• Puede que a su cónyuge esto le sea más difícil que a usted, y es posible que tenga que esperar para que él o ella logren este objetivo.

Nos preguntamos si podría haber algunas estrategias de manejo del cambio que pudieran aplicarse cuando llegan más niños a la familia. Por lo tanto, hicimos un poco de investigación y encontramos unas cuantas joyas:

• **Hagan cambios pequeños pero incrementales.** Está bien, es una gran teoría, pero un bebé no permite un cambio gradual, el cambio es definitivo. Un día no lo tenemos y al día siguiente ahí está. Pero los horarios pueden ir ajustándose gradualmente. Pueden ir dándose cada uno media hora libre los sábados e ir aumentando gradualmente ese tiempo hasta llegar a medio día.

• **Mantengan la consistencia en tantas áreas como sea posible.** ¿A cuántas personas conoce que se hayan mudado a una nueva casa o que hayan iniciado un proceso de remodelación que lo han hecho en la fecha prevista Aproximadamente la mitad, ¿verdad? La gran mudanza de Julia y Gordon tuvo lugar cuando ella tenía ocho meses de embarazo—nueva casa, nuevo trabajo, nueva ciudad, nuevo colegio para los niños mayores, nuevo obstetra, nuevo pediatra, todo nuevo. Fue un año muy largo. Ellos recomiendan que, al tener un nuevo bebé debe mantenerse todo el status quo posible.

• **Dense tiempo para el duelo.** Por maravilloso y deseable que sea el cambio, también representa una pérdida. Cuando se tiene un segundo, un tercer, un cuarto hijo, o más, se pierde un poco más de la vida que se tenía antes. Los expertos dicen que está bien sentirse molesto y un poco nostálgico. Por lo tanto, no se sientan culpables ni culpe a su cónyuge de estar deprimido o deprimida (al menos por corto tiempo).

- **Reconozcan su capacidad de adaptación.** Somos criaturas con una sorprendente capacidad de adaptación. Es una de nuestras más admirables características. Por mucho que un nuevo bebé desorganice nuestras vidas, nos adaptaremos a los cambios y nos preguntaremos cómo hacíamos antes para vivir sin este nuevo hijo o esta nueva hija.

- **Vayan con la corriente.** Al menos por un tiempo hasta ver a dónde nos lleva. Resistirse al cambio hace el proceso mucho más difícil, ¿recuerdan? Es la filosofía de "dejarse hundir para no ahogarse."

Paso Tres: Mujeres, Es Hora de Entregarse, o Tiempo de R-E-L-A-J-A-R-S-E

¿Consejos sobre cómo ser padres tomados de *Frankie se va a Hollywood*? ¿Por qué no? Relájese. Déjelo así.

> "Por último aprendí a despreocuparme, verlo todo y reírme. Si los niños no están vestidos a la perfección para ir al colegio, ¿a quién le importa? A veces me olvido de llevarlos a sus actividades extracurriculares u olvido darles la nota de permiso para un viaje escolar. Eso no significa que el mundo vaya a dejar de girar sobre su eje."
> —*Ruth, 11 años de matrimonio, 2 niños*

> "Después de que nació el bebé número tres, con un alto nivel de mantenimiento, nos vamos a la cama con un número mucho menor de niños bañados, comemos mucho más cereal a la hora de la cena y tendemos a

salir del supermercado sin haber terminado de
comprar todo lo que necesitábamos."

—*Maggie, 7 años de matrimonio, 3 niños*

Sigamos Nuestros Propios Consejos: Lecciones de Relajación Aprendidas a los Golpes

Si sólo lo hubiéramos sabido cuando tuvimos nuestros
primeros hijos… nuestras vidas habrían sido mucho más
fáciles. Pero no, tuvimos que aprender a la brava. Las
siguientes son algunas cosas que aprendimos a hacer
bien con el segundo (y el tercer) hijo:

El Cuidado del Bebé
- No esterilizamos los biberones en agua hirviendo
- Ignoramos los libros de consejos para el cuidado
  del bebé y lo hicimos todo según nuestro propio
  criterio
- No envolvimos al bebé en una manta estilo Michael
  Jackson
- Nos quedamos en cama siempre que pudimos
  hacerlo—sin sentirnos culpables de dormir una
  siesta

Atajos (!)
- Anunciamos la llegada del bebé por correo
  electrónico (bueno, eso sólo lo hizo Cathy)
- Dejamos la casa desordenada
- Pedimos y aceptamos ayuda
- Dejamos de escribir relatos detallados en los
  álbumes de bebés—ahora hacemos una pila de
  papelitos con anotaciones (bueno, eso es sólo en
  el caso de Julia. Stacie no compró un álbum de

bebé para su segundo ni su tercer hijo, y Cathy nunca lo ha comprado)

Mantengan las Cosas en Perspectiva
- Aprendimos a reírnos de nosotras mismas
- No nos preocupamos por recuperar nuestra figura corporal
- Disfrutamos los momentos en lugar de apresurarnos a experimentar el siguiente
- Dejamos de preocuparnos por las opiniones de todos los demás
- Rápidamente aprendimos acerca de los programas de "pasar por fuera el día de las madres," para los niños mayores

Después del Tercer Bebé (Bueno, esto fue sólo en el caso de Stacie)
- La etapa neonatal no me anuló—fue horrible, pero no me anuló
- Entendimos el significado de la zona de defensa— era en serio
- Aceptamos que nuestra vida pasada quedó en el pasado y aprendimos a amar nuestra nueva vida (al menos casi todos los días)

Paso Cuatro: Hombres, Es Hora de Entregarse, Maten el Fantasma

Bien, señores, ¿renunciaron ya a sus fantasmas? O ¿siguen peleando su Batalla privada del Álamo? Si deciden morir luchando, nadie los considerará héroes.

"Creo que, cuando se tienen hijos, jugar golf medio día los sábados es algo que simplemente no cabe en el

programa, no es más que egoísmo. Esos hombres no se
dan cuenta que esto es parte de ser hombres.
Acéptenlo. Así es. ¿Qué otra cosa quieren hacer, pasar
el resto de sus vidas en los bares, consiguiendo
mujeres? ¿Practicando deportes? Así no es la vida. De
esto es de lo que se trata."

—Pat, 10 años de matrimonio, 2 niños

Ah, algunas palabras sabias—de una esposa, ni más ni menos.

Ahora, las tres sabemos que es muy difícil para ustedes aceptar
el hecho de que, por mucho tiempo, ya no pasarán todo el sábado
acostados en el sofá, en pantaloneta, viendo televisión. Un día,
cuando tengan cincuenta años, podrán hacerlo de nuevo, porque,
de cualquier forma, sus hijos no querrán estar con ustedes. Entre
tanto, imaginen el mejor modo de participar en las vidas que
ustedes ayudaron a crear. Acepten su responsabilidad por su contribución a la superpoblación del planeta. Apostamos que su esposa estará dispuesta a trabajar con usted si usted trabaja con ella.
Y sus hijos lo recordarán como el papá que siempre estuvo presente.

Pensar en Equipo (Sólo Cuatro Pasos Más, ¡lo Prometemos!)

Cuando hay más de un niño en la casa, tenemos que unir nuestros
recursos y actuar como un equipo. De lo contrario, nuestro matrimonio podría ser la primera víctima de este inmisericorde
ataque de los bebés. Es cuestión de hundirse o nadar. Es cuestión
de vida o muerte. O nos disponemos a ocupar nuestro puesto en
el equipo o nos quedamos sentados en la banca esperando que
lleguen los papeles del divorcio. ¡Constituyamos entonces el
equipo!

Paso Uno: El Equipo Necesita un Plan de Juego—Hay que Tener un Sistema

Varias parejas que conocemos comparan el proceso de criar hijos y mantener un hogar con el manejo de una empresa. Tienen presupuestos y metas trimestrales y reuniones para analizar estrategias. Sí, también a nosotros nos pareció algo aburrido, pero aparentemente tienen cierta razón. Las parejas que aplican un sistema de manejo equilibrado de los niños y de concesiones en el campo del trabajo, parecen pelear menos y estar menos agotadas que todos nosotros. *Dividen Para Vencer* (nuestra estrategia para evitar la tendencia a llevar el puntaje) e intercambian responsabilidades. Las siguientes son algunas ideas provenientes de aquellas de nosotras que estamos más orientadas a los procesos:

Dividir Para Vencer: "Manejamos la logística y la rutina como si estuviéramos manejando una empresa: 'Tú llevas a Ally a la fiesta de cumpleaños a las 3:00 p.m. y yo llevo a Peter a su juego de fútbol a las 4:00 p.m., y después nos encontramos para comer pizza a las 5:30 p.m.' "

Pensar de Manera Sistemática: "Seguimos nuestras propias reglas no escritas para asegurarnos de estar cumpliendo turnos. Como a la hora del baño: 'Yo lleno la tina mientras tu desvistes al bebé. Luego tú lo bañas y yo alisto la toalla, el pañal y la pijama. Después, yo lo visto y entre los dos le leemos *Buenas Noches Luna*.' "

Hacer Planes Previos: "Michael y yo nos sentamos una vez al mes a analizar nuestros programas de trabajo (yo viajo, él no) y determinamos quién tiene que recoger a los niños: qué hay que hacer en la casa y qué tenemos que comprar. También nos aseguramos de incluir tiempo para el descanso y esparcimiento, tanto para nosotros como para los niños."

Intercambiar Tareas: "Por la mañana, me encargo de los niños para que Molly pueda alistarse para ir al trabajo; ella se demora un poco más que yo. Después, dejo los niños en la guardería y Molly se encarga de recogerlos por la tarde."

Ayudar con las Tareas Retrasadas: "Cuando uno de nosotros intenta cumplir la fecha de entrega de un libro, el otro llega más temprano a casa para ayudar a adelantar el trabajo que queda por hacer."

Advertencia

¿Recuerdan que dijimos que cuando hay más niños, el papá ayuda más y la mamá se tranquiliza? Bien, dejar de hacer estas cosas realmente puede hacer que se derrumbe la moral del equipo.

Para los Hombres: El Camino más Corto al Sofá: Falta de Empatía y Ayuda

Señores, traten de no actuar como unas maletas insensibles. Estudien los ejemplos A y B:

Ejemplo A: "Recuerdo tener dos niños colgados a mis piernas y tratar de preparar la cena mientras mi esposo miraba el noticiero. Cuando hice un comentario, me respondió furioso que tenía que ver el noticiero para descansar."

Ejemplo B: "Tuvimos una niñera para que me ayudara con los mellizos durante una semana. Cuando ella se fue, le dije a Dave, 'No sé cómo me las voy a arreglar,' esperaba su apoyo, pero lo único que me dijo fue 'Acéptalo.' Le respondí, '¿Aceptarlo? ¿Quién crees que soy—uno de tus jugadores de fútbol? Tú no eres mi entrenador, eres mi esposo.' Esa fue toda la comprensión que obtuve para mi situación en el hogar. Digamos que esa actitud no fomenta los deseos de hacer el amor. Es algo que daña las relaciones. Y él no entendía por qué."

A + B = Esta noche dormirás en el sofá.

Para las Mujeres: El Camino más Corto al Sofá del Psiquiatra: Las Actitudes Excéntricas

Señoras, todas podemos volvernos locas. Los ejemplos de nuestros comportamientos no son mucho mejores:

Ejemplo A: "Permitir que él haga algo y luego caerle encima y decirle que no lo está haciendo exactamente como uno quiere. Me di cuenta de que había ido demasiado lejos cuando empecé a decirle que estaba apilando los pañales como no era."

Ejemplo B: "La otra noche me estaba preparando para acostarme y mi esposa estaba aún en Internet buscando la receta del *Baked Alaska* que prepararía para el cumpleaños de mi madre. Le dije que yo le compraría una torta; que después de todo no era su problema, que era mi mamá y que debía venir a acostarse. Me dijo que ella tenía que hacer la torta y que yo simplemente no entendía. Luego, una hora más tarde, vino a acostarse, ¡furiosa conmigo porque tenía que preparar una torta para mi mamá!"

A + B = Tendrás que llamar al Dr. Shapiro el lunes.

Paso Dos: Actividades para Fortalecer el Equipo

Hay dos aspectos que contribuyen a contar con un equipo exitoso—hacer lo que hay que hacer (lo que acabamos de analizar) y saber trabajar bien juntos. Pueden lograr un trabajo excelente en el manejo de esa empresa que es la familia, pero pueden agotarse y terminar descuidando su relación.

Por lo tanto, para ayudarlos a desarrollar el espíritu de equipo (¡arriba los adultos!), investigamos las actividades corporativas más populares para constituir equipos (ya saben cómo es el proceso—incrementar la confianza, el respeto y la cooperación, realizando actividades que los animen y rediseñar el sistema para proteger su matrimonio contra la destrucción provocada por los niños.

No olviden que si es bueno para las empresas de Norteamérica será lo suficientemente bueno para ustedes.

El Juego de Búsqueda

La versión de *The Amazing Race!* según este libro. Su misión: ser los primeros en obtener todos los artículos en su lista de compras y en llegar a casa para reclamar su merecido lugar en el sofá. Uno de ustedes va a la *Meta*, el otro va a Babies R Us, con igual número de niños cada uno. Si su número de hijos es impar, el concursante que se hace cargo del niño adicional tiene una ventaja de diez minutos. Este juego también puede jugarse dentro de un mismo almacén o supermercado, si tienen que ir a alguno el domingo (poco probable).

El Desafío de la Noche en que Salen Juntos

Intenten, sólo intenten, llegar a un acuerdo en este punto, ¡hablando! Salgan de casa en la noche, como lo hacen habitualmente (truquitos, truquitos) y vean si pueden hablar de cosas que no tengan que ver con la familia ni con los niños, ni con la casa, ni con sus ex novios, durante toda la cena. ¡Apostamos a que no pueden! Sabemos, por experiencia, lo difícil que es, de modo que aquí les proponemos algunos temas de conversación posibles (para que preparen sus comentarios con antelación):

- Política (pensándolo bien, mejor no)
- El calentamiento global: ¿mito o simplemente un problema que sus hijos tendrán que enfrentar?

- Posiciones favoritas para hacer el amor
- La existencia de Dios
- La lista de lo que quieren hacer antes de morir (escalar Los Alpes en bicicleta, correr una maratón, hacerse una pedicure)
- La lista de las cosas que quisiera que su cónyuge hiciera por (o para) usted antes de que usted muera
- Con qué persona famosa le gustaría pasar la noche y, si alguna vez conociera a esa persona, ¿tendría permiso de hacerlo?

Habrá jueces observando y otorgarán (o deducirán) puntos del *Capital Marital* en su libro de puntaje, con base en su desempeño exitoso (o no exitoso) en los siguientes aspectos:

- Contacto físico: incluyendo contacto visual, tomarse de la mano, abrazarse, pero no necesariamente terminar haciendo el amor (menos diez puntos por esta respuesta)
- Expresiones emotivas: risa, llanto, risa mezclada con llanto, etc.
- Destrezas para saber escuchar: esto es, sin admitir dispositivos electrónicos

El Período de Descanso Anual de los Empresarios

¡Nuestro favorito! Escápense de la rutina diaria y vayan a algún lugar hermoso a disfrutar de las bellezas naturales de este país o simplemente diviértanse juntos. También pueden escaparse al sótano de su casa, si unas vacaciones están fuera de sus posibilidades por el momento. Por un costo adicional pueden obtener un esquema de preguntas para analizar. Conocemos una pareja que va a una conferencia de temas matrimoniales un fin de semana cada tercer año. No es exactamente un taller para parejas, se trata más bien de salir a alguna parte juntos. Pero sea como fuere, es una buena idea. (Sin embargo, el esposo, que actúa de jurado, no tiene aún listo su veredicto.)

*Otra cosa muy importante, antes de que se nos olvide… ¡el **Sexo** es una actividad que promueve el trabajo en equipo!*

Paso Tres: Pases Gratis para Salir de la Cárcel

Tenemos que ser generosos con estos *Pases Gratis para Salir de la Cárcel* si queremos que la Máquina del Matrimonio con Hijos funcione bien.

> "Creo que somos mutuamente generosos con nuestro 'tiempo libre' dado que acordamos que ambos necesitamos estar en casa todas las noches para compartir la alegría de calentar las croquetas de pollo."
>
> —*Brandy, 8 años de matrimonio, 2 niños*

Todos necesitamos y merecemos un descanso. Manejar el trabajo, los niños y todos los deberes domésticos sin un tiempo de descanso es más de lo que cualquier persona puede soportar, cada uno necesita recargar su energía y reponer combustible. Esto es cierto a corto plazo, semanalmente, y también a largo plazo, salir durante un fin de semana. Si puede permitirse dejar que su pareja abandone las trincheras por todo un fin de semana, los dividendos que obtendrán tanto usted como la empresa familiar serán enormes. Contar con un tiempo para alejarse ayuda a refrescar nuestra perspectiva: se renueva nuestro aprecio por todo lo que tenemos. Para cuando volvemos, no vemos la hora de abrazar a los niños y (ojalá) poder tener a nuestro cónyuge en nuestras manos.

En el próximo capítulo analizaremos por qué es necesario tomarse un tiempo para recobrar fuerzas, pero por el momento, sólo intenten ser generosos cuando se trate de permitirle al otro un tiempo de descanso.

¡Salud!

Paso Cuatro: Parejas, ¡A Tomarse un Trago y Brindar!

"No hacemos más que cuidar a los niños. Es todo lo
que hacemos. No tenemos ninguna otra válvula de
escape. Nos dedicamos a controlar el caos todo el día,
después, por la noche, nos dejamos caer en el sofá, con
una copa de vino en la mano y decimos, 'lo
logramos.' "

—*Greg, 10 años de matrimonio, 3 niños*

Cómo Equilibrar las Prioridades

¿Qué Hacemos Ahora?

"¿Qué es lo más difícil de ser padres? ¡Sin duda, subir y bajar del automóvil! Y las tareas domésticas. Cada vez que me siento, algo suena. El hecho es que no podemos imaginarnos la vida de ninguna otra forma después de tener un hijo, y tampoco querría que fuera diferente, pero antes las cosas eran más fáciles: uno más uno siempre daba dos. Ahora, todo depende de la forma como se negocie. Además, antes no era tan gordo."

—*Jeff, 4 años de matrimonio (con Elizabeth), 1 niño*

"Me encanta ser mamá, pero, cielos, muchas veces me siento agotada. No me gusta que Jeff y yo ya no nos divirtamos tanto como antes. Eso me hace falta. Ni siquiera pudimos celebrar nuestro último aniversario. Supongo que eso ha hecho que ahora discutamos más. Pero, ¿estamos descontentos? No creo. Simplemente no vivimos sólo para nosotros, como lo hacíamos antes."

—*Elizabeth, 4 años de matrimonio (con Jeff), 1 niño*

Básicamente estamos satisfechos con nuestras decisiones, ¿cierto? Nuestros niños son nuestra mayor felicidad y estamos dispuestos a hacer los sacrificios necesarios a cambio del privilegio de ser padres. Pero las cosas a las que estamos dispuestos a renunciar por el bien de los niños, tienen un costo; cualquier equilibrio que tuviéramos antes en nuestra vida, ha sufrido un duro golpe. ¿No es cierto que todos tenemos días en los que queremos salir dando gritos por la puerta y pedir al primero que pase que nos lleve a algún lugar donde Barney no pueda ir? Es posible que también ustedes se encuentren, como nos ha ocurrido a nosotras tres, teniendo fantasías acerca de enfermarnos—de nada grave—sólo lo suficiente para que nuestros esposos (o George Clooney) nos atiendan como reinas durante unos pocos días. Naturalmente, no nos olvidemos de nuestros esposos, que todos han intentado ganar la maratón, el concurso de pesca y de ciclismo para obtener su libertad.

Somos Personas Inteligentes.
¿Por Qué a Veces Esto Nos Parece Tan Difícil?

¿Qué pasa? ¿Por qué muchos dicen que sus matrimonios tambalean durante esta época, cuando tener hijos debería reforzar la unión más que nunca? ¿Por qué mantener unidos el cuerpo, el alma y el espíritu nos resulta tan difícil? ¿Somos sólo unos quejumbrosos que no nos damos cuenta de las bendiciones que tenemos? ¿Necesitamos una patada colectiva en el trasero? ¿O simplemente se trata de que la paternidad es algo muy difícil? En realidad, es una mezcla de todo esto...

1. **Es difícil y, en parte, no es culpa nuestra.** Hay muy poco tiempo y mucho que hacer. Nos vemos obligados a recortar actividades propias para recuperarnos y recobrar fuerzas como individuos y como pareja.

2. **Hacemos cosas que empeoran la situación (esta es la parte que se relaciona con la patada en el trasero):** A veces hace-

mos que nuestras vidas de casados con hijos sean más difíciles de lo que tienen que ser. En nuestro esfuerzo por hacerlo todo podemos terminar por centrar nuestra atención en las cosas equivocadas y a descuidar lo que es realmente importante.

Algo Tiene que Ceder

No podemos decir que todo estuviera en perfecto orden antes de tener los hijos, ni que nuestras tarjetas de puntaje sólo tuvieran puntos de felicidad. Tampoco queremos decir que nuestra vida fuera mejor antes, sólo que era más sencilla. Sin embargo, cuando los niños entran en escena, el "tiempo de la pareja" y nuestro "tiempo personal" se reducen al mínimo, y las consecuencias afectan la forma como nos sentimos.

Cuando descuidamos nuestro matrimonio, este se marchita. Como una planta decorativa, todo lo que necesita nuestro matrimonio es que lo rocíen ocasionalmente (es decir, una verdadera intimidad—y no queremos decir únicamente sexo), pero con mucha frecuencia tenemos otras cosas que hacer que nos parecen más importantes. El matrimonio es una de esas pocas cosas que podemos ignorar sin que haya consecuencias inmediatas o graves. Si ignoramos nuestro trabajo, nos despiden. Si ignoramos a los niños, se mueren de hambre. Pero si ignoramos nuestra relación, nuestro cónyuge sobrevivirá con las sobras, por mucho tiempo.

Después de tener hijos, creo que estamos tan ocupados, que el matrimonio puede pasar a funcionar en piloto automático. Simplemente seguimos adelante prestando muy poca atención al destino al que nos dirigimos. No hay más "actitudes profundas y significativas." En cambio "es hora de preparar las donas" todos los días. El siguiente es un ejemplo, un correo electrónico que Julia le envió recientemente a Gordon: "Ven, querido, enciende mi fuego" (cuidado, esto es algo muy caliente...)

1. No está seguro de qué hacer con el 401K. Llame cuando tenga tiempo de analizar el asunto.
2. ¿Tiene los papeles de la declaración de renta de este año en la oficina? ¿Dónde quiere guardar el archivo?
3. No dejan de llegarme tarjetas para un nuevo plan de seguros en el correo. ¿Con quién debo hablar en la oficina para saber cuál debemos usar?
4. No olvides llamar a tu mamá para consultarle lo del sábado, antes de que te vayas de viaje mañana.
5. ¿Cuándo quieres que organicemos la cena con los amigos?
6. ¿Qué debo hacer para que nos arreglen la alfombra?
7. Bla. Bla. Bla. Mi lista es igual de larga y antes de que empieces a quejarte, presta más atención, la mayoría de estas cosas que tienes en "tu" lista también están en la mía.

Es difícil creer que hace algún tiempo le dejaba poemas en su portafolio, ¿no es verdad?

Matrimonio en Piloto Automático

Del mismo modo, si nos olvidamos de nosotros mismos, nos marchitamos. La paternidad significa disminuir muchas de nuestras actividades de mantenimiento personal. No hablamos de renunciar a las reuniones con los amigos en el bar o al pedicure semanal, como si esto fuera algo que nos afectara; nos referimos a perder algunos de los componentes básicos de una vida feliz y bien llevada, que nos devuelva las fuerzas y nos hagan ser completos: pasar tiempo con los amigos y la familia, practicar ejercicio, dormir, hacer el amor, trabajar o desarrollar actividades voluntarias.

"Mi vida está muy bien equilibrada, si me excluyo yo."
—*Anna, 6 años de matrimonio, 2 niños*

"Tengo treinta libras de sobrepeso. He aumentado quince libras con cada una de mis hijas. El hecho es que salgo de casa a las 7:00 a.m. y vuelvo del trabajo a las 7:00 p.m.—si voy al gimnasio, mis niñas estarán ya dormidas cuando llegue a casa. Por lo tanto, o hago ejercicio o veo a mis hijas."
—*Anthony, 210 libras, 8 años de matrimonio, 2 niñas*

"Ustedes conocen esas fotografías de los presidentes antes de que asuman el cargo y cuatro años después cuando termina el período presidencial. Parece que hubieran envejecido al menos diez años. Yo siento que la maternidad me ha hecho lo mismo. La menor de mis hijas tiene cuatro años, y me veo y me siento diez años más vieja que cuando nació."
—*Alicia, 8 años de matrimonio, 2 niños*

A veces el matrimonio se marchita porque nos descuidamos. Reducir la práctica de esas actividades que nos mantienen cuerdas y nos producen felicidad puede llevarnos a un estado de agobio; a una sensación generalizada de insatisfacción con la vida y posiblemente inclusive a una depresión. Todo lo anterior puede convertirnos en personas con las que resulta muy difícil vivir.

Cosas que Hacemos que Empeoran la Situación

Sin embargo, este aspecto de la felicidad implica más que no tener suficiente tiempo el uno para el otro y cada cual para sí mismo. Como seres humanos, podemos hacer cosas que hagan que la felicidad sea más esquiva de lo que debería ser:

- **La Ignorancia (Lo decimos sin mala intención).** No nos damos cuenta de la necesidad de establecer prioridades. La mayor parte del tiempo ni siquiera sabemos qué tiene mayor prioridad.

   > "No estoy seguro de lo que ocurrió. Siento como si estuviera tratando de introducir fichas grandes y cuadradas (todas esas cosas que quisiera hacer) en orificios redondos, realmente pequeños (el poco tiempo que tengo para hacerlas)."
   > —*Barry, 9 años de matrimonio, 2 niños*

- **¡Nunca es Suficiente!** Aunque efectivamente "lo tenemos todo" cuando tenemos un matrimonio, un trabajo y una familia de varios hijos, uno tras de otro, constantemente buscamos y añoramos "más."

   > "Nos esforzamos tanto, pero tenemos la sensación de que nunca lo controlamos todo. Nos preocupamos demasiado por lo que no está bien en lugar de tener en cuenta todo lo que sí lo está. ¿Por qué no puedo decir que todo es una maravilla? No hago más que decir, 'Dejémoslo así, dejémoslo así,' pero realmente no puedo dejarlo así."
   > —*Margot, 7 años de matrimonio, 2 niños*

- **Añorar la Perfección.** Sólo intentar mantener la nevera bien provista, la chequera balanceada y los niños sanos es ya una obligación considerable. Pero en lugar de sentirnos satisfechas cuando logramos todo eso, nos quejamos porque queremos más electrodomésticos para el hogar, queremos cambiar el mesón de granito de la cocina y/o queremos un automóvil último modelo.

> "No me agrada hacer fila en la caja registradora del supermercado porque inevitablemente hay un exhibidor de revistas con alguna personalidad de la farándula en bikini, seis semanas después de haber tenido su tercer hijo, y aconseja cómo mejorar el cociente intelectual del bebé y las destrezas de preparar suflé, todo en un mismo artículo. Ver esas cosas me hace sentir muy mal. Nuestra vida es tan caótica."
>
> —*Laurie, 9 años de matrimonio, 3 niños*

El Fenómeno Extremo de la Paternidad

Además, está nuestro eminentemente razonable y admirable deseo de dar a nuestros hijos las mejores oportunidades posibles en la vida. Desafortunadamente, toda esa presión puede hacernos sentir que no estamos haciendo lo suficiente, por mucho que nos esforcemos. ¿Cuántos de nosotros pensamos que seríamos un fracaso como padres si no consiguiéramos para nuestros hijos el mejor preescolar, y si no les programáramos X número de compromisos para ir a jugar con sus amigos, y si no los expusiéramos en sus primeros años de formación a las artes marciales, a algún instrumento musical y a un segundo idioma?

> "A veces me preocupa que mis hijos ven más mi espalda que mi cara y mi frente. Pasan tanto tiempo en el asiento de atrás del automóvil mientras los llevo a sus distintas actividades."
>
> —*Dawn, 10 años de matrimonio, 3 niños*

¿Es Usted una Mamá Sobresaliente?

Muchos hombres quedan atrapados en una paternidad extrema, pero son las mamás quienes realmente convierten esto en un arte. Nuestro deseo de ser la mejor mamá puede salírsenos de las manos; el chip de la mamá enloquece, como el HAL 9000, el computador de la película *2001: Odisea del Espacio*.

Aunque no hay nada malo con hacer manualmente las invitaciones para la fiesta de cumpleaños y todas las decoraciones de su hogar y su jardín para cada festividad (y si tiene verdaderas tendencias creativas y realmente lo disfruta, puede seguir haciéndolo), *el problema con las actividades de la mamá sobresaliente es que tienen un alto costo y muy baja rentabilidad.* Pasamos semanas organizando una enorme fiesta con el tema de Elmo para celebrar el primer cumpleaños de nuestro hijo que duerme durante toda la reunión. Mientras tanto, nos enfurecemos con nuestro esposo

Las Olimpiadas de la Mamá Sobresaliente

porque no nos ayudó más y no nos felicitó por la fiesta. No compartió nuestro entusiasmo porque no veía la razón de tanto alboroto. Nos preguntamos, *¿Quién se beneficia con esto?* Y ¿por qué lo hacemos? Es la presión—presión que nos imponemos y que nos impone la sociedad que nos rodea.

> "Es tan fácil para Michael decirme que estoy loca al querer buscar un campamento de teatro para Gavin, pero no sabe hasta qué punto llegan las cosas en el campo de los niños pequeños y las mamás. Hay mamás que consiguen tutores de matemáticas para sus preescolares."
>
> —*Dana, 6 años de matrimonio, 2 niños*

La Obsesión por Convertirse en Mamás Sobresalientes

Es difícil luchar contra nuestras tendencias maníacas internas cuando parece que el mundo conspira para convertirnos a todas en mamás sobresalientes. Nosotras tres hemos pasado por ahí:

Cathy: "El otro día le dije por casualidad a otra mamá que debía pensar en llevar a Kate a clases de gimnasia o de alguna otra cosa. Esa mamá me miró sorprendida y me recitó la lista de todas las clases que tenía su hija de dos años: de danza, de música, de arte. Creo que pensó que yo no tenía ni idea de lo que era ser mamá. Pensé para mí que esa mujer estaba sobrecargando a su hija, pero en realidad, me hizo sentir culpable. Entonces, ¿qué hice? Permanecí despierta hasta altas horas de la noche, buscando todas las actividades imaginables para una niña de tres años. ¿Sabían que pueden tomar clases de yoga?"

Julia: "El otro día me sentí desmoralizada por una niñita de cuatro años. Vino a jugar con mi hijo y me dijo, 'Su casa es un verdadero desorden,' y, francamente, me disgustó. 'Se lo dirá a su madre, pensé… tal vez pueda comprar su silencio con unas galletas de chispitas de chocolate.' "

Stacie: "Llegó el momento de confesarlo. Yo organicé una gran fiesta con el tema de *Nemo* para dos de mis niños que cumplen años en septiembre. Invité cincuenta personas, contraté meseros, había dos piñatas para los dos grupos de edades, y nuestra piscina se veía como un acuario con todos los Nemos plásticos nadando en ella."

Los hombres también pueden quedar atrapados en este juego de competencia de paternidad. Algunos pueden ser peores que las mujeres, según nos contó Darren:

"Ya saben cómo medimos las cosas los hombres…nos fijamos en los amigos, los compañeros de trabajo, los vecinos y evaluamos lo que hacen. No sólo se trata de adquirir cosas, como por ejemplo, una casa grande o un buen automóvil, se trata también de calificación. ¿Quién es el mejor? Todos quieren que sus hijos sean sobresalientes en el colegio y en los deportes."

¿Cuánto se Debe a un Fenómeno Generacional?

No es sorprendente que lleguemos a la paternidad con expectativas tan altas. Somos la primera generación en la historia de la humanidad para la que "tenerlo todo" no sólo fue posible, sino que así lo esperábamos. Y hasta cuando nos convertimos en padres, fue, con mucha frecuencia, la realidad que conocíamos como tal, a juzgar por nuestra experiencia. Reconciliar la filosofía del perfeccionismo y el tenerlo todo con el padre que tiene que obligatoriamente aceptar ciertas concesiones, resulta muy difícil. Lo siguiente es lo que comenta un escritor al respecto:

> "Desafortunadamente, sólo cuando tenemos hijos nos damos cuenta de lo egoístas que realmente somos. Una de las paradojas de convertirse en padres: cuando nos damos cuenta del grado de nuestro egoísmo, nos vemos obligados a convertirnos en personas menos egoístas."

Del Descuido Benigno a la Ira y el Resentimiento: El Matrimonio Dentro de un Círculo Vicioso (¡Oigan! ¿No se Suponía que Este Capítulo Iba a Hablar de Felicidad?)

El Matrimonio en Piloto Automático y el Descuido Personal pueden llevar a un *Círculo Vicioso. No nos damos cuenta de la facilidad con la que, en esta etapa de la vida, estas cosas se convierten en una espiral que pueden salirse de control.* La infelicidad de nuestro cónyuge contribuye a la nuestra y ambos empezamos a descargar nuestras frustraciones en el otro. Técnicamente no hay un punto de partida. Una vez que entramos en ese círculo vicioso, no importa cuál de los dos lo inició porque se necesitan dos para que se perpetúe. Se puede ver así:

> "Mi esposo y yo pasamos el primer año de vida de Charlie en un estado de ofensas permanentes. Estábamos realmente disgustados el uno con el otro. Amargados. Todo tenía que ver con las cosas que ustedes han venido analizando en este libro: el hecho de que él quería hacer el amor y yo no, el que yo llevaba la cuenta de todas las cosas que 'él no entendía' y de las cosas con las que nunca me ayudaba, mientras él se sentía rechazado y yo me sentía ignorada.

Después de un tiempo, podría decirse que empezamos a buscar esas cosas—a buscar todo aquello que la otra persona hace que demuestra, una vez más, que todo lo que ocurre es por su culpa. Yo estaba celosa de su trabajo, y realmente furiosa de que esperara que yo lo hiciera todo en el hogar. Él estaba furioso de que yo me quejara tanto y que aparentemente nunca estuviera contenta. Ninguno de los dos quería poner fin a nuestro matrimonio, pero pensábamos que teníamos grandes problemas. Ya hemos solucionado gran parte de esa situación, pero nos tomó mucho tiempo."

—*Gwen, 11 años de matrimonio, 3 niños*

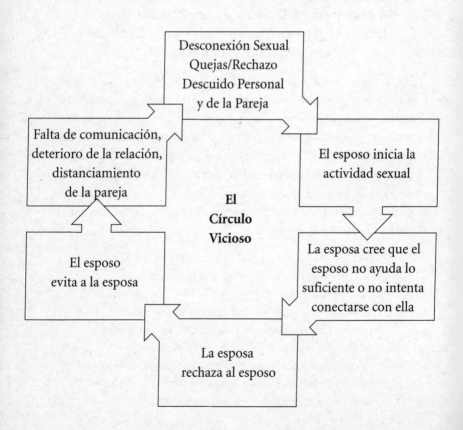

Desconexión Sexual
Quejas/Rechazo
Descuido Personal
y de la Pareja

Falta de comunicación,
deterioro de la relación,
distanciamiento
de la pareja

El esposo inicia la
actividad sexual

**El
Círculo
Vicioso**

El esposo
evita a la esposa

La esposa cree que el
esposo no ayuda lo
suficiente o no intenta
conectarse con ella

La esposa
rechaza al esposo

Ninguno quiere poner fin al Círculo Vicioso, entonces, ¿cuáles son los signos de que la pareja puede estar entrando en estado de piloto automático, en una situación de resentimiento reprimido o inclusive en un estado de ira reprimida?

La Pareja se Involucra en el Juego de Culpas

Todo es culpa de él o de ella. Cuando empezamos a culpar al cónyuge de nuestra infelicidad: "Si sólo me ayudara a lavar la loza, me daría por bien servida," o "Si sólo estuviera dispuesta a hacer el amor con más frecuencia, estaría satisfecho," vamos directo a un problema. No falta mucho para llegar al punto en que digamos "Si me hubiera casado con otra persona, sería feliz."

Él se Convierte en un Habitante del Sótano/Un Posible Aficionado a la Pornografía/Ella en Una Refugiada del Club de Lectores

Cuando dejamos de centrarnos el uno en el otro, las importantes necesidades físicas y emocionales quedan insatisfechas. Cuando el otro miembro de la pareja parece estar demasiado ocupado, cansado o molesto como para que le importe, tanto el hombre como la mujer buscan formas de llenar el vacío.

Muchos de los hombres se convierten en *Habitantes del Sótano*. Se retraen en sus cavernas que ellos mismos preparan y pasan todo su tiempo libre encerrados jugando con sus aparatos electrónicos (entre otras cosas…) para evitar la compañía del "pez frío" que está allá arriba. Si el sótano donde se instala el hombre se parece a Circuit City, es probable que no esté recibiendo mucho contacto sexual, ni ninguna otra cosa de su esposa.

Los hombres que se ven privados de sexo hacen lo imposible por llenar también el vacío físico. Inclusive estarán de acuerdo en tener más hijos si piensan que con eso van a lograr hacer el amor unas cuantas veces. Entonces, nadie debe sorprenderse de que un Posible *Adicto a la Pornografía* aliste sus dólares y el número de su tarjeta de crédito para inscribirse en los clubes de strip-tease y en los sitios pornográficos de Internet. Un esposo que canalice toda su energía sexual hacia una computadora es sinónimo de problemas.

Como es natural, las mujeres buscarán también formas de llenar la brecha emocional. Entonces, concentramos toda nuestra atención en los niños. O nos convertimos en *Refugiadas del Club de Lectores*. Buscamos la comprensión y empatía que necesitamos en otros lugares sociales como un club de lectores en donde los esposos y sus distintos comportamientos molestos son el principal tema de conversación, no las grandes obras (o inclusive las obras mediocres) de la literatura.

Pensamos en Tener una Aventura Amorosa

Una relación extramarital es un paso demasiado arriesgado. Pero *pensarlo* no es algo inconcebible cuando hay un vacío emocional en el matrimonio. La dulce Gina, del Departamento de Cuentas por Cobrar, o el profesor de tenis, o el colega de la oficina de San Francisco, nos viene de pronto a la mente con toda claridad. ¿No podrían *ellos*, tal vez, satisfacer todo lo que falta en nuestra relación marital?

Cuando se Convierten en "Esa Pareja del Restaurante"

Ya saben, las parejas que no tienen nada de qué hablar. Hay una canción folclórica para cada situación de la vida. Cuando uno empieza a tararear, "Hace frío aquí adentro o ¿sólo eres tú?." sabemos que hay problemas.

El Tren D

Claro que hay muchos matrimonios fracasados por ahí. Pero tal vez el suyo no sea uno de ellos. Algunos sólo son imperfectos. Sufren de descuido o de resentimiento reprimido, o de cualquier otro problema de los que hemos descrito en este libro. Podría parecer que un matrimonio está fallando, cuando en realidad es inminentemente rescatable.

El Mito de Gina, la de Contabilidad

Muchos se sienten tentados a probar ese *"pasto que es siempre más verde al otro lado de la cerca"* en su mente. Imaginan que la vida sería mejor si se fueran del Nido A para construir su propio nido o si encontraran otra pareja y se instalaran en el Nido B. Señores, Gina la del Departamento de Cuentas por Pagar, tal vez sea la mujer perfecta: la ninfomaníaca que realmente los comprende. Y oigan, señoras, ¿qué me dice de Dave, ese pediatra tan buen mozo que ve a sus hijos? Recién divorciado. Se viste muy bien. Podría ser esa persona sensible que no las obligue a hacer el amor y que pueda preparar una deliciosa langosta a la Newburgh en cuestión de minutos.

Subamos al Tren D, ¿Quieren?

Si hay momentos en que subirse al Tren D parece como la opción que queremos tomar, tal vez valga la pena detenerse un minuto a pensar adónde se dirige ese tren. *Es un tren que se dirige en línea recta a Las Vegas.* Digamos que una mujer deja a su esposo y comienza a jugar a la casita con el médico. ¿Qué probabilidades hay de que él realmente prefiera encargarse de lavar la loza que encargarse de ella? Digamos que el hombre se divorcia de su esposa y se case con Gina. Lo más probable es que ella quiera también tener hijos, por lo que, un par de niños después, *él volverá a encontrarse en el mismo lugar donde empezó.* Imagínenlo. Ahora tiene dos "nidos" que atender, otra fiel ama de casa, y una tonelada de equipaje. La fría y dura realidad es que el Pájaro B puede ser tan falible e imperfecto como el Pájaro A.

> "Vi cómo algunos de mis colegas de trabajo cometían los mismos errores una y otra vez. Se casaban, tenían un par de hijos, engañaban a su mujer, la dejaban para casarse con la amante, tenían un par de hijos, la engañaban y así sucesivamente. Algunos se casaban y divorciaban dos y

tres veces y tenían cinco y seis hijos. Estos hombres
nunca maduraron. Nunca entendieron de qué se trataba
el compromiso del matrimonio. Siguieron intentando
recuperar la etapa romántica de ensueño. Pero siempre
terminaban exactamente en el mismo sitio. La mayoría se
quedaron solos y en la ruina."

—*Tom, 42 años de matrimonio, 2 hijos, 5 nietos*

Ninguna de nosotras está aquí para emitir juicios. Obviamente,
no conocemos las circunstancias maritales de nadie en particular.
Sólo decimos que procurar que el Nido A sea un mejor lugar,
puede ser otra opción para tener en cuenta.

SOLUCIONES

"Cada uno, en todos los matrimonios, debería
despertarse cada día y decirse, 'Esta es una alternativa.
Yo elegí casarme. Elegí ser feliz.' Es algo que no
podemos dar por hecho. Hay que ser proactivos. Ésta
es mi relación y ésta es mi vida y lo que obtenga será
lo que invierta en ella."

—*Richard, 11 años de matrimonio, 3 niños*

"Para la mayoría de las personas, el grado de felicidad
que logren será el que elijan."

—*Abraham Lincoln*

¿Y ustedes cómo están? ¿Se ha visto afectada su felicidad desde
que se convirtieron en padres? ¿O se encuentran bastante bien, en
términos generales, aun en esos días en los que quieren estrangu-
lar a Barney y a todos sus amigos peludos?

Reflexiones Íntimas

Estamos de acuerdo en que las restricciones que vienen con el hecho de tener hijos forman parte del trato. A menos que estemos

aferrados a la idea de "vender los niños a los gitanos," podría decirse que no tenemos salida de esta situación en la que nos metimos. Pero sí tenemos una alternativa acerca de la forma de reaccionar al cambio que se ha producido en nuestras vidas.

1. Podemos protestar y buscar culpables, o auto compadecernos y cojear durante los próximos cincuenta años que tendremos que soportar el enorme peso de la contrariedad que llevamos a cuestas.
2. Podemos darnos por vencidos y abandonar el matrimonio.
3. Podemos ser proactivos. Podemos optar por la alternativa de ser felices y definir qué necesitamos para lograrlo.

No sabemos cuál sea la situación de ninguno de ustedes, pero pensamos que valdría la pena darle una oportunidad a la alternativa número tres.

La Obligación de Ser Felices
(La Felicidad es Algo Muy Serio)

La felicidad puede ser en realidad algo más que una elección. La obligación es un término bastante fuerte para calificarla pero eso es exactamente lo que es. Cuando tenemos hijos, la felicidad personal es una responsabilidad, no un lujo. Todos tenemos que cultivar nuestra propia felicidad para ser felices en nuestros matrimonios y ser buenos padres. La llamamos *La Teoría de la Felicidad Familiar que Corre Gota a Gota*:

Felicidad Propia—Matrimonio Feliz—Familia Feliz (es decir, hijos felices). ¿Por qué?: porque si no somos felices, la ausencia de felicidad puede drenar la vida de nuestro matrimonio y privar la niñez de nuestros hijos de su inocencia y su alegría. Podemos terminar hundiendo el barco con todos nosotros a bordo.

Llevaremos inclusive este concepto de la obligación un paso más allá. Cada uno de nosotros tiene, además, la obligación de facilitar la felicidad de nuestro cónyuge. Nuestra pareja no sola-

El Camino a la Felicidad

mente merece nuestros mejores esfuerzos por ayudarla a ser feliz, sino que, si la infelicidad de cualquiera de los esposos lleva al divorcio, podríamos afectar también la felicidad de nuestros hijos. Por lo tanto, queremos que entiendan que no pretendemos presionar a nadie ni nada por el estilo.

> "Después de unos pocos años de matrimonio me di cuenta de que soy la mejor oportunidad de Ross para ser feliz. Lo que yo 'le permita' hacer, el que apoye o no sus sueños y lo ayude a lograrlos, determina si alcanzará o no la felicidad en su vida. Todos tenemos mucho poder sobre las vidas de nuestros cónyuges. No se trata sólo de 'mí' se trata de 'nosotros.' "*
> —*Stacie, 9 años de matrimonio, 3 niños*

La Guía de La Felicidad que les Ofrece Este Libro

¿Cómo lograrlo? El primer paso consiste en identificar lo que necesitamos para ser felices, y hacer de esas actividades una prioridad. Como lo expresara Stephen Covey, *"Lo principal es hacer que lo principal sea lo principal."*[2]

Es igualmente importante saber que no necesitamos "tenerlo todo." El equilibrio es esencial. Tal vez vayamos al gimnasio cada tercer día, pero si no nos hemos reunido con nuestros amigos desde hace meses, tal vez nos estemos sintiendo fuera de base. Hay algunas áreas clave que deben considerarse básicas para llevar una buena vida: la Salud, el Matrimonio, la Paternidad, las Amistades y la Autorrealización (en el trabajo, en las aficiones, en las actividades voluntarias, etc.). Todas estas "tazas" deben permanecer relativamente llenas.

"Bien, ¿cómo vamos a lograrlo?" Buena pregunta. También nos preguntamos lo mismo, sobre todo en esas noches en que prácticamente no tenemos fuerzas para lavarnos la cara antes de caer rendidas en la cama. No hay una respuesta fácil para esta interrogante. La única forma de resolverla es consiguiendo una estrategia y disciplina para manejar bien el tiempo. Tenemos que (1) utilizarlo sabiamente y aprovecharlo bien—en las cosas que realmente importan—y (2) tenemos que encontrar formas de tener más tiempo para lo esencial, eliminando lo que *no es importante*.

El Acto del Equilibrio

Cuatro Pasos Sencillos (¡Ja!) Para Vivir Felices Para Siempre

Paso Uno: Haga una lista corta de felicidad. (No olvide su felicidad personal.) ¿Qué necesita en su vida para ser feliz? ¿Cuáles son las cosas realmente importantes para usted?

Paso Dos: Su cónyuge también debe hacer una lista. Porque si su cónyuge no es feliz, usted tampoco lo será.

Paso Tres: No olvide regar las plantas. (Evite cualquier caso en el que se descuide la pareja.) Comparen sus dos listas y diseñen un plan de acción.

Paso Cuatro: ¿En qué hay que ceder? En otras palabras, dejen de hacer cosas que empeoren la situación. Piensen en esto como si se tratara de una dieta (sin miedo). Habrá que renunciar a ciertas cosas (pero será a actitudes negativas y a actividades que no son importantes, por lo que no tienen por qué preocuparse).

Paso Uno: Haga una Lista Corta de Felicidad

¿Qué Necesita para Ser Feliz?

Aquí se aplica el adagio, "conócete a ti mismo." No se trata sólo de lo que nos gusta o lo que queremos hacer—todos podríamos elaborar una lista kilométrica al respecto. Se trata de lo que *verdadera y realmente nos reanima*. El mantenimiento propio, a intervalos regulares, es vital para nuestra felicidad. ¿Qué *necesitamos* para sentir que realmente vivimos la vida y que no sólo cargamos agua? Para algunos, esto será un buen libro; para otros puede ser salir a caminar; para los hombres, por lo general es una buena 'ya saben qué." ¿Qué necesita *usted* diariamente, semanalmente, mensual o anualmente, para ser feliz?

- "Estar en contacto con mis buenos amigos y mi familia en Irlanda," dijo Cathy.

- "Mi autorealización personal, hacer algo para mí—como trabajar en este libro, con personas interesantes, que me agraden," dijo Stacie.

- "Alimento para el cerebro: libros, películas, ir a escuchar una conferencia, etc.," dijo Julia.

- Hacer "cosas de mujeres" o "cosas de hombres" con regularidad: club de lectores, noches de póker (o, si uno vive en Texas, 'ir al campo de tiro y beber cerveza,' como sugirió nuestro amigo Dan).

- "Vino tinto y queso de cabra," dijo Paul, otro de nuestros amigos más cultos.

- "Tiempo para estar sola," dijo nuestra introvertida amiga Allison.

- Hacer ejercicio. "Si no hago ejercicio, me enloquezco. Es prácticamente lo único que hago para mí, pero es más importante que cualquier otra cosa, y lo hago treinta minutos, tres días a la semana," dijo Emily.

Y no olvidemos que la clave universal para la felicidad personal es: *el sueño.*

> "Sé que cuando comienzo a sentirme molesta, generalmente significa que debo salir a caminar sola, llamar a una amiga, o simplemente estar con Mike por más tiempo. Son cosas sencillas, nada extraordinario. Me sorprende que unos pequeños detalles de autoestima den tan buenos resultados en nuestro hogar."
>
> —*Cathy, 7 años de matrimonio, 2 niños*

Paso Dos:
Su Cónyuge También Debe Hacer una Lista

Lo que necesitamos como personas es sólo una parte de la ecuación. Debemos entender también qué hace feliz a nuestro cónyuge, a) porque se lo merece y b) porque si nuestro cónyuge no es feliz, tampoco lo seremos nosotras. Esta no es sólo nuestra opinión. Los expertos en este asunto han expresado el mismo concepto. Un estudio reciente de más de diez mil parejas demostró que "un hombre casado está mucho más satisfecho con su vida si su esposa está más satisfecha con la de ella y viceversa."[3] Además, el mismo estudio demostró que la felicidad es contagiosa. Puede desbordarse y pasar de uno de los cónyuges al otro, aunque uno de ellos tenga graves problemas financieros o de salud. "Las personas casadas están más satisfechas con sus vidas a medida que pasan los años, simplemente porque sus cónyuges están más satisfechos con las de ellos."

Paso Tres: No Olvide Regar las Plantas

"Cuando somos una pareja, podemos soportar cualquier cosa. Eso tenemos que convertirlo en nuestra meta. Uno pone al otro en primer lugar y todo lo demás sigue el orden correspondiente."
—*Karen, 30 años de matrimonio, 3 niños*

Nos amanos. Tenemos nuestros hijos. Hace mucho tiempo que enganchamos nuestras estrellas a la carreta del otro. *Nuestros hijos son todo para nosotros, pero el matrimonio tiene un lugar prioritario.* Basta un poquito de agua para que una planta decorativa florezca.

Estar al Mando de los Controles:
Evitar o Salir del Piloto Automático

El matrimonio sólo necesita mantenimiento periódico.

Encontrar Tiempo Para Satisfacer las Necesidades del Otro

Ayudar al otro a tenerlo todo, sin competir entre sí por tenerlo todo individualmente. Saquen sus listas cortas de felicidad y compárenlas. ¿Son muy diferentes? ¿Los hace preguntarse cómo han permanecido casados por tanto tiempo? En el proceso de determinar la forma de darse mutuamente algo de lo que cada cual necesita (él puede ir a montar en bicicleta los sábados por la mañana; ella puede ir a comprar zapatos el domingo por la tarde), se crea un excelente ambiente de buena voluntad que refuerza el matrimonio. Por sencillo que parezca, estos sentimientos pueden dar nueva vida al matrimonio, sacándolo de la modalidad de piloto automático y ahuyentando los Círculos Viciosos.

> "Melinda realmente necesita tiempo para estar con sus amigas. Eso era algo que me molestaba, pero luego lo entendí. Si deja de ir al club de lectores dos veces seguidas, es más difícil estar con ella. Es mejor para mí asegurarme de que pueda asistir."
> —*Bobby, 7 años de matrimonio, 1 niño*

> "Al fin me di cuenta de que Jay necesita tiempo para estar solo puesto que durante la semana nunca puede hacerlo. Sus aficiones son: correr, jugar golf, arreglar el jardín, cosas que tiene que hacer solo. He aprendido a darle ese tiempo, en lugar de exigirle que esté "siempre presente" durante todo el fin de semana. Creo que él también ha entendido que necesito más tiempo para estar con él de lo que normalmente hacemos, por lo que está haciendo un esfuerzo para involucrarse en nuestra relación con más frecuencia."
> —*Vanessa, 7 años de matrimonio, 2 niños*

Tener Tiempo Para Estar Juntos

Un poquito de agua alcanza para mucho. En realidad, es tan sencillo como una invitación periódica a salir a cenar, un abrazo y un beso al final de un largo día de trabajo, o una pequeña nota con palabras cariñosas al final de un correo electrónico sobre el 401K. Si no estamos hablando de cómo manejar el imperio, estamos hablando de los niños. Es normal estar un poquito locos en lo que se refiere a los hijos, pero es difícil sostener un matrimonio cuando nuestra relación adulta se define totalmente por la paternidad, y permitimos que nuestra felicidad y/o nuestras tensiones se rijan por lo que ocurre con los niños. Aunque es difícil evitarlo. Los queremos tanto que nos podemos dejar llevar.

Practicar Gestos Virtuosos

Algo que también se conoce como presentar la rama de olivo (o presentar el olivo completo), los *Gestos Virtuosos* son actos generosos que realizamos para beneficio de nuestros matrimonios, aunque nos sintamos muy lejos de ser virtuosos.

Por lo general, estos actos son contrarios a nuestros instintos emocionales, por lo que aun si son apenas unos primeros pasos tambaleantes, parecen requerir un esfuerzo hercúleo. Intente decirle a una mamá extenuada que debe encontrar fuerzas suficientes para un corto encuentro de cinco minutos al final del día. Sería como sugerirle que tome un avión para Nepal y le dé al Monte Everest una breve escalada antes de irse a la cama. Intente decirle a un hombre que ha sido rechazado semana tras semana que todo lo que tiene que hacer es invitar una vez más a su esposa a cenar a un restaurante chino. Verá cómo pone los ojos en blanco y dice, "Pero si eso ya lo he intentado y no logré absolutamente nada."

Sin embargo, hemos aprendido que cuando cada uno se esfuerza un poco, podemos romper el círculo vicioso. Cuando reconocemos que nuestro cónyuge trabaja muy duro por nosotras, es más fácil trabajar para él. Obtenemos lo que damos. Cosechamos lo que sembramos. En general, *estos esfuerzos no representan nada extraordinario, y sin embargo, su impacto es enorme.* Si se siente menos altruista, otra forma de pensar en esto es cambiar de táctica para obtener lo que desea.

Gestos Virtuosos que Deben Practicar los Hombres

- **Invítela a salir.** Intente lo siguiente: "Quiero estar contigo porque eres hermosa, inteligente, y todavía me siento atraído hacia ti. Salgamos a cenar el sábado."

- **Programen actividades para que se divierta toda la familia.** Organicen una actividad familiar, en vez de (o antes de) intentar escapar de la casa.

- **Recuerde los detalles.** Son todas esas tonterías que no soporta, pero que solía hacer porque lograba lo que quería (los mismos principios siguen siendo válidos): escribir una nota cariñosa, iniciar algo "profundo y significativo." Son *siempre los detalles de consideración* los que llegan directamente al corazón de la mujer (y a otras partes vitales de su cuerpo).

- **Si usted es un habitante del sótano, salga de nuevo a la luz.** Explore la posibilidad de la vida en el piso de arriba, con su familia, a la hora de irse a la cama, puede ser una vida mejor que la que usted se ha forjado en el sótano. Retraerse no va a ayudar a su causa.

- **Realice algunas de las tareas domésticas.** Haga lo que haya que hacer y gánese una estrella de oro sólo por ser un campeón semejante.

Gestos Virtuosos que Deben Practicar las Mujeres

- **Practique la relación de cinco minutos.** *Advertencia*: si está ya a un nivel muy profundo del Círculo Vicioso de Decirle No al Sexo, es posible que requiera cinco minutos diarios durante toda una semana para salir de ahí. Pero como lo expresara nuestra amiga Ellie, "Si hay que desyerbar el surco de los espárragos, no tomará mucho tiempo." Ella (¡realmente tiene un surco de espárragos en su patio de atrás! ¡Podemos asegurarles que esto no tiene una connotación sexual!)

- **Ponga en práctica la Capacitación de Fin de Semana.** Es posible que él simplemente no entienda. No se da cuenta de lo difícil que es o de todo lo que hay que hacer. Esto acaba con las quejas. Entonces el esposo entiende.

- **Deje la casa desordenada durante cuarenta y ocho horas.** Si las protestas o las discusiones por la división del trabajo han llegado demasiado lejos, dejen de discutir y aléjense de las causas de la discusión. Salgan a cenar o utilicen platos desechables por uno o dos días mientras los ánimos se calman.

- **Recupere a su habitante del sótano (si se atreve).** Arriésguese a bajar y pase un par de horas jugando juegos de video, mirando los deportes, compartiendo *cualquier* actividad que él esté desarrollando allá abajo.

- **Elógielo por algún motivo.** Encuentre algo que agradecerle. Cualquier cosa. Que haya lavado un tenedor. Que se haya peinado. Que haya recordado cerrar su bragueta.

- **Dígale lo que desea.** Los hombres nos dijeron claramente: "Detesto tener que adivinar qué es lo que ella quiere." Si sabe qué es lo que quiere que él haga, por lo general lo hará. Dígale claramente cuáles son sus expectativas y sus deseos.

Gestos Virtuosos que Deben Practicar los Dos

- **Hablen.** Pregunte a su cónyuge "¿Cómo estás?," o rompan el silencio de cualquier otra forma.

- **Escuchen.** Apaguen durante toda una tarde todos los aparatos electrónicos (esto incluye los televisores, los iPods, las computadoras, los Crackberries y los celulares, para aquellos de ustedes que piensan que estas cosas son realmente apéndices de su cuerpo).

- **Cambien de lugar.** Salgan de casa si ésta se ha convertido en un campo de batalla. Encuéntrense en la ciudad, después del trabajo. Vayan a un nuevo restaurante a cenar o a un nuevo parque a caminar.

- **Dense tiempo libre de manera espontánea.** Contar con tiempo para uno mismo, cuando no se esperaba, es algo que puede animar a cualquiera, por desanimado que esté. También puede tomarse un descanso, organizando los cosas de forma que alguien venga a encargarse de los niños por un tiempo, o pueden salir a hacer algo juntos.

- **Practiquen el intercambio de roles.** Si siempre hacen las mismas tareas domésticas y están cansados de ellas, cambien por una semana. Él preparará la cena y ella podará el césped—y viceversa, si sus matrimonios son como los nuestros.

Por último, la mayor de todas las virtudes, la más necesaria si están en un círculo vicioso de descuido personal extremo o de ira intensa:

- **Acepten la responsabilidad.** Tal vez la culpa no sea toda del cónyuge. Si hay algo que le disgusta, tal vez es el descuido personal o una actitud suya que empeora la situación.

> "Cuántos nos preguntamos, '¿No seré yo el problema? Tal vez tengo que cambiar en algo, tal vez no sea sólo el ambiente.' Cuando ambos tengan el mismo enfoque, el matrimonio funcionará."
> —*Elise, 38 años de matrimonio, 4 hijos, 3 nietos (abogada especializada en divorcio)*

Tener una actitud proactiva, "Hmmm ¿Qué puedo hacer?" (en lugar de una actitud acosadora "¿Por qué no entiende…?") es lo mejor que podemos hacer por nuestros matrimonios.

Cielos, podemos ver desde aquí el brillo de sus aureolas.

Paso Cuatro: ¿En Qué Hay que Ceder?

"Acepto que en este momento los niños necesitan y
merecen una gran cantidad de tiempo, pero esto será
por un corto período, y ha sido una experiencia tan
maravillosa de la que no me arrepentiría en absoluto.
Estoy empeñado en ser buen esposo y buen padre y en
dedicar tiempo a mi familia. Sólo quisiera encontrar la
forma de tener tiempo para mí sin sentirme egoísta."
—*Joseph, 7 años de matrimonio, 2 niños*

Ahora que entendemos que es imposible introducir fichas redon-
das en orificios cuadrados, ahora que sabemos que tenemos que
establecer prioridades, hay dos cosas que podemos dejar de hacer
y que nos darán más tiempo para las cosas que necesitamos: podemos abandonar las actitudes negativas y podemos dejar de es-
forzarnos demasiado por alcanzar la perfección.

La Actitud lo es Todo

Ninguna de las tres pretende actuar aquí de directoras de equipo,
pero en cuanto a lo que se refiere a las actitudes, podemos al menos ser conscientes de ellas y pensar si contribuyen o no a nuestra
felicidad. Como lo expresara Todd: "Al convertirnos en padres,
prácticamente tenemos que reorientar la vida. Nuestra felicidad depende de cosas diferentes de las que dependía antes." Qué
sentimiento tan precioso…Suena mucho mejor que "la patada en
el trasero."

"El Perfeccionismo es la Voz del Opresor."[4]

La perfección es un mito y realmente no vale la pena lograrla a
costa de olvidar que ya tenemos todo lo que necesitamos para ser
felices. Nuestras vidas no se desarrollan dentro de una revista.
Vivimos en nuestra casa, envejecida, con goteras, con nuestro

cónyuge que tiende a rezongar y a retraerse, y con nuestros niños ruidosos que un día se irán de casa y no se acordarán de llamarnos por teléfono.

> "Son muchas las mujeres que dedicaron su vida y un gran esfuerzo para lograr sacarnos de la cocina, para alejarnos del concepto de que el valor de la mujer está representado en la forma como se vea su casa. Y ahora, parece que estamos luchando por volver otra vez a donde estábamos, a ese lugar del que las otras mujeres huyeron."
>
> —*Justine, 6 años de matrimonio, 2 niños*

> "Trato de dominar el arte de despreocuparme de muchas cosas. Tengo que repetirme constantemente que nada va a pasar si hace cuatro años que no redecoro la habitación de huéspedes, que no pasa nada si organizo una cena con pizza y cerveza. Estoy aprendiendo a establecer prioridades. Estoy aprendiendo a despreocuparme."
>
> —*Sarah, 7 años de matrimonio, 2 niños*

Madres para una Vida más Cuerda

> "No hay forma de llegar a ser la madre perfecta, pero hay un millón de formas de ser una buena madre."
>
> —*Jill Churchill, escritora*

En un esfuerzo por dar cierta cordura a nuestras vidas, hablamos con un psicólogo pediatra acerca del fenómeno de la paternidad extrema. Su respuesta fue la siguiente:

> "Los padres quieren dar a sus hijos una ventaja al inscribirlos en una gran cantidad de actividades. Lo que aparentemente no comprenden es que la mejor ventaja que pueden darles es sentarse con ellos a cenar y conversar, quedándose con ellos después de la cena, simplemente manteniendo unida a la familia. Los

niños que son seguros de sí mismos, son los que tienen
la verdadera ventaja. En último término, eso es lo que
les permitirá alcanzar el éxito."

Todos queremos lo mejor para nuestros hijos. Tal vez, antes de inscribirlos en más clases y recargarlos de obligaciones, debemos asegurarnos de que la actividad sí produzca beneficios que valgan la pena para tanto esfuerzo y trabajo y que el costo se justifique. Ahora nosotras tres aplicamos la prueba del sentido común (ya sea para organizar una fiesta de cumpleaños, para agregar una actividad más o para aceptar participar en una venta de pasteles en el colegio de los niños):

A. ¿Esto beneficiará a mi hijo, me beneficiará a mí o beneficiará el matrimonio? (*Si la respuesta es no, decimos que no. Si la respuesta es sí, pasamos a la pregunta B*).

B. ¿Si hago esto, me voy a arrepentir después? (*Si la respuesta es sí, no lo hacemos. Si la respuesta es no, pasamos a la pregunta C*).

C. ¿Hay una forma menos difícil de lograrlo? (*Por ejemplo, comprar la torta o las galletas para la fiesta de la escuela en lugar de hacerlas; cambiar el turno de llevar a los niños con otra de las mamás, etc.*)

O, como lo expresara Pam, "Hay que tener el carácter suficiente para establecer prioridades en la vida—*sólo hay que decir no.*"

Tener tiempo para estar con la familia es lo importante. Podemos dar a nuestros hijos una vida totalmente diseñada por un diseñador experto, pero lo que a nuestros hijos más les interesa es simplemente estar con nosotros. Basta con recordar nuestra niñez. ¿Qué era lo que más nos interesaba? ¿Que nos regalaran para Navidad a Steve Austin, El Hombre de los Seis Millones de Dólares, o leer 'La Víspera de Navidad' con nuestros padres? Muy bien, usted quería tener a Steve Austin. Pero, ¿ahora como adulto, lo recuerda? Los recuerdos que más atesoramos son esos recuerdos borrosos de "*hacíamos galletas e íbamos adonde Tía Betty y tenía-mos una gran cena.*" Esas son las experiencias que nos hicieron las personas que somos hoy. Es bueno aprender otro idioma, pero el tiempo que pasamos en familia haciendo mil cosas intrascenden-tes es lo que en último término constituye una niñez significativa para sus hijos.

La Llamada de Este Libro a la Inactividad

¿No podemos aligerar la carga? Una de las razones por las que dedicamos tanto tiempo a buscar la perfección es la presión social. Se espera (o pensamos que se espera) que vivamos de una determinada forma. Sin embargo, cada uno de nosotros es miembro de la sociedad; por lo tanto, tenemos el poder de cambiar esas expectativas.

Una Figurita y una Fruta

Las fiestas de cumpleaños son maravillosas e importantes. Nada mejor que celebrar el día en que nuestros adorables niños llegaron a nuestras vidas, y el hecho de que hayamos sobrevivido todos un año más. Pero las cosas se han salido de control. (Stacie todavía se está recuperando de la fiesta de Nemo que organizó hace unos cuantos años). El niño nunca la va a recordar, o si va a dormir durante toda la celebración, tal vez no sea lo suficientemente grande como para hacerle una fiesta de ese tipo. Bastaría comprar una torta, tomarle unas cuantas fotografías en poses graciosas y nada más. Además, para cualquier niño a cualquier edad, cuando se organice una fiesta, como lo expresara nuestra amiga Theresa, "El contenido de una bolsa de regalos para los invitados no debería ser más que una figurita y una fruta. Las mamás que ponen una cajita de brillo para los labios dentro de esas bolsitas, son como Satanás. Mi niña de seis años lo untó por todo el sofá de la sala."

Únase a Nuestra Revolución

Una Invitación a Jugar no Es una Casa Abierta al Público

Aunque no lo crean, una de nosotras llevó a su niña de dos años a jugar a una casa que la madre anfitriona había llenado de flores frescas. La madre que había hecho la invitación quería que todo el mundo supiera que lo había hecho porque tendría invitados. Nosotras no íbamos a ver su casa para comprarla, ¡sólo queríamos estar allí un par de horas! ¿Por qué nos sentimos obligadas a exagerar como si se tratara de una *Casa Abierta al Público* cada vez que invitamos a alguien? Dejemos de limpiarlo todo antes de que lleguen los niños a jugar para que nuestras amigas vean que nuestras vidas (y nuestras casas) son tan caóticas y desordenadas como las de ellas? Nuestra amiga Leslie quiere que las cosas sean más casuales, "Como cuando estábamos en la universidad y todos pensaban que era muy bueno que hubiera un sofá—no se ponían a detallar si tenía cojines hechos a mano para que combinaran con el otro sofá." Sí, esos eran los buenos tiempos, y ojalá no hubieran pasado.

Algunas Reflexiones: El Otro Lado de la Moneda

"Vivirlo no es gracioso. Después, con el tiempo, le
vemos la gracia."
—*Jerry, 27 años de matrimonio, 3 hijos, 1 nieto*

La Vista Desde la Mala Hierba

Es difícil tener una perspectiva en cuanto a esta etapa de nuestras
vidas. Nos encontramos a nivel de la mala hierba. No podemos ver
mucho más allá del siguiente hito: "Las cosas serán mucho más
fáciles cuando aprenda a usar la bacinilla, cuando esté en preescolar, cuando prepare su propio almuerzo, cuando aprenda a conducir." Al igual que todas ustedes, nosotras tres estamos atrapadas
en medio de este proceso. Por lo tanto, buscamos a alguien que
pudiera darnos una perspectiva—parejas que pasaron por esto
hace mucho tiempo. Aunque en una o dos generaciones ha habido
cambios dramáticos en el matrimonio y en el ejercicio de la paternidad, la experiencia fundamental de adaptarse a la paternidad
sigue siendo básicamente la misma. Para ellos, la experiencia fue
un cambio tan drástico como para nosotros. Fueron abriéndose
camino a tientas, en la oscuridad, tal como lo hacemos ahora.

Los veteranos querían que entendiéramos tres cosas: esta es
sólo una etapa, tal vez la más difícil por la que tienen que pasar los
matrimonios, pero, en último término, compartir la experiencia
de ser padres será la mayor recompensa de nuestras vidas. Es algo
muy bueno.

La Vista por el Espejo Retrovisor

"Las parejas deben recordar que esta es sólo una
estación. Pasará. Tendrán tiempo y fuerzas para
dedicarse el uno al otro de nuevo."
—*Nancy, 30 años de matrimonio, 3 hijos, 2 nietos*

"Recuerdo que cuando mis hijos estaban pequeños pensaba que me podía morir, por lo cansada que me sentía. Eso lo recuerdo claramente. Pero ahora, en retrospectiva, sólo recuerdo las cosas buenas de esa época—lo que se siente al tener un bebé en los brazos, o las cosas tan graciosas que dice un niño cuando empieza a hablar. En ese momento, uno no sabe cómo va a sobrevivir, pero después, pueden creerme, es una época que realmente añoramos."

—*Sylvia, 18 años de matrimonio, 3 hijos*

Las Buenas Noticias: Esta Es Sólo una Etapa

Según los que ven las cosas en retrospectiva, estamos viviendo sólo un capítulo del gran libro de nuestro matrimonio. Es difícil de creer en este momento, pero tendremos décadas durante las que podremos dormir los domingos por la mañana, leer los periódicos, saborear el café y tener conversaciones ininterrumpidas con nuestro cónyuge.

¿Pueden imaginar un día que no comience con alguien gritando y lanzando un biberón desde el otro lado de la cocina en un arranque de ira infantil? ¿Un día que pase sin tener que imponer un sólo castigo? Hace poco, Julia se dio cuenta que había habido un cambio cuando su niña de cinco años no recibió una vacuna durante su última cita médica. ¿No más vacunas? Fue el comienzo del final de una era.

Se nos ha dicho que los niños crecen y que simplemente no necesitarán el mismo grado de cuidado y atención. Un pastor nos dijo, "He asesorado a cientos de parejas en esta etapa de sus matrimonios. Para cuando el primer hijo entra al primer año de primaria, aparentemente, desaparece la mayoría de estos problemas."

Casado y con Hijos: El Viaje

Antes de los Hijos:
Dos Enamorados a los que les Brillan los Ojos:
4 años

Etapa del Bebé/Hasta que Empieza a Caminar:
Primera Parte Jodida:
8 años (Edad 0–5)

Nido Vacío:
24 años

Etapa de la Edad Escolar:
8 años (Edad 6–13)

Etapa de la Adolescencia: Segunda Parte Jodida
6 años (Edad 14–18)

(Suposiciones: Se casan a los veinticinco años y los dos llegan a vivir setenta y cinco años. Permanecen casados por un total de cincuenta años. Tienen tres hijos, con dos años de diferencia entre uno y otro. Por lo tanto, entre el nacimiento del mayor y el del menor hay cuatro años de diferencia. Los hijos permanecen en el hogar durante veintidós años. Tendrán veinticuatro años para estar los dos solos.)

Noticias Aun Mejores: Esta Etapa es Excepcionalmente Difícil, Así que Tengan Paciencia

La mayoría de las parejas con las que hablamos nos indicaron que la transición de ser una pareja sin preocupaciones a convertirse en padres, es una de las pruebas más difíciles que tiene que enfrentar un matrimonio. No confíen sólo en nuestra palabra: alguna investigación indica que las mujeres son más propensas a sufrir depresión cuando tienen niños pequeños, *que en cualquier otro momento de sus vidas*, incluyendo los años de la menopausia y los del nido vacío.[6]

"La época en que se tienen los niños es la de mayor
estrés en un matrimonio. En realidad, es el momento

más exigente de la vida, sobre todo para las madres. También son difíciles los años de la adolescencia, pero la etapa de los bebés es más difícil debido a que dependen totalmente de uno. Exige tanto tiempo mantenerlos alimentados y tanto esfuerzo físico mantenerlos seguros. Además, ahora, en la vida moderna, con todas las cosas que nuestra generación quiere hacer y tener es casi imposible."

—*Phillip, 22 años de matrimonio, 2 hijos*

Tal vez si logramos al menos entender que *esto no* se va a prolongar durante los próximos cincuenta años, tener que cambiar pañales, aguantar pataletas (tanto las de los niños como las de nuestro cónyuge), podamos respirar con más tranquilidad sin desesperarnos porque nuestra pareja no lo entienda y podamos mirar hacia el futuro con la confianza de que todo mejorará con el tiempo.

Cómo Navegar la Tormenta

Todos los matrimonios mayores con los que hablamos enfatizaron que las cosas se habían ido desarrollando, literalmente, por ciclos, por etapas de épocas buenas y épocas malas. "Si uno sabe que se casó con una persona básicamente buena, hay que soportar los tiempos difíciles; los tiempos mejores estarán a la vuelta de la esquina." Podemos al menos imaginarlo, aunque en esta etapa resulte difícil ver más allá de las curvas del camino. Este es otro mensaje respaldado por cierta evidencia científica. Un estudio publicado en 2002 informó que dos terceras partes de los matrimonios insatisfechos se componen en el término de cinco años. De hecho el 78 *por ciento de quienes dicen estar "muy insatisfechos," al ser encuestados de nuevo unos cinco años después, dijeron estar "contentos."*[7]

Felices Para Siempre...

"La vida no es un viaje hacia la tumba adonde uno
pretenda llegar sin riesgos y con un cuerpo hermoso,
bien conservado, sino un proceso en el que uno tiene
arriesgarse para llegar al final totalmente desgastados,
completamente agotados y diciendo en voz alta...
¡*Cielos*! ¡Qué viajecito!"
— *Anónimo*

Un día, en un futuro muy remoto, veremos nuestras vidas en retrospectiva. Nuestros gurús de pelo blanco nos recordaron que
serán nuestros hijos y nuestro cónyuge quienes definan lo que serán nuestras vidas. El que estemos o no orgullosos de la forma
como las vivimos dependerá principalmente de la forma como
hayamos llevado nuestro matrimonio y de la manera como hayamos desempeñado nuestro papel de padres. Otra forma de verlo es
que el trabajo y el tiempo invertido en nuestros hijos y nuestro
matrimonio en el presente, determinará lo que lleguen a ser nuestras vidas en el futuro.

"Ser padres es nuestro papel en la vida. Es a la vez lo
más difícil y lo más satisfactorio que podamos hacer
jamás. Aun con las preocupaciones y las
incertidumbres, al final, nuestro mundo se expande a
medida que los hijos crecen y, sin la menor duda, vale
la pena."
— *Al, 34 años de matrimonio, 3 hijos, 2 nietos*

"Durante el proceso de tener y criar los hijos, el
matrimonio va al infierno y vuelve. Los niños nos
llevan allí. Sin embargo, en retrospectiva, fueron las
'peores' épocas, no las 'mejores,' las que nos
permitieron a Jackie y a mí llegar a estar tan unidos
como lo estamos ahora."
— *Fred, 38 años de matrimonio, 4 hijos, 10 nietos*

"Creo que desde que me convertí en mamá, me convertí también en una persona mucho mejor. Soy más paciente, más comprensiva. Sé lo que significa amar con generosidad. Esas son tres de las lecciones más importantes que uno puede aprender en la vida, ¿no lo creen?"

—*Karen, 30 años de matrimonio, 3 hijos*

"Estoy ya en los últimos capítulos de mi vida y mirando hacia atrás, lo que realmente ha sido importante en mi vida son mis hijos. Tengo dinero, hemos vivido cómodamente, pero nada de eso importa en comparación con mi familia. Es la familia lo que hace que toda la existencia tenga sentido."

—*Tom, 42 años de matrimonio, 2 hijos, 5 nietos*

Bien, ¿Aprendimos Algo?

Las tres comenzamos a escribir este libro con múltiples interrogantes y muy pocas respuestas. Ahora, sin embargo, tenemos todas las respuestas y nuestros matrimonios son perfectos en todos los aspectos…

Eso quisiéramos.

Digamos que las cosas mejoraron en gran medida, pero aún nuestros matrimonios siguen en proceso de mejorar, y siempre será así. Hoy somos más felices que hace dos años, de eso no hay duda. Y a excepción de los momentos difíciles de alto dramatismo, "¿Cómo así que debo cuidar los niños de nuevo para que tu puedas escribir? ¡No te parecería mejor escribir algo que se llamara Proteja Su Matrimonio, No Permita que Escribir un *Libro* lo Destruya!," nuestros esposos también están más felices (sí, se lo preguntamos). Escribir este libro nos ayudó (y, gracias al fenómeno de ósmosis, ayudó a nuestros esposos) a convertirnos en mejores navegantes de los peligrosos mares de la paternidad temprana.

Es así como después de dos años y tres niños más (uno en cada uno de nuestros hogares), cientos de conversaciones y educacionales períodos de desaliento, podemos preguntarnos, ¿qué hemos aprendido?

A Veces, Es Mejor Aceptar la Enorme División
Entre Mamá y Papá

Esto fue algo que nos resultó muy difícil a todas. Pero cuando oímos las mismas quejas una y otra vez, como nos ocurrió en este proceso, "Simplemente no entiende lo difícil que es para mí," "¿Por qué se molesta ella tanto si compro los pañales que no son?," nos vamos dando cuenta de que deseamos y necesitamos cosas distintas, y de que eso está bien. El comportamiento compulsivo de la mamá es algo normal. El papá que busca formas más fáciles de hacer las cosas, está mostrando también un comportamiento normal. El comportamiento de perros callejeros de los esposos es normal. El comportamiento de la mamá que se encierra en sí misma es normal. Ante estas diferencias inevitables, lo mejor que podemos hacer a veces es soportar algunos de los comportamientos incomprensibles de nuestros cónyuges (la obsesión de la esposa por el aerosol contra los insectos y el protector solar) y las exigencias de él (el deseo de hacer el amor con regularidad).

Lo Que Hagamos es Importante. Muy Importante.

Sin embargo, limitarnos a aceptar que somos diferentes no basta. Todos tenemos que ceder. Dar a nuestros cónyuges algunas de las cosas que realmente necesitan en esta etapa de nuestras vidas es algo que da muy buenos resultados.

- Para las mujeres estas cosas son: un esposo que piensa y actúa como miembro del equipo, no como un fugitivo; que la valoren; que haya romance y atención a los detalles pequeños; y tiempo para sí misma.

- Para los hombres, esas cosas son: hacer el amor, que los valoren, hacer el amor, normas menos estrictas, hacer el amor, ser parte de la nueva unidad familiar en sus propios términos, hacer el amor y tener tiempo para sí mismos.

No Todo Es Culpa de Él o de Ella

Como ya lo hemos dicho en este libro, nos dimos cuenta de que algunas de las razones por las que nos sentimos molestas y/o decepcionadas nada tenían que ver con nuestros esposos y sí tenían que ver con los libros que no estábamos leyendo, con el ejercicio que no estábamos haciendo y con las amigas que no estábamos viendo. Entenderlo, alivió gran parte de la presión a la que estaban sometidos nuestros matrimonios. De nosotras depende determinar cuáles son esas "cosas" y buscar tiempo para hacerlas. Es evidente que lo mismo se aplica al prisionero en grilletes acostado en el sofá.

No Somos los Únicos

Pregunten a cualquiera el efecto que tuvieron los hijos en su matrimonio y los verán poner los ojos en blanco y esbozar una leve sonrisa que más parece una mueca de dolor. Todos pasamos por lo mismo, cosa que nos tranquiliza. Esto es algo normal. La mayoría de los problemas que estamos experimentando no son problemas personales sino universales. Lo que las tres hemos sacado en limpio de todo esto es el convencimiento de que con un poco de perspectiva, una cierta dosis de acciones estratégicas y mucho buen humor, tanto como sea posible tener con cuatro horas de sueño cada noche, podemos sobrevivir a estos difíciles años sin que se afecten nuestros matrimonios ni nuestra felicidad.

Esta Época es Única

Es única también en cuanto a las dificultades que conlleva, pero también es única en cuanto a que es fabulosa. Si sólo aceptamos que los dolores de crecimiento son inevitables, estos serán más llevaderos. Cuando las tres nos sentimos agotadas o inclusive nos sentimos ligeramente privadas de muchas cosas (como suele ocurrir) recapacitamos y nos damos cuenta de que no quisiéramos renunciar a estos preciosos años de bebés regordetes y sonrientes.

¿Hay alguien que haya tenido hijos pequeños que no nos diga, "Disfruten esta época porque no dura mucho?" Es evidente que los recuerdos incluyen también los de esos años de gran carencia de sueño, pero tal vez tengan razón en lo que dicen.

Los años difíciles pasarán, y tan pronto como pasen, los añoraremos y desearíamos poder recuperarlos.

AGRADECIMIENTOS

Este libro no sería lo que es sin el ingenio, la sabiduría, el humor y las lágrimas de tantas personas—tanto amigos queridos de toda la vida como pobres seres desafortunados que tuvieron la mala suerte de ser nuestros compañeros de vuelo—que compartieron con nosotras sus historias. Nuestros agradecimientos más sinceros a todos ustedes, que, aunque permanecerán por siempre anónimos, nos permitieron dar un vistazo a sus corazones, sus mentes, sus cocinas y sus alcobas.

Gracias también a nuestro agente, Richard Abate, de ICM, por sus sabios consejos, su apoyo incondicional y su estricta fidelidad a la perspectiva masculina. Nunca entenderemos lo que lo llevó arriesgarse con estas tres principiantes, pero siempre tendrá nuestro agradecimiento por su osadía. Gracias a Kate Lee, nuestra agente adicional, y a todas las demás personas talentosas del personal de ICM. ¿Dónde estaríamos de no ser por Allyn Magrino, nuestra gran amiga y una de las mujeres con mayores conexiones importantes es Nueva York?

Todos en HarperCollins han hecho de esta experiencia un verdadero placer. Estamos especialmente agradecidas con la editora Mary Ellen O'Neill, por su entusiasmo y su apoyo, por su amabilidad, su talento y su amor, y porque siempre nos impulsó a continuar, nos obligó a repensar nuestros planteamientos y nos hizo reír de principio a fin. A Joe Tessitore que nos sorprendió con su incesante energía y compromiso para hacer de este libro un éxito. A Paul Olsewski, Shelby Meizlik, Jean Marie Nelly, Felicia Sullivan y Laura Dozier, son simplemente los mejores en su campo.

Queremos darle las gracias a Larry Martin por sus fabulosas ilustraciones y su extraordinaria paciencia, así como por el humor con el que siempre respondió a nuestras excéntricas solicitudes de último momento, como, "¿Podrías hacer que el conejo macho se viera un poco más cornudo?"

Quisiéramos agradecer a nuestros amados padres—Richard y Judy Harris, Brendan y Mary O'Neill, y Lou y Julie Pirkey—por toda una vida de amor, apoyo y entusiasmo extremo. También estamos profundamente agradecidas con nuestros fabulosos suegros: Susan Cockrell y Will Lapage, Mohinder y Krishna Kadyan, Jerry y Evelyn Stone, y Tom y Weezie Duff, que no se parecen para nada a nuestros Parientes Políticos del Capítulo 5, y que se han desvivido por ayudarnos durante todo este proceso. Nuestros más profundos agradecimientos también a esas maravillosas mujeres que nos han ayudado a mantener la paz en nuestros reinos y, por lo tanto, en nuestras mentes: Dorina Hinosja, Sharlene Parker, Barbara Timko y Brandy McDonald.

También a nuestros hijos: Jaclyn, James, Ross, Kate, Mueve, Theo y Henry; en cierta forma, este libro lo escribimos para ustedes. Queremos ser las mejores mamás (y los mejores papás) que podamos, esperamos que este libro nos ayude a lograrlo. Gracias por su (ocasional) paciencia y por su (limitada) comprensión. Es más de lo que merecemos. Gracias por ayudarnos a hacer este sueño realidad. Prometemos que un día haremos lo mismo por ustedes.

Queremos ante todo dar las gracias a nuestros esposos, Ross, Mike y Gordon, nuestros mayores admiradores (*¿Todavía no terminan el libro?*), nuestros más duros críticos (*Este es un diagrama de lo que está mal en el Capítulo 3*), y nuestra principal fuente de inspiración (*¡Yo no dije eso!*). Gracias por todas las veces que tuvieron que quedarse los fines de semana cuidando los niños; gracias por ir al supermercado a buscar pañales, leche y aserrín para la caja del gato; gracias por haber adornado a la princesita con todas sus joyas en un último y desesperado esfuerzo por mantener entretenidos a los niños, al final del día, sin ustedes no hubiéramos podido hacerlo. Este libro surgió de lo mejor que tenemos en nuestros corazones y de la felicidad que encontramos en estar casadas con ustedes.

GLOSARIO DE TÉRMINOS

Algo Tiene que Ceder/Los Fugitivos—Formas de pensar que por lo general coinciden con el aumento en el número de hijos. Las mamás piensan que renunciar a una actividad (desde una clase semanal de spinning hasta una carrera profesional) es la única forma de seguir adelante. Por otra parte, muchos papás responden a las exigencias de tener otro hijo buscando formas de escapar del nido que les representen más tiempo fuera del hogar (por ejemplo, jugar golf, salir de pesca, hacer algún tipo de campaña política).

El Arreglo de Cinco Minutos—Una forma subutilizada y relativamente fácil, de especial importancia (al menos para las mujeres), de hacer el amor en poco tiempo. Si se utiliza semanalmente puede transformar un matrimonio.

La Cabeza Inferior del Tótem de la Familia—Así se sienten muchos hombres cuando llegan los hijos: olvidados, menospreciados, abrumados por la responsabilidad de tener que ser el soporte de todos los demás miembros de la familia.

El Cableado—Los instintos genéticamente programados que se activan cuando nos convertimos en padres. Aunque tanto el hombre como la mujer se sienten impulsados a maximizar las probabilidades de supervivencia de sus genes; sus cableados son diferentes y con frecuencia incompatibles. Ella garantiza la supervivencia de sus genes centrándose en su bebé. Él, por el contrario, busca la proliferación de sus genes a través del sexo.

La Capacitación de Fin de Semana—Una experiencia de 48 horas, similar a un ENTRENAMIENTO Naval para los papás. La mamá se va de viaje y el papá se queda en casa, sin ayuda, para cuidar a los niños y realizar todas las tareas del hogar durante el fin de semana. Si se hace en forma correcta (es decir, si el papá se queda solo *sin ningún tipo de respaldo*) lo más probable es que la mamá, una vez recobradas las fuerzas, regrese a casa, para encontrar un esposo extremadamente agradecido y sorprendentemente colaborador, un papá con una confianza recién adquirida.

El Capital Marital—Los puntos anotados se intercambian entre marido y mujer. Por lo general, las esposas determinan cuánto capital se asigna por una actividad específica, si es que dicha actividad tiene derecho a una asignación de capital (por ejemplo, sacar la vajilla de la lavadora cuenta, pero cambiar el aceite del automóvil no). El capital puede ser positivo (se levantó junto con los niños el martes) o negativo (se le olvidó comprar la leche de camino a casa). El capital positivo tiene una fecha de expiración. El capital negativo puede utilizarse de forma indefinida.

La Celaduría Materna—La tendencia de muchas mamás (equivalente al cargo de *Gerentes Ejecutivas Autonombradas de la Familia*) de administrar la paternidad de sus esposos. El papá suele relegarse al margen en el más bajo de los cargos (como el de Vicepresidente) o de Asistente de la Mamá.

El Cerebro de la Mamá—Una porción considerable del cerebro de la mamá queda reservada a los detalles de cada día y a los detalles a más largo plazo de la responsabilidad de ser madre; la logística de organizar quién lleva los niños al colegio en el automóvil, las citas médicas, las relaciones sociales del niño de un año, entrenarlo para que aprenda a ir al baño.

Queda poca finca raíz disponible para su esposo o para ella misma.

El Chip de la Mamá—Un circuito de cableado que se activa cuando las mujeres se convierten en madres. Una vez que entra en funcionamiento, este chip funciona de manera continua, veinticuatro horas al día, siete días a la semana y no hay forma de apagarlo. Este chip activa lo que los hombres llaman el comportamiento demente de la mamá. Contiene un *Programa de lo que Puede ser Cada Situación en el Peor de los Casos* que alimenta los temores de la mamá (*sólo voy a cerciorarme de que el bebé esté respirando*) y se conecta en un *Circuito de Culpa* que la obliga a preguntarse constantemente si estará haciendo por sus hijos todo lo que ellos necesitan.

El Círculo Vicioso—Un estado al que puede llegar un matrimonio cuando no se controlan los pequeños descuidos y las ofensas aparentemente insignificantes. Un Círculo Vicioso generalmente incluye algunos de los siguientes aspectos, o todos ellos: ausencia de sexo; quejas constantes; falta de aprecio; descuido personal y una división del trabajo abiertamente injusta.

La Conspiración Global del Silencio—La cortina de hierro del secreto oculta la realidad de *La Paternidad es una Fiesta de Patadas en el Trasero*. Nadie, ni siquiera nuestros propios padres nos explicarán lo que es. Sin embargo, algunos mensajes codificados logran salir a través del silencio, como los consejos de ahorrar tiempo de pareja para la hambruna que se aproxima: *"Asegúrense de ir al cine, de salir a cenar, de dormir hasta tarde, porque después no podrán volver a hacerlo jamás."*

Cortar el Cordón—Lo que deberían hacer los hijos de mami y las hijas de papi al convertirse en padres. No hacerlo puede llevar a una *Invasión de Terreno*.

Criminales Reincidentes—Son los papás que, a pesar de los esfuerzos generosos de sus esposas por educarlos y reformarlos, continúan haciendo y/o diciendo lo que no deben. La mayoría de las esposas manejan a estos Criminales Reincidentes enumerando todos los *Delitos Previos* de sus esposos, consultándolos en el *Registro de Pruebas*. Muchos esposos piensan que no hay limitaciones estatutarias.

Dividir Para Vencer—A menos que tenga un batallón de personas que le sirvan y dinero ilimitado, la asignación de tareas domésticas y responsabilidades paternas entre los cónyuges es la única forma de reducir la tendencia a llevar el puntaje.

La Ecuación de Recibir vs. Dar—Esta fórmula para la felicidad marital requiere que ambos cónyuges se centren en lo que pueden hacer por el otro, en lugar de concentrarse en lo que sus cónyuges *no* están haciendo por ellos.

El Efecto de la Leona—Los poderosos y fieros instintos de la maternidad. En especial, es la respuesta instintiva normal de una mamá que presiente una invasión de su territorio. Aun la mujer más dulce mostrará sus colmillos, afilará sus garras y emitirá un rugido atronador si siente que su suprema autoridad de mamá está siendo amenazada.

El Efecto del Reloj de Arena—Es la forma como muchos hombres responden cuando sus esposas se niegan a hacer el amor. Dan la vuelta al reloj de arena y son muy enfáticos al decirle que tiene que "recompensarlos" en el término de veinticuatro horas mientras le indican (generalmente con una actitud de hombros caídos y una mirada huraña) que si no lo hace tendrá que vérselas con un marido extremadamente disgustado. Sin embargo, la mayoría de las mujeres les disgusta sobremanera tener que acatar una orden y pierden aun más el interés de satisfacer el deseo sexual del esposo.

Entregarse a la Locura—Es lo que sucede cuando las mamás y los papás aceptan que sus antiguas formas de vida realmente han terminado. Se entregan al caos y a las recompensas de la paternidad que marcan el comienzo de épocas más felices.

Las Escuadras de JV/Varsity—Los equipos de mamás y papás "se unen" después de tener un bebé. Cuando se trata de cuidar al bebé, las mamás exhiben un talento excepcional, digno de un miembro del Equipo de Varsity, mientras que los papás sólo llegan al "Equipo B," con capacidad de JV. Los jugadores JV se conforman con dejar que los jugadores más diestros se enfrenten al equipo contrario en el campo, mientras ellos esperan en la banca. Otros miembros del equipo Varsity incluyen a las abuelas, las hermanas y las tías.

La Etapa Romántica—El recuerdo que tienen las mujeres de cómo era su vida con un solo hijo, después de tener el segundo. Tener otro hijo puede hacer que la mamá sienta nostalgia de los días en que eran sólo *tres personas en el hogar* al pensar en todo el tiempo y la energía con que contaban para disfrutar todos los momentos especiales. Sin embargo, muy pocas apreciamos el carácter único de esa etapa, y no la reconocemos como tal, hasta que ya ha pasado.

Exagerar la Función de Padres—La tendencia a excederse en la función de padres, a recargar el horario y exagerar todo lo que hacemos con nuestros hijos. Todos los padres que quieren que sus hijos tengan las mejores oportunidades posibles, pueden verse atrapados en este comportamiento, aunque las *Mamás Extraordinarias* y ocasionalmente los Papás Extraordinarios convierten el ejercicio de su paternidad en un arte, esto puede llevarnos a olvidarnos de nosotros mismos y de nuestros matrimonios.

El Factor del Asco—La realidad maloliente y viscosa de cuidar a los niños pequeños. Uno de los efectos secundarios de enfrentarse a toda esa situación asquerosa (es decir, líquidos corporales y alimento de bebé pegajoso) representa una pérdida aun mayor de interés por el sexo. ¿Qué mujer querrá enfrentarse de nuevo a esto después de abrirse camino por las trincheras de *Toda Esa Porquería?*

Fenómenos Paralelos: La Mamá se Tranquiliza y el Papá se Torna Más Activo—Estos comportamientos complementarios de la mamá y el papá generalmente se desencadenan con la llegada del segundo hijo. Cuando la mamá deja de imponer normas tan estrictas, el papá siente una mayor motivación a involucrarse, y viceversa. Un comportamiento refuerza el otro.

Gato por Liebre—Táctica utilizada para "atraer a la muchacha o al muchacho" en donde se adoptan ciertos comportamientos y después se abandonan tan pronto como se logra el objetivo (es decir, después de casarse). Después de que llegan los hijos, tanto los hombres como las mujeres sienten que su otra mitad les ha dado Gato por Liebre. Los hombres se quejan de que las mujeres hacen esto en la alcoba (*¿Por qué nunca quiere hacer el amor?*); mientras que las mujeres sienten que sus esposos les dan lo contrario, es decir **Liebre por Gato**, en el departamento del romance (*Ahora todo lo que recibo es una palmadita en el hombro…*) y/o un **Gato por Liebre Doméstico**, en el hogar. (*Antes él siempre preparaba la cena…*)

La Palmadita en el Hombro a las Diez de la Noche—Lo que muchos hombres consideran una forma de juego previo a hacer el amor. Poner una mano en el hombro de la esposa es la forma de indicarle su deseo de tener relaciones sexuales. Esa palmadita en el hombro no va nunca acompañada a de una palabra cariñosa ni de ninguna otra forma de comunicación verbal, y rara vez es bien recibida por la contraparte que, generalmente está dormida, o casi siempre exhausta.

La Gran Negociación del Sexo—Conversaciones de paz intensas de la pareja para estudiar problemas de oferta y demanda, y procurar llegar a un *Equilibrio Sexual*. Se requieren destrezas diplomáticas que rivalizan con las de Kofi Anan para llegar a un resultado mutuamente satisfactorio.

La Guerra Entre las Familias Políticas—Las fuerzas conflictivas y opuestas que ejercen las familias de los nuevos papás. Las dos parejas de abuelos tiran de la cuerda en sentido opuesto y lo hacen aun con más ahínco en las festividades y los cumpleaños. A veces, uno de los dos se une a su familia en esta lucha.

Guerreros de Fin de Semana—La forma como se sienten las mamás y los papás los sábados y los domingos. Se incrementa el hábito de Llevar el Puntaje en los fines de semana, cuando cada uno de los miembros de la pareja lucha por obtener un poco de tiempo para sí mismo. Luchamos con la logística de cuidar a los niños y realizar las tareas domésticas que se acumulan durante la semana de trabajo fuera de casa. Cansados del combate, salimos los lunes por la mañana cojeando para el trabajo y besamos nuestro escritorio.

El Habitante del Sótano—En esto se convierten algunos hombres para evitar el pez frío que está en el segundo piso. Se encierran en el sótano para practicar un pasatiempo o jugar con sus juguetes electrónicos (entre otras cosas) cuando sienten que sus esposas están demasiado cansadas, ocupadas o molestas para tenerlos en cuenta. Algunos de ellos se convierten en *Posibles Adictos a la Pornografía*. Sin embargo, la mayoría de los Habitantes del Sótano son recuperables. Las esposas que se atreven a bajar para compartir las actividades subterráneas con sus esposos generalmente logran persuadirlos de que salgan a la luz.

Hombre Colaborador vs. Hombre Pasivo—El superhéroe que merodea en el corazón de todo esposo, un hombre que está dispuesto a ayudar sin que se lo pidan; y su opuesto, el que permanece sentado en el sofá y cuya única contribución se limita a decir que el bebé está llorando y/o que está jugando con el control remoto. El hombre pasivo desespera a la mujer. Sin embargo, el Hombre que está Dispuesto a Ayudar siempre logra de ella lo que quiere.

Invasión del Territorio—Cuando los miembros de la familia política o los suegros traspasan los límites e invaden el nido de la nueva familia.

El Juego de Medianoche—También conocido como ¿Quién Abrirá los Ojos Primero? En esta batalla de voluntades, el objetivo de cada uno de los padres es lograr que el otro piense que está profundamente dormido y no oye los gritos del bebé. Gana el padre (es decir, el tonto) que se levante y vaya a ver qué le pasa al bebé. Los jugadores experimentados practican un encarnizado *Juego de Medianoche Avanzado*, en el que codean a su cónyuge y le susurran *"Es tu turno de levantarte, yo me levanté la última vez,"* cuando, de hecho, no hubo una última vez.

El Latigazo—Lo que experimentan muchas mamás que se quedan en casa después de haber estado activas en el trajín del Siglo XXI y vuelven a la época de los años cincuenta donde tenían que soportar la desigualdad de los sexos y el incesante y poco apreciado cumplimiento del trabajo doméstico.

La Lista de Todo—Elaborar una lista de todas las cosas que hay que hacer para ser padres y manejar la casa es el primer paso del proceso de Dividir Para Vencer como solución al hábito de Llevar el Puntaje.

El Llamado de Este Libro a la Inactividad—Un llamado urgente a todas las madres a que relajen las normas y abandonen la obsesión de querer convertirse en *Mamás Extraordinarias*. El manifiesto del movimiento incluye llamados a a) abolir el *Exceso de la Casa Abierta* (es decir, la exageración de llenar la casa de flores frescas para una invitación de niños que vienen a jugar) y b) limitar el contenido de los regalos para los invitados a un cumpleaños de modo que estas bolsas no contengan más que *Una Figurita y una Fruta*.

Llevar el Puntaje—Un sistema excesivamente complejo e incesante de guerra de ojo por ojo que entabla la pareja sobre la división de las responsabilidades de la paternidad y el trabajo doméstico.

El Matrimonio en Piloto Automático—Este estado marital muy común en las parejas con niños pequeños significa que no somos muy diestros en el manejo de los controles, y que sin embargo, ninguno de los dos está piloteando el avión. Las actitudes *"profundas y significativas"* se ven reemplazadas gradualmente por la "*hora de hacer las donas*" dentro de una rutina repetitiva.

El Matrimonio: Equivalente a una Planta—Al igual que una planta decorativa, todo lo que el matrimonio necesita para prosperar es que lo rieguen regularmente (es decir, hacer el amor, mostrarse afecto, tener actitudes *profundas y significativas*) y, tal vez, un poquito de fertilizante (un fin de semana fuera de casa, los dos solos). Las plantas que no se riegan y los matrimonios que no se cuidan se marchitan con facilidad.

La Modalidad de Mamá—Un estado que describe a cualquier mujer que tenga un Chip y un Cerebro de Mamá. La Modalidad de Mamá es el extremo opuesto de la Modalidad de Amante en el espectro femenino.

Multiplicarse—El proceso de adaptarse a la vida con más de un hijo. Además de adaptarse a un volumen mayor de trabajo y a un creciente caos, los padres tienen que aprender a dominar el arte de defenderse hombre a hombre y/o a manejar la zona de defensa y aprender a dominar el ostracismo social (algo que suele ocurrir cuando llega el tercer hijo).

¡Nunca es Suficiente!—El grito de protesta colectivo de los papás que trabajan intensamente en todo el país, y que insisten en que no importa lo que hagan, tanto en el hogar como en la oficina, nunca es suficiente, y, evidentemente, nunca está lo suficientemente *bien hecho*, como para dejar satisfechas a sus esposas.

El Orden de los Afectos—La jerarquía de la familia después de que nace el bebé. En la situación ideal, el cónyuge y los hijos deben estar en primer lugar, el resto de los familiares deben estar en segundo lugar. Si se invierte el orden, la invasión territorial resultante suele producir llanto, pataletas y, con frecuencia, una situación insoportable.

La Palabra con R—La R significa romance, una palabra que casi todos los esposos dejan de utilizar cuando se casan. Volverla a incluir en el vocabulario y usarla de nuevo puede tener efectos sorprendentes en la vida de un hombre, en otras palabras, es posible que su esposa desee volver a hacer el amor.

El Pánico del Proveedor—El instinto compulsivo innato que experimentan muchos nuevos padres ante la responsabilidad de tener que proveer para su familia en crecimiento. Los hombres que se ven afectados por esta forma de Pánico, con frecuencia se paran al pie de la cuna a mirar al bebé mientras repiten en voz baja, *"Mejor salgo a tratar de ganar más dinero."* Este tipo de pánico estimula el deseo de trabajar y se presenta sin importar cual sea el ingreso familiar y si ambos padres contribuyen financieramente. Nos lleva a pensar en situaciones negativas como *"¿Qué ocurriría si algo me pasara?"*

Los Papás que Hacen Apenas lo Suficiente—Estos son los papás que sólo hacen lo suficiente para decir que cumplen: toman *Atajos* Domésticos (dejan de bañar a los niños y de cepillarles los dientes) como Norma Habitual de Operación, y utilizan indiscriminadamente las *Tarjetas de Conveniencia* (la televisión, McDonalds y 1-800-Abuela).

Pase Libre—Algunos hombres piensan que sus mujeres disfrutan quedarse en el hogar y cuidar a los niños.

Pensar en Equipo—Un requisito previo para un matrimonio y una familia feliz. La única forma en la que el matrimonio puede sobrevivir la Batalla de los Adultos vs. los *Rugrats*, es si la mamá y el papá trabajan en equipo.

Perfecta Formación en V—La formación que adoptan los esposos cuando presienten que tendrán la oportunidad de escaparse del hogar. Su organización es impecable. Pueden movilizarse sin previo aviso, equipados con palos de golf, cañas de pescar, esquís, botas para practicar montañismo, antes de que sus esposas puedan decir, *"Oigan, ¿a dónde creen que van?"*

La Placa de Mártir—Una insignia autoconferida de sufrimiento (*Estoy levantada desde las 6:00 a.m. Sí, bien, yo me levanté anoche cuando se despertó el bebé.*) utilizada tanto por hombres como por mujeres en la etapa postnatal durante la batalla de la división del trabajo. El uso de esta placa suele ir acompañado de un *Ceño Permanentemente Fruncido*, para completar la apariencia.

El Plan de Manejo Familiar que Propone Este Libro—Las políticas y procedimientos desarrollados por mamá y papá para manejar a los miembros de las familias políticas. Las estrategias incluyen dejar en claro *El Orden de los Afectos* (vése el siguiente párrafo), *El Manejo de la Interferencia* (cada cónyuge se encarga de manejar a sus parientes intrusos) y establecer tradiciones familiares propias de la nueva familia.

Práctica de Virtudes—Pequeños actos libres de cualquier egoísmo que pueden poner fin a un Círculo Vicioso y/o impedir que un matrimonio entre en la modalidad de Piloto Automático.

PMIs (Pequeñas Muestras de Intimidad)—Son simples muestras de afecto (abrazarse, besarse, tomarse de la mano, etc.) que comienzan a desaparecer cuando disminuye la actividad sexual. Las mujeres las limitan porque les preocupa que los besos, etc., trasmitan el mensaje equivocado de *"Estoy lista para algo de acción más tarde"* a sus esposos. Ellos, a su vez, se frustran cuando las PMIs no los llevan a la cama y los abandonan por completo.

Las Refugiadas del Club de Lectores—Generalmente son las esposas de los *Habitantes del Sótano*, mujeres que se escapan a las reuniones mensuales del Club de Lectores para suplir sus necesidades emocionales. Los esposos que reavivan el romance y la comunicación verán que sus esposas están más que dispuestas a regresar al santuario del hogar.

Rivalidad Entre Abuelas—Una competencia donde hay altos intereses en juego por determinar *"¿Quién tiene más influencia sobre los nietos?,"* en la que participan las dos parejas de abuelos. Las categorías de esta competencia incluyen: *El Campeonato* (quién recibe el nombre de "Abuelita"), *La Batalla por el Espacio de Piso y Pared, La Batalla por el Tiempo de Presencia Personal, El Acceso Exclusivo, El Acceso Igualitario y Los*

Regalos sin que Medie una Ocasión Especial. Los vencedores reciben el título de *Abuelos Alfa*.

El Shock de la Mamá—La sorpresa de la mujer en el momento en el que se activa el Chip de la Mamá y comienza a experimentar el amor maternal. Este shock es especialmente intenso en las mujeres que, antes de ser madres, tenían el concepto de "*¿Qué puede tener de difícil?*" el tener hijos.

El Síndrome del Recipiente—El hábito de algunos abuelos o futuros abuelos que consideran a sus propios hijos vehículos para la proliferación genética (es decir, para la producción de nietos) mas que para cualquier otra cosa.

Tarjetas Para Salir de la Cárcel—Un permiso, "sin condiciones," que un cónyuge le da al otro. Se espera que quien lo recibe utilice su *Capital Marital* (ver el significado más adelante) para "comprar" su libertad (es decir, que prometa lavar toda la ropa y/o los baños durante una semana). Sin estas tarjetas no hay quid pro quo. El cónyuge que recibe la libertad condicional suele regresar con nuevas energías, con un mayor aprecio de su cónyuge y dispuesto a ayudar.

La Torta de Mamá—Así empieza a sentirse la mamá después de que nace el segundo hijo. Todos (incluyendo al papá) quieren una porción de ella y parece que no alcanza para todos. Con cada nuevo hijo, las porciones se van haciendo cada vez más pequeñas.

La Teoría de la Felicidad Familiar Gota a Gota—El concepto de que la felicidad marital comienza con la felicidad personal. Una Persona Feliz lleva a un Matrimonio Feliz, lo que a su vez lleva a una Familia Feliz (es decir, a niños felices).

Todo Ese Asunto del 50:50—La expectativa de muchas mujeres de que la igualdad que esperaban, y que con frecuencia tuvieron, en sus matrimonios, antes de que llegaran los hijos, continuará igual; y el amargo desengaño y la ira que sienten por la porción leonina de tareas domésticas que caen sobre sus hombros después de convertirse en mamás.

El Tren D—D para divorcio. En algunas ocasiones está bien tomarlo, el Tren D suele dejar a los pasajeros en el mismo lugar de donde partieron. La misma situación difícil con una pareja diferente. Cambiar de pareja no va a cambiar millones de años de cableado biológico que da origen a gran parte de nuestro comportamiento después de que llegan los hijos.

Vaya Descanso—Así son nuestras vacaciones después de que tenemos hijos. Papá se convierte en la *Mula de Carga de la Familia*, y todos tenemos momentos en los que nos preguntamos si realmente vale la pena salir de vacaciones, empacar y desempacar, las noches sin sueño, los horarios desordenados y las mantas de bebé perdidas.

Venado Deslumbrado por las Luces de un Auto—La sorpresa tipo "me acaban de dar un garrotazo en la cabeza," que experimentan los nuevos papás.

El Vórtice del Perro Callejero/La Reina del Hielo—Término altamente científico utilizado en este libro para designar la forma como responden los cableados de ella y de él al sexo después de tener hijos. Él (el Perro Callejero) quiere hacer el amor, con o sin bebés, porque la forma como los hombres hacen proliferar sus genes es a través del sexo. Ella (la Reina del Hielo) se centra en el bebé, excluyendo de su vida todo lo demás, porque el instinto de la mujer es proteger a sus pequeños.

El Zarpazo de la Abuela—El impulso involuntario e incontrolable de la abuela de arrancar al bebé de los brazos de quién quiera que lo tenga. Una fuerza que hay que estar dispuesto a aceptar, quienquiera que intente interponerse corre el riesgo de sufrir graves lesiones corporales.

NOTAS FINALES

Capítulo 1: ¿Cómo Llegamos Aquí?
1. Jay Belsky y John Nelly, *The Transition to Parenthood: How a First Child Changes a Marriage* (Delacorte Press, 1994).
2. Alyson F. Shapiro y John M. Gottman, "Effects on Marriage of a Psycho-Communicative-Educational Intervention With Couples Undergoing the Transition to Parenthood, Evaluation at 1-Year Post Intervention," *Journal of Family Communication* (2005): 1–24
3. R. J. Evenson y R. W. Simon, "Clarifying the Relationship Between Parenthood and Depression," *Journal of Health and Social Behavior*, 46, (diciembre de 2005): 341–58.

Capítulo 2: ¡La Explosión... del Bebé!
1. F.M. DeLeon, "Rocking the Cradle-and a Marriage-After D-Day: Programs for Parenthood," *The Seattle Times*, octubre 24, 1999. (p.31) John Gottman, Alyson Shapiro y Sybil Carrère, "The Baby and the Marriage: Identifying Factors that Buffer Against Decline in Marital Satisfaction After the First baby Arrives," *Journal of Family Psychology*, 14 (1), (marzo de 2000): 59–70.
2. John Gray, *Men Are from Mars, Women Are from Venus: A Practical Guide for Improving Communication and Getting What You Want in Your Relationships* (HarperCollins, 1992).

Capítulo 3: ¿Cómo Va el Puntaje?

1. Los resultados de una encuesta de MSNBC son citados por Courtney Ronan en su artículo titulado "Divvying Up Those Dreaded Household Chores," *The Realty Times,* junio 16, 1999.

2. John M. Gottman y Nan Silver. "Coping with Typical Solvable Problems," en *The Seven Principles for Making Marriages Work* (Three Rivers Press, 2000), capítulo 9.

3. Katya Adder, "Housework Looms for Spanish Men." BBC News. junio 17, 2005. http://news.bbc.co.uk/2/hi/europe/4100140.stm.

4. "John Leguizamo: One-Man Firebrand," *Psychology Today* (marzo-abril 2005): 49.

Capítulo 4: La "Vida Sexual" de los Nuevos Padres

1. Robert Wright, *The Moral Animal* (First Vintage Books, 1995) p. 41.

2. Sean Elder, "The Emperor's New Woes," *Psychology Today* (marzo-abril de 2005) :44.

3. Kathleen Deveny (con Holly Peterson, Pat Wingert, Karen Sprinten, Julie Scelfo, Melissa Brewster, Tara Weingarten y Joan Raymond), "We're Not in the Mood," *Newsweek*, junio de 2003.

4. Kathleen Deveny (con Holly Peterson, Pat Wingert, Karen Sprinten, Julie Scelfo, Melissa Brewster, Tara Weingarten y Joan Raymond), "We're Not in the Mood," *Newsweek*, junio de 2003.

Capítulo 6: Crece la Familia y Nos Entregamos

1. "What is the Ideal Family Size?" encuesta (resultados hasta julio de 2006) http://www.babycenter.com.

2. Center for the Ethnography of Everyday Life.

3. Arthur Norton y Louisa Miller, "Marriage, Divorce, and Remarriage in the 1990s," *U.S. Bureau of the Census, Current Population Reports*, 1992. Barbara Foley Wilson and Rally Cunningham Clarke, "Remarriages: A Demographic Profile," *Journal of Family Issues 13* (1992): 123–41.

4. "Sex in America: A Definitive Survey," *The New York Times*, agosto 4 de 1998 (University of Chicago Press, 1995).

Capítulo 7: Cómo Equilibrar las Prioridades

1. Mark Cleary, "The Awful Truth about Parenthood." *The Age*, febrero 7 de 2005, http://www.theage.com.au/news/Opinion/The-awful-truth-about-parenthood/2005/02/06/1107625057169.html.

2. Stephen R. Covey, A. Roger Merrill y Rebecca R. Merrill. *First Things First: To Live, to Love, to Learn, to Leave a Legacy* (Free Press, 1996).

3. Miranda Hitti, "Recipe for Happiness in Marriage," *Web MD Medical News*, marzo 22 de 2005. http://www.webmd.com/content/article/102/106708.htm. Investigación conducida por Nick Powdthavee de la University of Warwick, Coventry, England.

4. Anne Lamont, escritora y madre.

5. Censo realizado en EE.U.U. 2005. Edad promedio de las mujeres en su primer matrimonio: 25.8 años, de los hombres: 27.1 años. National Center for Health Statistics, *National Vital Statistics Reports* 52(3) septiembre 18 de 2003). (2002).

6. E. McGrath, G.P. Keita, B.R. Stickland y N.F. Russo, Women and Depression: Risk Factors and Treatment Issues (American Psychological Association, 1990).

7. Estudio de la socióloga de la Universidad de Chicago Linda Waite citado en el artículo de Tiffany Kary "Don't Divorce, Be Happy: Miserable Unions That Morph Into Wedded Bliss," *Psychology Today* (noviembre–diciembre 2002)

12/09   0
12/12 ② 4/11
10/14 ② 4/11
1/19 ③ 10/14